L'EXPLOITATION

DE NOTRE

EMPIRE COLONIAL

PAR

LOUIS VIGNON

Lauréat de l'Institut

(Académie des Sciences morales et politiques)

PARIS

LIBRAIRIE HACHETTE ET Cie

79, BOULEVARD SAINT-GERMAIN, 79

1900

L'EXPLOITATION

DE NOTRE

EMPIRE COLONIAL

OUVRAGES DU MÊME AUTEUR

LES COLONIES FRANÇAISES, *leur commerce, leur situation économique, leur utilité pour la métropole*, un vol. in-8 (Librairie Guillaumin). . . . . 7 fr. 50

LA FRANCE DANS L'AFRIQUE DU NORD, *Algérie et Tunisie*, un vol. in-8 (Librairie Guillaumin). . . . . . 7 fr. 50

L'EXPANSION DE LA FRANCE, un vol. in-12 (Librairie Guillaumin).
3 fr. 50

Ouvrage honoré d'une première récompense par l'Académie des sciences morales et politiques.

LA FRANCE EN ALGÉRIE, un vol. in-8 (Hachette et Cie). 10 fr.

Ouvrage couronné par l'Académie des sciences morales et politiques.

CHARTRES. — IMPRIMERIE DURAND, RUE FULBERT.

L'EXPLOITATION

DE NOTRE

EMPIRE COLONIAL

PAR

LOUIS VIGNON

Lauréat de l'Institut

(Académie des Sciences morales et politiques)

PARIS

LIBRAIRIE HACHETTE ET Cie

79, BOULEVARD SAINT-GERMAIN, 79

1900

L'EXPLOITATION

DE NOTRE

EMPIRE COLONIAL

CHAPITRE PRÉLIMINAIRE

DE LA MISE EN VALEUR DE NOS COLONIES
LEUR SITUATION PRÉSENTE

Les destinées coloniales de la France et de l'Angleterre. —
L'Empire français et l'Empire anglais.
Deux éléments sont indispensables à la fondation des colonies :
les colons et les capitaux.
Les colons français. — Le peuplement de l'Algérie et de la
Tunisie. — Nos émigrants en Amérique et particulièrement
en Argentine.
Les capitaux français. — Richesse de notre pays. — Ses
gros placements à l'étranger. — Ses faibles placements dans
les colonies.
Plan général de cet ouvrage.
Le rôle du gouvernement et de l'administration dans l'œuvre à
poursuivre de la mise en valeur de notre domaine colonial.—
L'initiative individuelle.

« On peut dire, a écrit Prévost Paradol dans *la
France Nouvelle,* que depuis que la grande navigation a livré le globe entier aux entreprises des races
européennes, trois peuples ont été comme essayés tour
à tour par le destin pour être investis du premier
rôle dans l'avenir du genre humain, en propageant partout leur langue et leur sang par le moyen de colonies

durables, et en faisant, de la sorte, le monde à leur image. On aurait pu croire, au xvi° siècle, que la civilisation espagnole se répandrait sur toute la terre ; mais des vices irrémédiables dissipèrent bien rapidement cette puissance coloniale, dont les débris, couvrant encore un vaste espace, attestent la grandeur éphémère ; nous avons été essayés à notre tour, et la Louisiane et le Canada en ont gardé le mélancolique témoignage. Enfin est venue l'Angleterre, par laquelle le grand ouvrage s'est définitivement accompli, et qui peut aujourd'hui succomber elle-même, sans que son œuvre disparaisse et sans que l'avenir anglo-saxon du monde en soit sensiblement changé. »

Ces observations sont parfaitement exactes. L'empire colonial des Espagnols n'est plus ; ils viennent de perdre leurs dernières provinces. Un fait demeure cependant qui perpétuera le souvenir de leur belle époque : 30 millions d'hommes parlent ou comprennent la langue de Cervantès aux Antilles, dans l'Amérique Centrale, dans l'Amérique du Sud et dans les mers du Pacifique. Pour la France, elle a perdu au siècle dernier ses possessions de l'Amérique du Nord ; son émigration, qui fut toujours faible, n'a pu constituer au delà des mers qu'un seul groupe important et dont la personnalité paraisse assurée, celui du Canada ; le très faible excédent de ses naissances sur ses décès ne lui permet pas d'essaimer dans le monde ; elle peuple trop lentement l'Algérie. En somme, notre langue, qui reste celle des diplomates de tous les pays, des savants et des lettrés, n'est guère parlée hors d'Europe par plus de 5 à 6 millions d'hommes.

L'Angleterre suit d'autres destinées. Elle possède les colonies les plus riches ; le Canada, l'Australie, le Cap, la Natalie ne cessent de se développer et assimilent les émigrants que l'Europe leur envoie ; la division politique qui existe entre l'Angleterre et les États-Unis n'affaiblit point les liens que la communauté de race, de langue, de religion ont établis ; le commerce, d'ailleurs, les entretient. L'anglais est en Amérique, en Océanie, en Afrique, la langue de près de 80 millions d'individus, en même temps qu'il est la langue commerciale parlée dans tout l'Univers ; enfin, la fécondité de la race anglo-saxonne, l'immensité des terres fertiles qui sont à sa disposition, lui permettent d'envisager que dans l'avenir elle ne rencontrera par le monde que deux rivaux, sur lesquels elle possède une avance marquée, les Germains et les Slaves.

Est-ce à dire que notre pays n'a plus de rôle à jouer dans le monde comme puissance coloniale ? Non assurément. Personne, d'ailleurs, ne songerait à le soutenir, en considérant le nouvel empire édifié en ce siècle. L'Algérie a été conquise par la Restauration, le gouvernement de Juillet et le second Empire ; ce dernier régime nous a donné la Nouvelle-Calédonie, la Cochinchine, le Cambodge ; enfin, la République a successivement acquis la Tunisie, le Tonkin, l'Annam, le Soudan, le Dahomey, le Congo et Madagascar. Les frontières de cet immense do-

maine, non encore occupé ni même exploré dans
toutes ses parties, grossi par des protectorats ou des
zones d'influence, demeurent sur beaucoup de points
indécises. Il ne faut pas essayer d'en donner la superficie même approximative ; toutefois, on peut dire
que ses principales provinces représentent à elles
seules sept à huit fois la France, et l'on peut évaluer
sa population totale à 45 ou 50 millions d'hommes [1].
Certes, l'empire britannique a des proportions autrement grandioses puisque ses principales provinces représentent à elles seules environ quatre-vingt-trois
fois l'Angleterre et que sa population totale paraît
être de 350 millions d'individus [2]. Il est vrai aussi
que la Russie, puissance coloniale nouvelle, en quelque
sorte, dont Prévost Paradol n'avait pas prévu l'avenir,
possède, sous des climats en partie favorables au travail des blancs, les étendues illimitées de la Sibérie et
du Turkestan : leur population, faible encore, ne dé-

---

1. Superficie de la France : 536 000 kilomètres carrés.
Superficie de l'Algérie : 780 000 kil. carrés ; — de la Tunisie :
100 000 ; — du Sénégal et de la Guinée : 150 000 ; — du
Soudan : ? ; — de la Côte-d'Or : 50 000 ; — du Dahomey :
600 000 à 700 000 ; — du Gabon-Congo : 700 000 à 800 000 ;
— de Madagascar : 590 000 ; — de l'Indo-Chine : 900 000 ; —
de la Guyane : 80 000 ; — de la Nouvelle-Calédonie : 20 000.
2. Superficie du Royaume-Uni : 314 000 kilomètres carrés.
Superficie de l'Inde et Ceylan : 5 132 000 kil. carrés ; — du
Canada et Terre-Neuve : 8 877 000 ; — de l'Australie et Nouvelle-Zélande : 8 192 000 ; — de Sierra-Leone : 72 000 ; — de
la Côte-d'Or : 169 000 ; — de Lagos : 52 000 ; — des Territoires
du Niger : 898 000 ; — du Cap et Natal : 826 000 ; — de la
Rhodesia et des territoires de l'Afrique méridionale : 1 665 000 ;
— de l'Afrique orientale et Ouganda : 850 000 ; — de la Guyane :
246 000.

passe pas 13 millions et demi d'individus ; mais l'excédent des naissances sur les décès est considérable chez les Slaves, et le mouvement d'émigration des Russes en Asie atteint chaque année des chiffres fort importants [1].

Pour être moins belle et moins large que celle de l'Angleterre et de la Russie, notre part demeure très suffisante, et la tâche qui nous incombe est considérable. Notre empire est jeune ; quelques-unes de ses provinces, et non des moindres, ont été acquises hier. Les Anglais sont dans l'Inde depuis 1763, nous ne possédons l'Indo-Chine que depuis 1860 et 1885 ; ils sont au Canada, en Australie, au Cap depuis 1763, 1788, 1815 ; notre établissement en Algérie, en Tunisie, à Madagascar remonte seulement à 1830, 1881, 1885. Nos rivaux disent orgueilleusement : « Nous possédons des champs de blé, des marchés pour la laine, des forêts, des mines de charbon, de fer, de cuivre, de diamant ; nous exportons du sucre, du café, du tabac, de l'opium et du thé [2]. » La production de nos provinces extra-européennes est, à l'heure présente, trop mince pour que nous songions à essayer une semblable énumération ; il peut en être différemment dans un demi-siècle. Aujourd'hui, il ne s'agit plus de peupler le monde, « de propager

1. Superficie de la Russie (y compris la Pologne, la Finlande et le Caucase) : 5 861 000 kilomètres carrés.
   Superficie de la Sibérie : 12 518 000 kil. carrés ; — de l'Asie centrale : 3 504 000.
2. Sir Charles Dilke. Introduction à son ouvrage : *Problems of Greater Britain.*

partout notre langue et notre sang ». Dans cette
œuvre nous avons échoué ; mais nous et nos fils pouvons en une cinquantaine d'années en ébaucher une
autre, que devront d'ailleurs poursuivre les générations suivantes : implanter au milieu des musulmans
de l'Afrique du Nord une population française nombreuse ; créer en divers points du monde, notamment à la côte occidentale d'Afrique, à Madagascar,
en Indo-Chine, en Océanie, des centres riches et
prospères ; mettre en valeur par le commerce, l'agriculture, l'industrie, grâce à l'association de notre
intelligence et de nos capitaux avec la main-d'œuvre
indigène, les territoires considérables que nous possédons en Afrique et en Asie.

Cela, le pouvons-nous, le voulons-nous faire ?
Telle est la question qui se pose.

Les explorateurs et les soldats ont ouvert les routes,
planté le drapeau ; la tâche est maintenant aux colons
et aux capitalistes.

LES COLONS ET LES CAPITAUX DANS NOS COLONIES

Deux éléments, en effet, sont indispensables à la
fondation des colonies : les colons et les capitaux. La
France a-t-elle des colons ? A-t-elle des capitaux ?

Notre pays, dont la population est obstinément
attachée au sol natal, où, d'ailleurs, à aucune époque,
les familles n'ont eu beaucoup d'enfants, n'a jamais
fourni, contrairement à l'opinion reçue, un grand

nombre d'émigrants. Il en était autrefois comme il en est aujourd'hui. Si au XVIIe et au XVIIIe siècle, nous avons à peu près peuplé la Martinique, la Guadeloupe, la Réunion ; si nous avons jeté quelques centaines ou quelques milliers de colons dans plusieurs Antilles et surtout à Saint-Domingue, nous n'avons jamais, en revanche, peuplé la Louisiane et le Canada. La « Nouvelle France » notamment, ne recevait ni soldats pendant la guerre, ni colons pendant la paix : de 1700 à 1750, 4 000 émigrants débarquèrent au Canada, alors que plus de 100 000 s'établissaient dans les treize colonies de l'Amérique anglaise ; en 1750, les futurs États-Unis comptaient un million d'âmes, alors que la population française du Canada et des groupes dispersés dans l'Ouest atteignait seulement 75 000 habitants [1].

On sait la situation présente : 20 000 à 25 000 de nos compatriotes au plus s'expatrient chaque année, alors que l'on compte 260 000 émigrants anglais, 200 000 allemands, 170 000 italiens, 130 000 russes. Encore faut-il ajouter que le courant de cette faible émigration se porte peu vers nos colonies.

En Algérie, où nous sommes établis depuis 1830, où la conquête est terminée depuis 1857, époque de l'expédition de Kabylie, on n'a recensé en 1896 que 253 426 Français d'origine (armée non comprise) à côté desquels vivent 55 519 naturalisés et 219 410

1. RAMEAU DE SAINT-PÈRE. *Une Colonie féodale en Amérique : l'Acadie.* Plon, éditeur, pas. *m.*

étrangers, dont 160 000 Espagnols et 35 000 Italiens [1]. D'autre part, il ne convient pas d'évaluer à plus de 1 200, au maximum, le nombre des métropolitains qui viennent chaque année se fixer dans la colonie [2]. Tous les gouvernements ont cependant poursuivi le peuplement du pays par la « colonisation officielle » ; aujourd'hui encore, on transporte gratuitement les émigrants ; on leur donne des terres ; on crée pour eux des « centres ». Les dépenses de colonisation ont varié dans ces dix dernières années entre 2 900 000 et 2 200 000 francs ; de 1830 à 1897 elles représentent un total de 170 millions. Certes, — et nous n'y avons pas manqué nous-même [3], — il faut tenir compte des difficultés du début, des tâtonnements, des erreurs ; il faut constater que le peuplement des campagnes se poursuit, que chez les Français d'Algérie la natalité dépasse celle des Français de la métropole [4], que certaines régions sont riches

1. Statistiques officielles discutées et mises au point par M. Lenormand. *Le Péril étranger*. J. André, éditeur. Paris.

2. L'administration algérienne, sachant les pitoyables résultats que devraient constater les statistiques de l'immigration, n'ose pas en publier. Elle consent seulement à nous apprendre ce qui est déjà une indication, qu'en six ans — 1894 à 1899 — il n'a été accordé que 630 concessions aux émigrants métropolitains.

3. Louis Vignon. *La France en Algérie*. Hachette, éditeur.

4. Il y a quelques années, le Dr Ricoux, de Philippeville, évaluait, dans ses travaux démographiques, l'excédent des naissances sur les décès dans la population française d'Algérie à 5,4 pour 1000. Le crédit qui assurait son service a malheureusement été supprimé et le gouvernement général n'y a point pourvu.

En France, l'excédent des naissances sur les décès atteint moins de 1 pour 1000.

et cultivées, enfin que le commerce de la colonie dépasse depuis plusieurs années le demi-milliard [1].

Mais, d'autre part, bien des réserves s'imposent : les dépenses ont été considérables et elles sont encore très élevées ; de nombreux centres végètent faute d'habitants ; le mouvement de l'émigration est des plus faibles ; enfin, dans les 308 000 Français d'origine et naturalisés il convient de ne pas voir plus de 220 à 230 000 colons véritables. En effet, les fonctionnaires de tout ordre représentent, avec leurs familles, 52 000 personnes ; les employés de chemins de fer, — semi-fonctionnaires puisque les compagnies ne vivent que de la garantie d'intérêt, — plus de 10 000 ; le clergé, les congrégations, les pensionnés de l'État, environ 20 000. Ainsi ces trois groupes donnent un total de 82 000 individus non colons, — et nous ne demandons pas comment pourraient vivre 37 000 hôteliers, cafetiers et « marchands de goutte », s'il ne se trouvait pas un corps d'occupation de 50 000 hommes dans la colonie [2].

La France « protège » la Tunisie depuis 1881, et la Régence était, avant cette époque, ouverte à nos nationaux. Cependant on n'y compte aujourd'hui

1. Commerce de l'Algérie en 1898 : 587 991 000 francs, dont 285 768 000 fr. à l'exportation et 302 223 000 fr. à l'importation.

Part de la France (commerce spécial) : importations en France : 224 451 000 fr. ; exportations de France : 225 535 000 fr.

2. Ces chiffres sont empruntés à la statistique de 1891, celle de 1896 n'ayant pas réparti la population par professions, — et on devine pour quelles raisons !

que 20 000 Français à côté de 80 000 étrangers, parmi lesquels 64 000 Italiens et 13 000 Maltais, sujets britanniques. Encore faut-il ajouter que, sur ces 20 000 Français, plus de 1 000 sont des naturalisés, et, — fait plus grave, — que 3 000 au moins appartiennent à l'administration et à la force publique (armée non comprise). On juge dès lors combien demeure faible le chiffre des vrais colons ; d'autre part, il s'augmente très lentement ; car on ne peut évaluer à plus d'un millier le nombre des Français qui passent annuellement en Tunisie. Il est vrai que les domaines les plus étendus, les plus riches, appartiennent à nos compatriotes, que ce sont eux qui ont apporté les capitaux, que le commerce entre la France et la Tunisie atteint 60 millions[1]. Malgré ces constatations on ne saurait se déclarer satisfait des progrès de la colonisation dans la Régence, surtout à l'heure où l'on apprend que de puissantes sociétés italiennes projettent d'établir sur les terres qu'elles possèdent dans le pays plusieurs milliers de paysans siciliens[2].

Tandis que nos compatriotes témoignent si peu d'empressement à s'établir dans nos deux colonies

1. Commerce de la Tunisie en 1898 : 114 959 000 francs, dont 52 214 000 fr. à l'exportation et 62 744 000 fr. à l'importation. (Chiffres fournis par les *Statistiques tunisiennes*).
   Part de la France (commerce spécial) : importations en France, 29 991 000 fr. ; exportations de France, 29 926 000 fr. (Chiffres fournis par le *Tableau général du commerce*, de la direction des Douanes.)
2. Communication de M. Saurin, ancien professeur au lycée de Tunis, à la Société d'Économie industrielle et commerciale (mars 1900).

d'Afrique, ils ne cessent de se rendre en grand nombre, depuis quatre-vingts à cent ans, en Amérique. Chaque année, plusieurs milliers d'émigrants traversent l'Atlantique et se dispersent, pour s'établir sans esprit de retour au Canada, aux États-Unis, au Mexique, au Brésil, en Uruguay, dans la République Argentine. On évalue à 200 000 ou 225 000 les Français, presque tous Basques, qui, depuis les premières années de ce siècle, se sont fixés dans ce dernier pays. Nos émigrants ont pris, de ce fait, une part considérable dans la mise en valeur de l'Argentine : ils ont d'abord créé, en partie, l'industrie de l'élevage ; puis ils ont construit des minoteries, des huileries, et depuis une vingtaine d'années, ils fondent des usines à sucre, ils plantent des vignes. En 1888, la France vendait à la Plata pour 134 millions de ses produits ; en 1898, elle n'en vendait plus que pour 49 millions. Il n'est pas douteux qu'une des causes de cette diminution considérable de nos importations soit le développement de l'agriculture et de l'industrie locales, si bien servies par nos émigrants et leurs fils.

Ces dernières constatations, si elles font honneur à notre pays et témoignent de sa vertu colonisatrise n'en suggèrent cependant pas moins d'amères réflexions. Combien l'Algérie et la Tunisie seraient plus peuplées, plus prospères, si elles avaient reçu une partie des émigrants et des capitaux qui se sont portés en Amérique et qui, par exemple, ont contribué à la fortune de la République Argentine ! Devons-nous toutefois conclure que la preuve est

faite contre nous-mêmes? que les Français sont incapables de peupler leurs propres colonies? Non,
certes, et nous le verrons plus loin. On se rendra
compte alors que le gouvernement et l'administration ont leur part de responsabilité dans la situation
présente ; qu'ils ont mal employé leurs efforts ; qu'ils
n'ont pas tenté de diriger vers nos colonies ceux de
nos émigrants qui représentaient pour elles une valeur certaine.

Mais sans anticiper sur cette démonstration et
afin de poursuivre notre exposé, nous devons maintenant, après avoir parlé de l'émigration des hommes
telle qu'on l'observe jusqu'ici, nous rendre compte de
l'émigration actuelle des capitaux.

La France est un pays riche, un pays d'épargne.
Elle ne possède pas seulement les titres de son
énorme dette publique, de ses chemins de fer, de
ses manufactures, de ses sociétés commerciales : elle
doit encore chercher des placements au dehors afin
d'utiliser tous ses capitaux.

Comment est employée une pareille fortune ?
M. Alfred Neymarck estime que, sur les 80 milliards
de valeurs contenues dans le portefeuille de nos rentiers, il y a environ 60 milliards de valeurs françaises et 20 milliards de valeurs étrangères[1]. Les
titres préférés, français comme étrangers, sont ceux
à revenu fixe. Ce n'est qu'après avoir placé plus des

1. *Une Nouvelle évaluation des valeurs mobilières en
France*. Alphonse Picard, éditeur, 1897.

trois quarts de son capital dans des titres « de tout repos » que le père de famille achète des valeurs industrielles ou commerciales à revenu variable.

Dirons-nous maintenant pour quelle somme figurent dans ce total de 60 milliards de valeurs françaises à revenu fixe ou à revenu variable, les capitaux engagés par nos rentiers dans nos colonies et pays de protectorat ? Aucune évaluation ayant quelque caractère de certitude n'a encore été tentée ; elle est d'ailleurs fort difficile, et M. Neymarck, dans le travail que nous venons de citer, n'avance aucun chiffre. Il semble, toutefois, que si l'on additionne les emprunts des départements, des communes et des chambres d'ommerce d'Algérie ; les obligations tunisiennes, les sommes dépensées par les sociétés concessionnaires de travaux publics en Tunisie ; les emprunts de l'Indo-Chine et de Madagascar ; les chemins de fer algériens et tunisiens, ceux du Sénégal, de la Réunion, d'Obock et de la Cochinchine ; les actions de la Banque de l'Algérie, des cinq banques coloniales et de la Banque de l'Indo-Chine possédées par des métropolitains ; les actions et obligations des compagnies coloniales de navigation ; les titres de diverses affaires secondaires ; enfin, les actions et obligations des entreprises particulières de tout genre, maisons de commerce et de banque, compagnies de plantations, de mines et autres, sans négliger les nouvelles sociétés congolaises et malgaches, on doit arriver à un total assez voisin de 1 milliard 550 millions.

C'est là, on en conviendra, un chiffre médiocre,

vu l'étendue de notre domaine colonial et l'ancienneté, du moins relative, de certaines de ses provinces,
surtout si l'on considère que *les neuf dixièmes au
moins* des éléments qui le composent sont fournis
par des capitaux, soit empruntés ou garantis par
l'État, les départements, les communes et les gouvernements coloniaux, soit engagés dans des entreprises subventionnées ou privilégiées, et offrant
ainsi aux rentiers une sécurité particulière. Il est
vrai, d'autre part, — et il est à peine besoin de le
dire, — que ce chiffre de un milliard 550 millions ne
comprend pas l'intégralité des capitaux métropolitains employés dans les colonies. Il représente seulement les « valeurs mobilières », c'est-à-dire les
actions ou obligations des sociétés anonymes ou en
commandite connues par le fisc, de même, d'ailleurs,
que les 20 milliards cités plus haut ne représentent
pas l'intégralité des capitaux français employés dans
les emprunts et dans toutes les entreprises agricoles,
industrielles, commerciales ou financières de l'étranger. Un grand nombre de nos compatriotes, en effet,
les uns isolément, les autres associés, mais sous un
régime légal qui ne comporte pas la déclaration, —
telles les sociétés en nom collectif ou en participation, — ont engagé tout ou partie de leur fortune
dans nos provinces d'outre-mer comme colons, planteurs, commerçants, industriels, tandis que d'autres
y ont fait, notamment en Algérie-Tunisie, des prêts
hypothécaires importants. Il est impossible d'évaluer
les sommes ainsi portées au dehors.

Un fait toutefois est certain, indiscutable, et passe les chiffres, si l'on peut ainsi parler, c'est que les capitaux français ne se sont pas portés jusqu'ici assez abondamment dans nos colonies pour en assurer le développement rationnel et normal. Partout les mêmes constatations s'imposent : en Algérie, non seulement, il n'est pas venu assez de colons mais les colons qui s'y sont établis ne possédaient pas assez d'argent ; les métropolitains ont hésité à envoyer leurs fonds dans le pays ; ils ne lui ont pas fait confiance. Sur la côte occidentale d'Afrique, du Sénégal au Niger, où le commerce français fréquente cependant depuis plusieurs siècles, les maisons anglaises sont plus nombreuses et peut-être plus riches que les nôtres ; dans ces dix dernières années, si nos négociants paraissent avoir gagné du terrain, les Allemands, eux aussi, ont fait des progrès et les Belges sont apparus, qui semblent disposés à prendre une grande place. Dans la région du Gabon-Congo, hier, avant la constitution des sociétés congolaises, — dont une grosse part du capital est d'ailleurs faite par les Belges, — on évaluait que les étrangers faisaient les huit dixièmes du commerce et ne laissaient aux Français que deux dixièmes. En Cochinchine, et plus encore au Cambodge et en Annam, les initiatives se comptent. Au Tonkin, — province pour laquelle cependant nos colons et nos capitalistes montrent une certaine préférence, — les exploitations agricoles de quelque importance ne dépassent pas la soixantaine. En Nouvelle-Calédonie, l'exploitation des mines de nickel, de cuivre, de fer, de cobalt, de chrome est à peine entreprise et vingt grandes compagnies minières pourraient amplement y exercer leur activité. A la Guyane, les capitaux ne font point seulement défaut à la terre, mais aussi aux mines d'or dont beaucoup, d'une richesse pourtant certaine, demeurent inexploitées.

Il convient, certes, d'ajouter, — et on le verra au cours de cette étude, — que les capitalistes français commencent depuis quelques années à donner plus d'attention aux affaires coloniales. La faveur dont jouit le Tonkin, la fondation des sociétés du Congo en témoignent notamment. Le tableau résumé que nous venons de présenter n'en reste pas moins exact.

La France cependant est riche et ne cesse de s'enrichir. Sa fortune croît, du fait de l'épargne, d'environ 1 milliard 500 millions par an. L'argent y est abondant, presque sans emploi, puisque les sommes libres, déposées dans les banques, ne représentent pas moins de 1 milliard 278 millions[1]; d'autre part, les dépôts faits dans les caisses d'épargne atteignent 4 milliards 300 millions.

Comment, dans de pareilles conditions, l'argent se porte-t-il si peu vers nos colonies? C'est, d'abord, que le capitaliste français est prudent jusqu'à la timidité et aussi moins « malin » qu'on ne le juge : les affaires coloniales l'effrayent; elles ne cessent pas de lui paraître nouvelles; l'Afrique est toujours loin, l'Asie plus loin encore! C'est ensuite, et surtout,

1. NEYMARCK, *Le Rentier*, du 27 avril 1899.

que le gouvernement, par une abstention dont on appréciera plus loin les conséquences, n'a rien fait jusqu'à ce jour pour attirer l'argent dans nos provinces d'outre-mer. Il n'a su, ni offrir aux rentiers des valeurs coloniales à revenu fixe, ni les inciter à s'engager dans des entreprises commerciales et agricoles, susceptibles de donner presque certainement de beaux profits,

Dès lors, nos capitalistes sont, en quelque sorte, dans l'obligation, lorsque les emplois leur manquent en France, de rechercher les affaires étrangères, bien que celles-ci leur aient souvent occasionné de grosses pertes et ne leur assurent qu'une rémunération de moins en moins élevée. A certains jours, ils spéculent et engagent légèrement, — pour citer leur dernière folie, — un milliard et demi dans les mines d'or du Transvaal. A d'autres époques, ils préfèrent des placements sûrs à faible revenu, par exemple dans les fonds d'État ou les chemins de fer. Ils vont alors, suivant les moments, s'inspirant de considérations tour à tour économiques, politiques ou sentimentales, en Autriche, en Italie, en Espagne, en Portugal, en Russie. C'est dire l'histoire d'hier et celle de ce jour, que de rappeler le grand exode des capitaux français vers ce dernier pays. Il a commencé il y a une douzaine d'années, et l'on évalue à 6 milliards au moins les sommes placées par nos compatriotes en Russie, soit 5 milliards dans les fonds d'État, 1 milliard dans les entreprises privées. Grâce à nous, le gouvernement du tzar a converti ses anciens emprunts, racheté des lignes de chemins de fer, construit de nouvelles voies, fondu des canons, augmenté sa flotte, entrepris le Transsibérien qui mettra sous sa main la capitale de la Chine; grâce à nous encore, les mines de l'Oural sont fouillées; des hauts fourneaux s'allument sur les bords du Donetz et du Don; des industries se créent en plusieurs régions qui, peu à peu, permettront au pays de se suffire à lui-même... Pendant ce temps nos colonies restent inexploitées.

Ainsi, tandis que nos colons vont en Amérique, nos capitaux vont en Russie !

Ici encore se pose une interrogation : les Français sont riches, mais seraient-ils incapables de porter leur argent dans leurs colonies? incapables de les mettre en valeur? Non, certes; et l'on retrouvera la question des « capitaux aux colonies », après avoir traité celles des « colons aux colonies ».

On voit donc l'ordre qui sera suivi dans cette étude : les colons et les principales conditions de leur établissement; — les capitaux, et leur emploi dans les travaux publics, — dans les compagnies privilégiées de commerce et d'exploitation, — dans les banques; — enfin, le régime douanier, dont l'importance toujours grande dans la vie économique d'un peuple est considérable, lorsqu'il s'agit d'assurer le développement des pays neufs.

Mais, avant d'aborder notre sujet, nous voudrions expliquer en quelques lignes, — justifier s'il était besoin, — des expressions que nous avons employées déjà et qui reviendront souvent sous notre plume : « il convient que le gouvernement ou l'administration... », « la tâche du gouvernement est... », « le gouvernement aurait dû... ». Réclamer ainsi l'intervention fréquente et répétée du gouvernement, de l'administration dans les affaires coloniales, n'est-ce pas le propre d'un « étatiste » qui n'aurait pas confiance dans l'initiative individuelle ?

Nous croyons très fermement en l'initiative individuelle ; nous avons confiance dans l'effort personnel, dans la libre association des individus ; nous ne réclamons pas en France l'intervention de l'État dans les si nombreuses affaires, — agricoles, industrielles, commerciales, financières de tout ordre, — qui sont le domaine propre, exclusif des particuliers : partout ils doivent agir seuls, se suffire à eux-mêmes. Mais peut-on comparer un vieux et riche pays comme la France, héritier de l'expérience, du travail, des biens accumulés de cent générations, avec des terres vierges et nues telles que les colonies ? Dans ces régions nouvelles, parfois inconnues et inexplorées, l'initiative individuelle, abandonnée à ses seules inspirations et à ses seules forces, sans secours ni aide, demeurerait impuissante.

Il suffit, d'ailleurs, pour en juger, de considérer comment le domaine colonial de la France a été acquis. Il est le fait de la conquête militaire et non de la conquête commerciale : nous ne devons pas l'Algérie, la Tunisie, le Gabon, le Congo, Madagascar, l'Indo-Chine, le Soudan, les archipels océaniens à l'effort de puissantes énergies individuelles, c'est-à-dire à des émigrants ou à des commerçants français, qui se seraient rendus librement dans ces pays, y auraient fondé des établissements, et qui, ensuite, auraient convié la mère patrie à y planter son drapeau ; nous les devons à l'initiative seule du gouvernement qui, obéissant à des considérations diverses a décidé leur conquête dans ses conseils et envoyé les forces nécessaires en vue de la réaliser. Pourquoi, dans de semblables conditions, le gouvernement se désintéresserait-il au lendemain de la prise de possession ? Lui seul, on peut le dire, sait le chemin des terres nouvelles ! Quant aux fonctionnaires qu'il y enverra, — et il importe de ne pas négliger ce côté de la question, — ils seront tout-puissants ! Ne sait-on pas que dans les colonies l'administration est omnipotente ? Elle dispose des terres et de la main-d'œuvre ; elle autorise ou interdit les exploitations ; elle exerce sur les groupes indigènes une influence décisive ; elle peut les inciter aux échanges ou au contraire les leur interdire... Les gouvernements d'Angleterre, de Russie, d'Allemagne, ne croient pas avoir fait suffisamment, lorsqu'ils ont acquis par les armes une province extra-européenne ; ils savent que la charge d'assurer sa mise en exploitation leur incombe ; ils s'emploient donc également, — et par des moyens semblables quant au fond, — à diriger vers elle les hommes et les capitaux ; ils les recherchent, ils les encouragent ;

l'administration coloniale se donne pour premier devoir de venir en aide aux colons. Pourquoi notre gouvernement n'agirait-il pas ainsi? D'autre part, mais dans le même ordre d'idées, si les émigrants français se rendent dans les deux Amériques, si nos capitalistes engagent leur argent en Espagne, en Italie, en Russie, ce n'est point là le fait de la seule initiative individuelle : les agences officielles d'émigration ont sollicité les hommes ; les gouvernements ou les banques ont sollicité les capitaux.

Enfin, nous pourrions ajouter qu'il faut tenir compte, en pareille matière, du tempérament et du caractère de chaque peuple. Or l'esprit d'aventure de l'émigrant français ne paraît aujourd'hui le conduire qu'exceptionnellement vers les terres vierges et tout à fait nouvelles : lorsque la Grande-Bretagne a pris possession, en 1840, de la Nouvelle-Zélande, il y avait déjà dans ces îles 2 000 colons anglais ; lorsque la France a pris possession, en 1842, de Tahiti, et en 1853 de la Calédonie, il n'y avait dans ces îles aucun colon français, mais seulement quelques missionnaires. Il semble aussi que nos commerçants, — la cause en est sans doute dans la « spécialité » de notre production industrielle, dont il sera parlé plus loin [1], — ne soient guère portés à nouer d'eux-mêmes des relations d'affaires avec les Africains, les Asiatiques ou les tribus océaniennes : ils ont, à la vérité, devancé l'occupation militaire dans les territoires du golfe

1. Voir le chapitre sur le Régime douanier.

de Bénin ; mais au Gabon, où notre drapeau flotte depuis 1839, les seules maisons importantes étaient, hier encore, anglaises et allemandes ; au Congo, sur l'Ouélé et le M'Bomou, dans une région qui nous appartenait, tout le commerce était, en 1894, aux mains des sociétés belges, de telle sorte que le gouvernement de l'État Libre a pu nous faire abandonner nos droits au profit de ses négociants[1] ; en Cochinchine, les maisons anglaises et allemandes ont été longtemps plus actives et plus riches que les françaises ; à Tahiti, enfin, ce sont les Allemands et les Américains qui tiennent la première place.

Il résulte de ces observations, faites chez les différents peuples colonisateurs ou chez nous-mêmes, que les partisans les plus déterminés de l'initiative individuelle doivent réclamer l'intervention de l'État, — ou des gouvernements coloniaux, ce qui est ici même chose, — pour « la mise en train » de l'œuvre coloniale. On jugera d'ailleurs, à chaque page de cette étude, que pareille intervention est légitime et nécessaire. On verra en même temps qu'il ne s'agit nullement de substituer l'action de l'État à l'initiative privée ; il convient, tout au contraire, de conduire cette dernière, de la guider, de lui ouvrir les voies. C'est elle qui *fera* les colonies comme elle *a fait* la France !

1. Traité du 14 août 1894 par lequel la France renonce aux limites que l'État Libre lui avait reconnues en 1887 et se retire sur la rive droite du M'Bomou.

CHAPITRE PREMIER

LES COLONS
ET LES CONDITIONS DE LEUR ÉTABLISSEMENT

I. — Des conditions de peuplement particulières aux colonies françaises. — Comparaison entre l'Algérie et l'Australie. — La colonisation dans l'Afrique du Nord et en Calédonie. — L'Indo-Chine, colonie d'exploitation. — Madagascar. — Les territoires africains, colonies de commerce. — Il n'y a pas place pour les émigrants pauvres dans nos colonies. — Critique de la « colonisation officielle » en Algérie. — Ce qu'il faut faire pour attirer les colons. — Exemple de l'Angleterre. — Propagande coloniale. — Les affiches, les brochures, les conférences. — Les concessions en Algérie et Tunisie. — Un programme de colonisation.

II. — « L'âge de l'agriculture » aux colonies. — Combien nos possessions produisent peu encore. — Utilité des jardins d'essai. — Les jardins de Kew et de Buitenzorg. — Œuvre à poursuivre : jardins d'essai, fermes modèles, écoles d'agriculture. — Éducation agricole des colons et des indigènes. — Le jardin de Vincennes. — Les cours dans les écoles d'agriculture. — Nécessité pour la France coloniale de modifier ses conceptions scolaires et sociales.
Les industries indigènes.

III. — Importance de la question de la main-d'œuvre aux colonies. — L'administration doit fournir des travailleurs aux colons. — Des qualités que doit posséder la main-d'œuvre. — Travailleurs engagés sur place et travailleurs engagés au dehors. — Crise que traversent nos anciennes colonies.

I. — DU NOMBRE ET DE LA QUALITÉ DES COLONS

Bien que nous ayons distingué plus haut entre les « colons aux colonies » et les « capitaux aux colonies », il convient d'observer de suite, en abordant le premier de ces sujets, que les émigrants français ne sauraient songer à s'établir dans l'une quelconque de nos colonies, s'ils ne disposent pas d'un petit capital, — tout au moins d'un pécule de quelques milliers de francs.

En effet, — et c'est une particularité fort importante à retenir, — aucune de nos colonies ne peut recevoir de colons sans ressources. La France ne possède pas, à la différence de l'Angleterre, de véritables « colonies de peuplement », comparables au Canada, à l'Australie, à la Nouvelle-Zélande. Dans ces pays fertiles et de climat tempéré, situés dans des régions favorables à l'établissement des Européens, les premiers arrivants n'ont rencontré devant eux, sauf en Nouvelle-Zélande, que de misérables tribus autochtones sans force et sans vigueur. Ces tribus détruites ou refoulées, la terre est demeurée libre et nue, réclamant, en quelque sorte, une émigration nombreuse. Aussi n'est-il pas nécessaire que l'homme qui débarque dans ces colonies y apporte un pécule; les simples travailleurs des champs, les manœuvres, peuvent s'y rendre aussi bien que les fermiers et les laboureurs jouissant d'un certain capital; ils trouveront à s'employer à la ville ou à la campagne et gagneront leur vie avec leurs bras. Ce sont des nations nouvelles qui sont nées, qui se développent en Amérique et en Océanie; elles comportent toutes les classes sociales, également venues d'Europe. Un pays dont la population croît sensiblement, dont l'émigration est abondante, est seul en état de fonder des colonies de peuplement. Où l'Angleterre a réussi, la France a échoué; si son nouvel empire comprenait des provinces libres d'habitants, situées en pays tempéré, elle échouerait encore. Mais elle ne possède aujourd'hui aucune véritable colonie de ce genre; son domaine, qui fort heureusement répond à ses facultés, exige, pour être mis en valeur, beaucoup moins des hommes que des capitaux. L'Algérie, la Tunisie, la Nouvelle-Calédonie même, ne sont pas comparables, ainsi qu'on l'a cru quelquefois, au Canada ou à l'Australie; leur caractère est autre; ce sont des « colonies mixtes de peuplement et d'exploitation », qui ne réclament qu'un nombre relativement peu considérable d'Européens et où l'émigrant possesseur d'un petit capital peut seul réussir.

L'Algérie et la Tunisie comptent plus de 5 millions et demi d'indigènes. Ceux-ci représentent une population vigoureuse, attachée au sol et qui ne cesse d'augmenter. La terre n'est donc pas libre, sans maîtres. D'autre part, Arabes et Kabyles, à l'exception de quelques tribus nomades ou demi-nomades, ne répugnent point au travail; ils s'engagent volontiers chez les colons, se contentent de salaires peu élevés, deviennent de bons domestiques agricoles. A côté d'eux, dans certaines régions, des émigrants espagnols, siciliens et maltais, pauvres et sobres, offrent aussi leurs bras. Les simples travailleurs des campagnes de France, habitués à une vie moins misérable, moins « primitive », ne sauraient supporter une pareille concurrence. Aussi peuvent-ils, sans dommage pour nos provinces de l'Afrique septentrionale, continuer à se rendre dans la République Argentine, qui est, au regard de l'Europe, une vaste colonie de peuplement. L'œuvre de colonisation en Algérie-Tunisie doit être surtout entreprise par des capitalistes assez riches pour acquérir des domaines d'une certaine étendue, — de 100 à 3 000 hectares, — et appeler auprès d'eux une ou plusieurs familles de paysans français. Ceux-ci seront en quelque sorte des contremaîtres agricoles; ils formeront et dirigeront les ouvriers indigènes. La nature, l'étendue, la situation du domaine, autant que les ressources du maître influeront sur ses entreprises : il pourra cultiver le blé, la vigne, les primeurs, faire des fourrages et engraisser le bétail, planter des orangers ou des oliviers. A côté des « gros » et des « moyens » colons, il y a place toutefois pour les « petits » qui, possédant 20, 40, 50 hectares et plus, labourent eux-mêmes leurs champs et soignent leurs vignes. Ce sont les « petits » colons qui, répartis à l'heure présente dans les différents centres créés dans les trois départements algériens, constituent la majeure partie de la population française implantée au milieu des groupes indigènes.

Mais il importe que l'émigrant qui veut devenir petit colon possède en propre, — alors même que l'administration lui donnerait la terre afin de lui éviter une première dépense, — un pécule d'au moins 6 000 à 8000 francs [1]. Il faut, en effet, qu'il se construise une maison d'habitation, qu'il défriche, qu'il achète des bêtes et des instruments de labour, des semences, une charrette pour ses transports, qu'il loue le travail des ouvriers indigènes dont il ne saurait se passer, enfin qu'il attende la moisson. Il est aussi des cas où le nouveau venu fera sagement de ne point s'établir de suite en « propriétaire », et de s'engager plutôt avec un colon déjà établi, ayant un domaine d'une certaine importance. Il pourra, par exemple, lui louer une partie de sa propriété pour la cultiver à son propre compte, ou se lier, soit comme fermier prenant une terre à bail, soit comme métayer partageant les produits par moitié. Plus

1. Il n'entre pas dans le cadre de cette étude d'exposer les conditions dans lesquelles les terres domaniales sont vendues, louées ou données dans les colonies, ni de discuter la question de l'aliénation des terres à titre onéreux ou à titre gratuit. Celle-ci est d'ailleurs fort complexe, car les règles ne sauraient être partout les mêmes, en Algérie, à Madagascar ou en Indo-Chine. Il suffira donc de rappeler ici que dans tous nos établissements d'outre-mer, l'administration ou les conseils locaux tiennent, de textes différents, mais dont le fond est commun, la faculté de vendre, de louer ou de donner des terres d'étendue variable en vue de la culture ou de l'exploitation.

D'une manière générale, le contrat de concession aux colonies est un contrat *do ut facias*, dans lequel l'autorité concède, confère certains droits au concessionnaire en échange de certaines obligations. Les contrats, de même que l'importance et la nature des concessions, diffèrent suivant les colonies. Nous donnerons quelques exemples :

En Algérie, les terres affectées au service de la colonisation sont divisées en lots de village et lots de ferme ; la contenance des premiers ne peut excéder 40 hectares, celle des seconds 100 hectares. L'émigrant français ou « l'Algérien », qui justifie de quelques ressources, peut obtenir une concession gratuite.

tard, après un certain nombre d'années passées ainsi, durant lesquelles il aura étudié le pays, acquis de l'expérience, augmenté son capital, il profitera d'une occasion pour acheter une terre et se mettre « chez lui ». Quant au métropolitain venu en Algérie avec des ressources insuffisantes, il végétera misérablement sans profit pour lui ni pour la colonie ; le plus souvent, il s'enrôlera dans la coterie de quelque politicien et cherchera sa vie dans l'exploitation de l'indigène. La grosse erreur de la « colonisation officielle » a été d'introduire dans le pays pendant bien longtemps des milliers de ces gens sans ressources, et qui souvent même ignoraient le travail de la terre. Pour éviter ce mal, la Tunisie a repoussé, trop radicalement peut-être, le système des concessions à titre gratuit : toutes les terres y sont vendues ; mais, par voie de conséquence, les « petits » colons sont jus-

Elle demeure toutefois provisoire pendant cinq ans et n'est rendue définitive que lorsque le concessionnaire a satisfait à diverses conditions de mise en valeur du sol. — Au Tonkin, les concessions gratuites, mais provisoires, ne deviennent définitives qu'au fur et à mesure de la mise en exploitation. Elles sont naturellement proportionnées aux ressources des colons. Parfois elles portent sur des étendues considérables, variant de 5 000 à 15 000 hectares, afin de faciliter la pratique du métayage entre colons et Annamites. — A Madagascar, le procédé normal d'aliénation des terres domaniales est la concession à titre gratuit. Les concessions portent généralement sur des lots de 100 à 500 hectares, mais des lots de 10 000 hectares et plus ont été donnés. — En Nouvelle-Calédonie, le gouverneur peut accorder des concessions à titre gracieux aux émigrants possédant des ressources suffisantes pour entreprendre des exploitations agricoles ; elles varient entre 10 et 25 hectares.
Voir HAMELIN, auditeur au Conseil d'Etat : *Des Concessions coloniales*. Arthur Rousseau, éditeur.

qu'ici très peu nombreux dans notre quatrième province africaine[1].

En Nouvelle-Calédonie, la situation est assez semblable à celle que l'on rencontre dans l'Afrique du Nord. Les indigènes qui se sont retirés presque partout, sur des territoires à eux affectés ne constituent point, à la vérité, au profit des colons, un prolétariat agricole, mais les travailleurs océaniens ou asiatiques, les condamnés en cours de peine ou les libérés fournissent la main-d'œuvre. Dès lors, il faut que l'émigrant venu de France jouisse de ressources propres, — à moins qu'il ne soit mineur, cas auquel il est assuré de trouver de suite un travail bien rémunéré. Le gouverneur actuel, M. Feillet, fait les plus louables efforts pour développer dans ce pays sain, agréable, fertile, et dont malheureusement la colonisation pénale a compromis la réputation, la colonisation libre jusqu'ici bien négligée. L'île, grande comme la Bretagne, ne renferme pas la vingtième partie des habitants qu'elle pourrait nourrir[2] ; les neuf dixièmes du sol sont encore à l'état vierge. Ainsi l'on peut recevoir les émigrants : il y a place pour eux. L'administration les transporte gratui-

1. Nous avons étudié dans *La France en Algérie* toutes les questions relatives à l'établissement des émigrants, aux concessions et aux ventes dans notre colonie africaine.

2. Population totale de la Nouvelle-Calédonie en 1898 : 53 400 habitants dont : indigènes : 30 300 (y compris ceux des îles Loyalty) ; immigrants : 1 000 (?) ; population blanche libre : 9 200 (y compris environ 1 500 fonctionnaires) ; population pénale : 11 500 ; population militaire (y compris les surveillants) : 1 420.

tement et leur donne des terres ; mais elle exige, en même temps, qu'ils possèdent un petit capital de 5 000 francs afin qu'ils aient chance de réussir. Ce capital est, à notre avis, bien faible ; il est sage que le colon possède une dizaine de mille francs et même plus. Plusieurs entreprises le solliciteront ; il pourra cultiver le café, planter des orangers ou des cocotiers, faire des légumes ou de l'élevage, récolter le caoutchouc. Nous ne disons rien ici des richesses minières qui sont considérables ; leur exploitation nécessite des centaines de mille francs ou des millions, que peuvent seules réunir de puissantes sociétés. D'après un document officiel, il a été créé depuis 1895, en Calédonie, 434 propriétés agricoles : 130 par des familles qui habitaient déjà le pays, mais n'étaient pas encore fixées au sol ; 304 par des familles venues de l'extérieur ou par des militaires congédiés dans la colonie.

Pour l'Indo-Chine, il n'est pas besoin de rappeler qu'elle est, comme l'Inde, une merveilleuse « colonie d'exploitation ». Sa population nombreuse, douce, active, est prête à recevoir la direction européenne. Les colons y seront toujours peu nombreux, constituant un véritable état-major : propriétaires, intéressés, associés, directeurs, intendants, contremaîtres... Dans l'Inde, au milieu d'une population de 290 millions d'habitants, on ne compte que 40 000 colons. En Cochinchine, au Cambodge, en Annam, au Tonkin, l'émigrant doit être presque un capitaliste. Il faut qu'il apporte avec lui 30000, 40000, ou 50000 francs. L'administration lui accordera une concession proportionnelle à ses ressources, qui sera de quelques centaines ou de quelques milliers d'hectares. C'est vers le Tonkin que se portent surtout aujourd'hui nos compatriotes ; 200 concessions leur ont été attribuées ; quelques-uns d'entre eux ont engagé de véritables fortunes dans le pays : 300, 400 et 500000 francs. L'entreprise la plus simple, — elle donne en ce moment d'excellents résultats, — est de mettre en culture des terres en friche pour y produire du riz ; le colon s'associe les indigènes : il leur fournit des instruments aratoires et des semences, eux donnent leur travail ; les profits sont partagés. Le riz, dont la consommation tend à augmenter en Extrême-Orient et dont la production n'est pas suffisante, sera long-temps d'une vente facile. D'autre part, et à mesure que s'assure leur situation, les colons font preuve d'initiative : suivant les régions, ils s'adonnent à l'élevage du bœuf et du cochon, exploitent des forêts, plantent le manioc, le chanvre de Manille, l'arbre à laque, quelquefois aussi le café, le coton ou le thé. Ils peuvent, dans ces diverses entreprises, espérer de très larges bénéfices.

Aux Antilles, en Guyane, à la Réunion, à Tahiti, les terres inoccupées, propres à la culture, ne manquent pas. Le gouverneur de Tahiti, notamment, voudrait recevoir des émigrants et promet des concessions. Mais partout le nouvel arrivant doit posséder un capital : ce sont les indigènes ou les « immigrants » indiens, chinois ou noirs qui feront les cultures sous sa direction.

Il semble qu'il en sera de même à Madagascar. Quel est l'avenir de cette colonie? On ne saurait encore le dire avec certitude; toutefois il ne paraît pas qu'elle présente les caractères d'une véritable « colonie de peuplement ». Les essais de colonisation militaire du général Gallieni ne sauraient faire illusion. Il est certes possible que des travaux d'assainissement et des plantations rendent quelques parties de l'île habitables à des travailleurs européens, c'est-à-dire à de « petits » colons cultivant eux-mêmes leurs champs, mais si l'on tient compte de la présence d'une population indigène habituée au travail de la terre, que « l'immigration » asiatique ou noire ne tardera sans doute pas à grossir, et si, d'autre part, on remarque que les principales entreprises seront l'élevage, l'exploitation des forêts et des mines, les cultures tropicales, on incline à penser que Madagascar demeurera, comme l'Indo-Chine, une « colonie d'exploitation ». Elle réclamera des colons peu nombreux, mais riches. Ceux-ci toutefois pourront amener avec eux quelques familles françaises, ne possédant pas par elles-mêmes de capitaux, comme celles de chefs de culture, de mineurs ou encore de sériciculteurs, si l'élève du vers à soie, que l'on veut essayer, vient à donner de bons résultats.

Quant à nos possessions africaines, la côte des Somalis, le Sénégal, le Soudan, les Établissements de la Guinée et du golfe de Bénin, le Gabon et le

Congo, ce sont des « colonies de commerce ». Est-il besoin de dire que le commerce de troque exige de gros capitaux et que seules peuvent l'entreprendre des sociétés riches et puissantes? Voici pour le présent. Faut-il prévoir que, plus tard, on découvrira dans quelques-uns de ces pays africains trop chauds, débilitants et fiévreux, des régions favorisées où les Européens pourraient s'acclimater, s'établir sans esprit de retour[1]? Dans les Indes existent des plateaux très sains et très fertiles, sur lesquels aucun laboureur anglais n'a transporté sa famille. Il est en Afrique un avenir beaucoup plus certain. A mesure que la population noire augmentera à la faveur de la paix, qu'elle prendra, au contact des blancs, des habitudes de travail, les « colonies de commerce » deviendront aussi des « colonies d'exploitation ». Des émigrants riches s'y transporteront pour diriger la production indigène.

Ainsi, c'est se tromper grandement que de vouloir introduire dans l'une quelconque de nos colonies des émigrants sans ressources. Cette idée n'est cependant pas encore abandonnée. Nous nous souvenons avoir entendu à la Chambre, il y a plusieurs années, M. de Mahy, député de la Réunion, propo-

---

1. M. BORELLI, chef d'une des principales maisons de Marseille trafiquant avec l'Afrique française, et qui a passé une année au Dahomey, pense que les blancs pourraient vivre dans le haut pays et y faire l'élevage. — L'arrière-pays de la Côte-d'Or anglaise est, assure-t-on, une petite Suisse. — Stanley estime, d'autre part, que certaines régions du Congo sont habitables pour les blancs.

ser de recruter des colons parmi les malheureux qui attendent à la porte des casernes la distribution des restes des soldats. Plus récemment on a vu deux députés reprocher à l'administration des Colonies de ne pas dépenser chaque année l'intégralité du crédit de 70 000 francs qui lui est ouvert pour « introduction de travailleurs aux colonies [1] ». Il y a un an, enfin, au cours de la discussion du budget de 1899, un député, reprenant la même idée, a demandé que le gouvernement fût invité « à déposer un projet de loi tendant à faciliter la colonisation » et organisant dans ce but l'envoi aux colonies « des familles pauvres de la mère patrie [2] ». L'amendement a été repoussé ; mais, en vérité, est-il donc possible que l'expérience ne serve de rien ? et les législateurs ignorent-ils l'histoire coloniale de leur pays ? Comment peut-on songer à transporter dans nos établissements d'outre-mer des hommes sans ressources, dont la santé est souvent ruinée par la misère, les privations et qui sont impropres à la culture du sol ? On ne saurait, — même à prix d'argent, même avec des monceaux d'or, — faire des « colons » avec des ouvriers sans travail ou des malheureux ne connaissant rien de la vie des champs ; il faut des hommes pleins de santé, d'énergie, possesseurs d'un petit capital qu'ils désirent faire fructifier, suffisam-

1. MM. BAZILLE et DUTREIX. *Proposition tendant à inviter le gouvernement à soumettre au Parlement un programme de colonisation.* Annexe à la séance du 15 novembre 1898.

2. Proposition de M. Georges BERRY, séance du 8 mars 1899.

ment instruits des choses de la terre, sachant qu'ils doivent compter sur eux-mêmes pour réussir. Les essais répétés de la « colonisation officielle » en Algérie pendant quarante à cinquante ans sous toutes ses formes, les lourdes dépenses qu'elle a occasionnées ; plus récemment les essais malheureux tentés sur deux points de Madagascar, à Diego-Suarez et à Mananjary, devraient éclairer ceux qui désirent le plus ardemment hâter le peuplement de nos colonies [1].

C'est d'un autre côté que doivent porter les efforts. Parmi nos 20 000 à 25 000 émigrants annuels, il en est plusieurs milliers qui possèdent un pécule, sont doués d'énergie, d'intelligence, d'esprit d'entreprise. Ce sont ceux-là qu'il faudrait conserver à nos colonies parce qu'ils pourraient en assurer la prospérité. Pourquoi ne s'y rendent-ils pas ? C'est d'abord parce qu'ils suivent le courant établi et vont rejoindre en

---

1. Nous avons longuement exposé ces questions dans notre volume sur l'Algérie.

Nous nous bornerons à dire ici que les propositions de MM. de Mahy, Bazille et Dutreix, Georges Berry, nous rappellent le triste essai de « colonisation officielle » tenté par le gouvernement de 1848. L'Assemblée nationale, préoccupée de donner du pain aux ouvriers inoccupés des villes, vota les crédits nécessaires pour assurer leur transport et leur installation en Algérie. De 1848 à la fin de 1850, 20 500 ouvriers-colons furent envoyés en Afrique. Ils trouvèrent dans 56 « centres » préparés pour les recevoir des maisons construites, et ils reçurent, avec la terre, des semences, des instruments de culture, du bétail, des vivres ; on leur donna, en outre, des secours en argent pour attendre la récolte. Mais ces « ouvriers » n'étaient pas des « paysans ». Ils ignoraient tout de leur vie nouvelle, jusqu'à l'époque des semailles... Au 1er janvier 1851, des 20 500 colons amenés, il n'en restait que 10 400 ; 7 000 étaient partis, 3 000 étaient morts.

Amérique des parents, des amis qui les appellent.
C'est ensuite parce qu'ils ne savent rien de notre
domaine colonial : ils ignorent quelles entreprises
ils pourraient mener à bien en Algérie, en Tunisie ou
en Calédonie, quel avenir ils pourraient s'y préparer. La plupart des émigrants vont chercher au
dehors une existence plus large et plus heureuse que
celle qui les attend dans la métropole. Il faut donc
leur apprendre qu'ils la trouveront dans la France
d'outre-mer, aussi bien ou mieux qu'au Canada ou
en Argentine.

Nos maîtres en colonisation, les Anglais, se sont
depuis longtemps rendu compte des moyens à employer pour diriger vers leurs colonies les émigrants
britanniques et les disputer aux États-Unis, dont la
force d'attraction est considérable. C'est ainsi qu'ils
ont organisé dans les trois royaumes, en faveur de
leurs terres de peuplement, un merveilleux système
de publicité. Des affiches, des brochures illustrées,
des « offices d'émigration » informent partout les
ouvriers agricoles, les fermiers, les artisans, des conditions de vie qu'ils sont assurés de trouver au Canada
et en Australasie, des salaires qui les attendent, des
cultures qu'ils doivent entreprendre, des profits
qu'ils peuvent espérer.

Il n'est pas excessif de dire qu'en France, malgré
l'heureuse initiative prise dans ces dernières années
par *l'Union coloniale* et le *Comité Duplex*, la propagande en faveur de nos provinces d'outre-mer est très
insuffisamment organisée. Les administrations colo-

niales de l'Algérie, de la Tunisie, de l'Indo-Chine ont cru assez faire en créant à Paris des « offices », qui répondent aux demandes de renseignements qu'on leur adresse et distribuent, dans un cercle restreint d'hommes de cabinet, des « Notices » ou des « Bulletins mensuels » contenant des descriptions géographiques, des statistiques ou de savantes études sur la culture de tel ou tel produit. C'est se tromper grandement. Le « bureau tunisien » de *l'Union coloniale*, pour citer un fait, se félicite d'avoir envoyé en Tunisie 108 familles pendant les trois années 1897, 1898 et 1899. Ce résultat est cependant bien maigre. Il convient donc de faire mieux, — beaucoup mieux qu'il n'a été fait jusqu'ici. Il importe que les « Notices », les « Bulletins », les brochures soient rédigés dans un esprit très pratique, très terre à terre, et que d'abord *des affiches* appellent l'attention du public. L'affiche ou la brochure de propagande rédigée, par exemple, pour la Tunisie, dira d'abord la somme dont il faut disposer pour s'établir dans la Régence, les conditions du passage, le prix des terres mises en vente, leur situation, les moyens de communication avec les centres voisins, le prix des instruments et des animaux de labour, celui de la main-d'œuvre, les cultures que l'on peut entreprendre, leur coût et leur rendement à l'hectare, année moyenne... Mais tous ces renseignements ne seraient pas encore suffisants ; ils paraîtraient trop froids : il importe de *les animer*, de les illustrer, pourrait-on dire. On continuera donc en citant des faits, des exemples d'une parfaite exactitude : « Dans telle région, telles cultures ont été poursuivies, en 18.., et 18..., dans telles et telles conditions quant au personnel, — au matériel, — aux moyens de transports, — aux frais de toute nature ; le bénéfice net est demeuré de... ; il a donc possibilité de faire produre 5 ou 10 ou 20 pour 100 du capital engagé. » Des données aussi précises retiendront l'attention du lecteur, décideront les hésitants, détermineront des vocations. Peut-on objecter que de semblables publications sont de nature à engager, jusqu'à un certain point, la responsabilité des « bureaux » qui les auront édités ? Nous ne le pensons pas. Il serait d'ailleurs facile de rappeler, dès la première page, que les renseignements sont fournis sans aucune garantie et surtout que la condition essentielle du succès est la valeur personnelle du colon, son esprit de conduite et son énergie.

Ces brochures, il ne suffirait pas, naturellement, de les écrire : il faudrait les répandre, et cela demanderait quelques soins. Il y a en France 36 000 mairies, peut-être autant de bureaux de poste, 5 000 à 6 000 gares de chemin de fer. Ce sont là autant de lieux où il est possible d'apposer des affiches, de distribuer des brochures. Assurément cette propagande doit être conduite avec mesure. Il ne s'agit pas de jeter du papier imprimé à tous les vents ; on peut attaquer une seule région, puis attendre les premiers résultats[1] ; on peut aussi ne recommander

1. On notera ici, à ce sujet, que les départements de France

d'abord au public qu'une ou deux de nos colonies.
Mais, qu'on en soit bien convaincu, de même que
le fabricant va chercher l'acheteur, de même la
colonie doit aller au-devant du colon.

L'affiche, la brochure, — cela n'est point tout.
Il est encore d'autres moyens de publicité. Ainsi, des
conférences familières et pratiques rendraient de
grands services. La conférence, c'est la brochure
parlée, vivante, illustrée même, et, grâce à l'insti-
tuteur, la conférence peut pénétrer jusque dans les
campagnes [1]. Après la conférence, on ne saurait
oublier les ouvrages de vulgarisation donnés en
livres de prix ; puis, ici dans une école primaire,
ailleurs dans un lycée, quelques leçons peuvent être
faites sur les colonies, les cultures coloniales ; enfin,
et nous reviendrons plus loin sur ce point, il importe de créer dans chaque école d'agriculture un
cours de cultures coloniales.

Est-il besoin de dire que le soin de cette propagande incombe beaucoup plus aux gouvernements
coloniaux et à des sociétés privées qu'au gouverne-

qui, d'après les statistiques, fournissent le plus de colons à
l'Algérie-Tunisie sont les suivants : Ardèche, Aude, Aveyron,
Bouches-du-Rhône, Corse, Drôme, Gard, Haute-Garonne, Hé-
rault, Isère, Meurthe-et-Moselle, Rhône, Seine, Var, Vaucluse.
1. L'administration du Protectorat, au printemps 1899, a
précisément fait parcourir la Régence à une « caravane »
d'instituteurs amenés de France. Ceux-ci ont visité les pêcheries
de Bizerte, de nombreux domaines plantés en vigne, des fermes
exploitées par de « petits » colons, l'École d'agriculture, la
Ferme d'expériences... Rentrés dans leurs écoles, ces instituteurs ont pu faire à leurs élèves des conférences pratiques
très suggestives. Voilà un exemple d'utile et saine propagande.

ment central? En Angleterre, ce sont les agents du Canada, du Cap, des provinces Australiennes, de la Nouvelle-Zélande qui font apposer des affiches, distribuent des brochures, accordent des passages. Or en France, si la Tunisie et la Nouvelle-Calédonie font quelques efforts, — insuffisants on vient de le voir, — pour attirer les émigrants, l'Algérie n'en fait aucun, car on ne saurait accorder nulle importance au « bureau » qu'elle a installé à Paris. S'il en est ainsi, c'est que les Algériens, — il faut dire la vérité tout entière, — se soucient peu de voir arriver au milieu d'eux des Français de France. On pense dans les trois provinces que les concessions doivent être accordées aux fils de colons ou aux jeunes gens algériens de préférence aux immigrants[1]. Les nouveaux venus sont des intrus avec lesquels il faudrait partager et les terres et les faveurs administratives, des concurrents qu'il convient d'écarter. Le décret du 30 septembre 1878 sur le régime des concessions stipule expressément que celles-ci seront attribuées dans la proportion de deux tiers aux Français immigrants et un tiers aux Français d'Algérie ou aux naturalisés. Mais cette proportion n'a jamais été observée. Les gouverneurs généraux, qui ne savent pas résister aux sollicitations, quelquefois impérieuses, des élus de la population algérienne, ont consenti depuis longtemps à ce que la moitié environ des concessions

1. Ce sont là les expressions mêmes d'un vœu déposé le 15 octobre 1889 par M. Morinaud au Conseil général de Constantine, et immédiatement adopté.

fût réservée aux « Algériens[1] ». Les concessions sont, hélas ! en Algérie, de la menue monnaie électorale. Voici, certes, des errements qu'il faudrait encore corriger si l'on veut installer les Français en Algérie.

On n'y songe pas cependant ; bien au contraire ! Dans son discours aux Délégations algériennes, du mois de novembre 1899, M. Laferrière a fait connaître qu'il poursuivait auprès du ministre de l'Intérieur la révision du décret de 1878 et que, à raison « du mouvement relativement lent de l'immigration », il convenait « d'élever du tiers à la moitié la proportion des Français d'Algérie admis dans les nouveaux centres ». Nous avons peine à concevoir comment le représentant de la métropole dans la colonie a pu faire une semblable concession à l' « état d'esprit algérien ».

Faut-il donc le rappeler encore ? Il n'y a aujourd'hui dans l'Algérie-Tunisie que 270 000 Français d'origine contre 300 000 étrangers dont environ 160 000 Espagnols et 100 000 Italiens. Un écrivain a fait récemment observer à ce propos que la France n'a que 71 habitants par kilomètre carré, tandis que l'Italie, avec un sol plus médiocre et une moindre industrie, en compte

---

1. C'est ainsi que dans ces six dernières années — 1894 à 1899 — 1 145 concessions ayant été distribuées — ce qui est bien peu ! — 515 ont été attribuées à des « algériens » et 630 à des « métropolitains ». — Dans le département de Constantine, le décret de 1878 est particulièrement méconnu : sur 304 concessions, 175 ont été remises à des « algériens » et seulement 129 à des « métropolitains ».

aujourd'hui plus de 100; qu'une affreuse misère chasse les Espagnols de leur pays et les contraint à venir chercher leur vie dans la province d'Oran ; que la population française est devenue presque complètement stationnaire, tandis que celle de l'Italie gagne 300 000 âmes par an. Cela est vrai. S'il est également exact, — ainsi que nous l'avons d'ailleurs rappelé, — que l'Afrique du Nord est non une colonie de peuplement, mais une colonie mixte d'exploitation et de peuplement; que les capitaux y sont apportés par les Français et non par les étrangers, il n'en demeure pas moins certain que nous devons implanter dans ces provinces une population française importante pour assurer la solidité de notre domination, la plus grande richesse de nos provinces africaines, la multiplication du nombre des Français sur la terre.

Après l'Algérie-Tunisie, il y a en Nouvelle-Calédonie, en Indo-Chine, à Madagascar, des millions d'hectares que des colons riches doivent mettre en valeur.

Pour mener à bien une semblable tâche, il ne suffirait pas de disposer de la partie utilisable du courant actuel de notre faible émigration. Il convient donc de recruter des colons, dans les campagnes d'abord, puis dans la bourgeoisie moyenne dont les fils, avocats sans cause, médecins sans clients, candidats bureaucrates, sont en quête d'une situation sociale leur procurant les moyens de vivre honorablement et d'élever une famille.

Et que l'on ne craigne point de « dépeupler notre pays, d'arracher des bras à l'agriculture » ! Outre que nos colonies ne nécessiteront jamais un grand courant d'émigration, on sait depuis longtemps, — et la démonstration n'est plus à faire, car la règle est générale, — que l'émigration stimule la natalité. Les faits observés en Angleterre, en Allemagne, en Italie, à chaque recensement, ne laissent place à aucun doute. Il serait donc possible de soutenir que la France, en essaimant au dehors, bien loin de s'appauvrir, pourrait, au contraire, accroître sa population.

Ainsi, à quelque point de vue qu'on se place, la propagande et la publicité faites en vue du peuplement de nos colonies ne saurait avoir que de bons effets. Ce sont nos mœurs mêmes, à la vérité, qu'il s'agit de refaire. Il y aura donc des préjugés à vaincre, des erreurs à dissiper ; mais combien l'établissement d'un courant régulier d'émigration vers nos possessions, combien le développement et la prospérité de celles-ci feraient notre société métropolitaine plus saine, notre race plus vigoureuse, notre France d'outre-mer grande et prospère !

II. — LES JARDINS D'ESSAI

Les choses ont leur enchaînement. Il ne suffit pas que l'administration métropolitaine ou coloniale incite nos compatriotes à se rendre aux colonies, aide à l'installation des émigrants, leur donne des terres ou

les leur vende avec des facilités de payement. Jusque-
là elle n'aura rempli qu'une partie de sa tâche.

Nos colonies sont, au point de vue agricole, très
différentes de la France et aussi très différentes entre
elles. De nombreuses questions se posent donc devant les nouveaux venus. Quelles sont les conditions
climatériques ? Quelle est la nature des terres ? Quelles
plantations doivent être entreprises ? Quelles espèces
préférées ? Quels résultats sont à prévoir ? Puis, peut-
on élever du bétail ? quelles races s'acclimateront le
mieux ? Quels sont les animaux de basse-cour, les
animaux de trait ? Les colons ne sauraient résoudre
seuls des questions aussi nombreuses, aussi complexes,
qui nécessitent des enquêtes, des recherches, des tâtonnements, des expériences répétées, qui exigent du
temps et de l'argent. Si l'on ne vient à leur aide, ils
s'en remettent au hasard, à la chance ; ils sèment,
plantent et récoltent comme ils faisaient dans les campagnes de France, ou bien encore ils copient les indigènes sans mieux faire, et c'est ainsi qu'il est des
villages en Algérie où le champ du colon ne se diffé-
rencie pas de celui de l'Arabe !

Il importe donc que l'administration vienne au secours de l'initiative individuelle, impuissante et quelquefois paresseuse ; qu'elle place les colons dans les
meilleures conditions possibles, qu'elle leur assure
son concours. On a dit avec raison que nos colonies
étaient à « l'âge de l'agriculture », et l'on a montré,
d'autre part, leur faible rendement actuel en rappe-
lant que nous demandons à l'étranger plus de 1 mil-

liard 175 millions de produits coloniaux que nos possessions pourraient et devraient nous fournir [1]. Dès
lors, dans toute colonie, un des services les plus importants est celui de l'agriculture : il faut qu'il reçoive
de la métropole, avec l'impulsion première, des plants
et des graines ; ses organes indispensables seront les
jardins d'essai, les stations culturales, les fermes modèles.

Les nations coloniales, l'Angleterre et la Hollande
notamment, sont en ces matières beaucoup plus avan-
cées que la France. Hâtons-nous de les copier.

1. Produits exotiques importés par la France en 1898 (commerce spécial) :

Produits importés	des colonies françaises. (milliers de francs).	de l'étranger. (milliers de francs).	Total de l'importation (milliers de francs).
Soie grège.	110,6	200 444,7	200 555,3
Coton.	1,6	166 186,3	166 187,9
Laine.	8 452,7	398 084,8	406 537,6
Bois exotiques.	1 738,8	18 032,2	19 771,1
Liège.	2 263,8	1 549,6	3 813,5
Caoutchouc et gutta. . .	1 741,1	30 980,6	32 721,7
Résines et gommes. . . .	4 990,1	6 915,3	11 905,4
Tabacs en feuilles. . . .	2 383,7	25 114,4	27 498,2
Cacao.	1 829,2	30 792,7	32 621,9
Jute brut.	»	32 822,6	32 822,6
Riz.	29 166,0	1 921,7	31 087,7
Espèces médicinales . . .	611,3	13 637,4	14 248,8
Indigo.	33,7	8 043,1	8 076,8
Poivre, piment, vanille, cannelle et girofle. . .	4 017,9	2 416,3	6 434,2
Thé.			
Café.	1 273,7	105 922,7	107 196,4
Cachou.	2	2 955,6	2 955,9
Safran.	33,2	3 722,1	3 755,3
Noix de galle.	4	5 600,7	5 601,1
Grains et fruits oléagineux.	17 042,1	120 802,1	137 844,2
Totaux.	75 690,1	1 175 944,7	1 251 635,5

Les Jardins royaux de Kew, situés à 30 kilomètres environ de Londres, ont depuis à peu près un siècle des relations suivies avec les colonies britanniques, et depuis une cinquantaine d'années ils ont pris une part considérable à leur développement agricole. Kew possède un enseignement, des herbiers, des bibliothèques, un laboratoire, un service de renseignements et d'échanges ; il envoie dans les différents pays du monde des botanistes pour rechercher, étudier les espèces, pour se procurer des plants et des graines ; il réunit et sélectionne dans des « serres de forçage », pour les propager dans les colonies, les nouvelles espèces et les meilleures variétés des plantes tropicales ; il fournit à ces mêmes colonies des botanistes et des jardiniers ; il imprime, enfin, une impulsion et une direction méthodiques aux jardins et aux stations de tout ordre qui existent dans les possessions britanniques. Ce sont les Jardins de Kew qui ont propagé la culture du quinquina dans les Indes ; qui ont étudié les maladies du caféier, puis déterminé les espèces les plus vigoureuses de cette plante, assuré leur adoption ; ce sont eux qui ont cherché dans les forêts d'Amérique les variétés de caoutchouc que l'on plante aujourd'hui dans les Indes ; eux encore à qui l'on doit les admirables cultures de thé de Ceylan et de l'Assam. M. Milhe-Poutingon donne à ce propos un chiffre saisissant : en 1873, l'Angleterre ne recevait des Indes que 23 livres de thé et devait acheter à la Chine toutes les quantités nécessaires à sa consommation ; en 1895, elle recevait des mêmes Indes 190 millions de livres, soit les neuf dixièmes de sa consommation[1].

Les Hollandais, dont les colonies ne sont pas, comme celles de l'Angleterre, dispersées dans quatre parties du monde, ont leur Jardin d'essai non aux portes de la Haye, mais au centre de leur empire des Indes orientales, à Buitenzorg. Le « jardin » proprement dit, qui n'est qu'une partie de l'établissement de Buitenzorg, a une étendue de 70 hectares ; toutes les cultures y sont entreprises, toutes les recherches poursuivies ; des laboratoires lui ont été annexés pour l'étude de l'anatomie, de la physiologie et de la pathologie végétales, ainsi que pour la détermination des propriétés médicinales et industrielles des plantes[2].

La France ne possède aucun établissement comparable à ceux de Kew ou de Buitenzorg. Notre Muséum, qui a des collections magnifiques, des serres parfaitement aménagées, des jardiniers instruits, qui compte parmi ses professeurs des hommes fort distingués, n'a pas de « section coloniale ». Il ne poursuit qu'un but purement scientifique, et c'est exceptionnellement qu'il peut envoyer aux colonies des graines ou de jeunes plants. D'autre part et, peut-on dire, presque par une conséquence naturelle, les jardins coloniaux que l'on rencontre aujourd'hui dans

1. MILNE-POUTINGON. *Rapport sur une Mission aux Jardins royaux de Kew*. Ministère des Colonies.
2. J. LEFAIVRE. « Le Jardin botanique de Buitenzorg. » *A travers le monde*, n° du 5 octobre 1895. Hachette, éditeur.

nos différentes possessions ne sont pas comparables
à ceux qui existent dans les colonies anglaises. Insuffisamment dotés, médiocrement dirigés, sans relations avec le dehors, ne recevant aucune impulsion
directrice, ils végètent et ne rendent pas de services
appréciables. Toutefois il faut excepter les Jardins
de Saïgon, d'Hanoï, de Libreville et de Tunis.

On voit qu'il convient de nous corriger et de
prendre modèle sur les étrangers. Il faut créer à
Paris un Jardin d'essai complet, qui, greffé sur le
Muséum, comprendra une partie culturale et une
partie scientifique. Les fonctionnaires coloniaux, les
consuls, des missions spéciales approvisionneront le
jardin ; des serres de multiplication et de forçage
produiront les plantes à répandre, puis les expédieront
aux jardins et stations culturales des colonies ; les
professeurs du Muséum se livreront à toutes les recherches scientifiques et pratiques ; ils formeront le
personnel nécessaire aux jardins locaux. Cette organisation centrale portera partout la vie, encouragera,
dirigera les initiatives. Sous une impulsion unique
qui paraît nécessaire, chaque jardin développera d'ailleurs sa personnalité, et cela d'autant plus que les
besoins sont différents suivant les colonies et qu'il ne
saurait non plus à lui seul, les satisfaire tous. A côté
du Jardin, en effet, il convient de prévoir, outre des
stations culturales et des champs d'expériences, —
ses annexes du premier degré, — des « fermes modèles », des « bergeries », des « haras », des « écoles
d'agriculture ».

En veut-on juger? Dans l'Afrique du Nord il faudra enseigner la fabrication et la pasteurisation des vins, introduire les plantes fourragères indispensables au bétail, poursuivre sur les bœufs, les moutons, les porcs, les béliers mérinos, des expériences de sélection et de croisement. Au Sénégal, au Soudan, dans le golfe de Guinée, au Congo, pays de cultures tropicales, il ne serait pas indifférent, en même temps que l'on rechercherait les meilleures espèces de lianes à caoutchouc et les meilleures variétés de coton, de faire des légumes, du lait, des bêtes de basse-cour, de la viande, afin d'assurer aux colons une nourriture saine sous un climat dangereux [1]. En Indo-Chine, il s'agira ici d'étudier le mûrier, de choisir les meilleures espèces de vers à soie ; ailleurs, dans les herbages du haut pays, de développer l'élevage des bœufs, des buffles, des cochons ou des chevaux ; ailleurs encore, d'introduire ou de bien diriger la culture du coton, du thé, du café, de la canne, du tabac... Les variétés sont nombreuses; les modes de culture ou de préparation des produits doivent être différents. Partout enfin, en Asie comme en Afrique, « l'arrière pays » de nos colonies est encore très imparfaitement connu; il faudra que, peu à peu, des géologues, des botanistes entreprennent des campagnes d'exploration pour étudier le climat, le régime des pluies et des cours d'eau, les productions naturelles. Les hommes spéciaux chargés de ces missions devront être choisis et diri-

---

1. BOUDARIE. « Les fermes d'essais aux colonies. » *A travers le monde*, nos de janvier et février 1899. Hachette, éditeur.

gés soit par le Jardin d'essai de Paris, soit par les jardins locaux.

Il convient aussi de ne pas songer seulement aux colons, mais encore aux indigènes. Les Kabyles et les Arabes sont des cultivateurs et des pasteurs fort ignorants ; ils n'obtiennent, pour citer un chiffre, que 6^{qtx},10 de grains à l'hectare, alors que les colons, — qui eux-mêmes soignent insuffisamment leurs champs, — atteignent cependant un rendement de 9^{qtx},30. Dans toute l'Afrique noire, les indigènes retournent à peine le sol, plantent et récoltent le coton sans distinguer les meilleures espèces, ignorent l'exploitation des forêts ; puis, d'un autre côté, si l'indigène du Soudan a des troupeaux, le nègre du Congo n'a que des cabris et des poules ; le cheval s'arrête, en Afrique, au 8ᵉ parallèle Nord ; partout il faut tenter des introductions, des acclimatations et des croisements d'animaux. L'éducation agricole et pastorale des indigènes est donc à entreprendre dans beaucoup de colonies. Rien ou presque rien n'a été tenté jusqu'ici. Il faut leur faire adopter la charrue, leur distribuer des graines et des plants, leur enseigner quelques éléments de culture, leur apprendre à recueillir le suc du caoutchouc, à perfectionner leurs procédés d'élevage.

Ainsi nous améliorerons, peu à peu, l'état matériel de nos sujets, ce qui sera un grand bien : d'une part, s'ils produisent plus, ils augmenteront leur pouvoir d'achat et partant deviendront de meilleurs consommateurs ; d'une autre, si leur vie simple cesse d'être misérable, si le commerce, les bénéfices lient leurs intérêts à ceux des colons, la pacification s'affirmera et les vaincus accepteront insensiblement, sans regrets, l'autorité du vainqueur.

On voit le programme agricole dans toute son ampleur; on juge de son importance. Le poursuivre, le réaliser, c'est assurer la richesse et la paix de nos établissements d'outre-mer.

Il semble, fort heureusement, que le gouvernement central et les colonies l'aient enfin compris. Si le programme que nous venons d'indiquer n'a pas encore été adopté, nous assistons à ce que l'on pourrait appeler une mise en train.

Au mois de janvier 1899, en effet, le précédent ministre des Colonies, M. Guillain, a décidé l'installation d'un Jardin d'essai sur des terrains empruntés au Bois de Vincennes. Ce jardin, confié à M. Dybowsky, a été pourvu d'un Conseil de perfectionnement qui a pour président le directeur du Muséum[1]. Dès aujourd'hui ses premières serres sont construites ainsi qu'un laboratoire; il a reçu des colonies et de divers établissements privés ou publics un certain nombre de plantes; déjà fonctionnent ses ateliers de multiplication. En même temps des missions ont été confiées à des personnes compétentes pour aller étudier en Birmanie, à Ceylan, à Java les méthodes culturales suivies, les résultats obtenus.

1. Décret du 28 janvier et arrêté du 30 janvier 1899. — Ces actes ont été précédés d'un *Rapport* de M. Paul Bourde au ministre des Colonies, sur *les Travaux de la commission des jardins d'essai.*

D'autre part, les colonies, sans attendre l'impulsion de l'autorité métropolitaine, ont compris leurs véritables intérêts : L'administration du Protectorat avait créé à Tunis, depuis plusieurs années, un Jardin d'essai ; elle a fondé, il y a moins de deux ans, sur l'initiative de M. Dybowsky, une « école d'agriculture » pour les Européens. La Régence veut avoir des colons : est-il un meilleur moyen que de les former ? L'idée est excellente ; il est seulement regrettable que cette école ne comporte point une section indigène. En Algérie, où les « stations d'expériences agronomiques » et autres institutions de même genre semblent n'avoir rendu jusqu'ici que de médiocres services, où le Jardin d'essai du Hamma n'est qu'un lieu de promenade, les Délégations ont, dans leur session de 1898, émis le vœu que l'instruction agricole fût donnée jusque dans les écoles primaires. Au Sénégal, la création d'un jardin d'essai aux portes de Saint-Louis a été décidée ; plusieurs fermes ont été organisées, des « champs de démonstration » ont été établis, sur lesquels des agents spéciaux apprennent aux noirs les modes de la culture européenne. Au Soudan, le général de Trentinian a conduit des ingénieurs agricoles et des commerçants, afin de les mettre à même d'étudier sur place les ressources du pays et les directions qu'il conviendra de donner aux indigènes en vue d'améliorer leurs cultures. Au Dahomey, on installe une ferme modèle. A Madagascar, l'École professionnelle de Tananarive étudie la culture du mûrier, l'élève des vers à soie. En Indo-Chine, tandis

que les Jardins de Saïgon et de Hanoï poursuivent leurs
expériences, une école d'agriculture est installée à
Hué pour recevoir des Annamites. Enfin le Conseil
général de la Nouvelle-Calédonie vient de voter la
création d'un jardin d'essai et d'une ferme école. Le
mouvement est donc général.

L'ensemble de ces premiers faits donne lieu d'espérer
en l'avenir ; mais il ne faut rien négliger. Le décret
pris par M. Guillain n'est qu'une ébauche ; il n'a pas
placé les jardins des colonies sous la haute direction
du Jardin de Vincennes, ce qui paraît indispensable,
du moins dans les conditions que nous avons indiquées
plus haut. Il faut souhaiter, d'autre part, que le Parlement, les Colonies, la Ville de Paris ou bien un dona-
teur généreux assurent à cet établissement les larges
ressources dont il a besoin, car sa tâche est grande et
nous voudrions qu'il fût en mesure de la remplir
tout entière. C'est ainsi qu'il conviendrait de joindre
l'agréable à l'utile. Puisqu'il est possible de faire venir
les plantes tropicales sous notre ciel gris et pluvieux ;
puisque, dans une serre bien close, le charbon réalise
les miracles qu'accomplit le soleil dans les régions
brûlantes de l'Afrique ou de l'Asie, pourquoi ne mon-
trerait-on pas au grand public la végétation des
tropiques ? Ce serait faire à nos colonies une merveilleuse réclame. Ceci est l'avenir... pour nous, car les
Anglais l'ont réalisé à Kew [1]. En attendant, il est pos-

1. M. Milhe-Poutingon, dans son *Rapport* déjà cité, nous
fait connaître le budget de cet établissement. Les larges ressources de Kew proviennent à peu près uniquement du budget

sible que le Jardin de Vincennes soit bientôt doté de deux annexes : la première serait « l'École pratique des Cultures tropicales » que doit organiser le département de la Loire-Inférieure sur un domaine de 35 hectares, situé aux portes de Nantes, et que lui a laissé M. Durand-Gosselin ; la seconde serait « l'École d'Agriculture » de Gardanne, dans les Bouches-du-Rhône, où l'on compte recevoir des fils de chefs de nos différentes possessions, afin de leur enseigner les éléments de culture pratique. On espère que, rentrés chez eux, ils s'emploieront à initier leurs sujets.

Le Jardin de Vincennes, l'École de Nantes, celle de Gardanne, se complétant les uns les autres, pourront rendre de grands services. Il est encore d'autres besoins à satisfaire. C'est ainsi qu'il faudrait fonder un cours de « cultures coloniales » dans toutes les écoles d'agriculture. Une chaire de biologie des végétaux cultivés en France et aux colonies vient d'être instituée à l'Institut national agronomique. C'est un commencement. Il importe de ne rien négliger non seulement pour former des « agriculteurs coloniaux », — ce qui pourrait être fait à Nantes, — mais aussi pour former des « colons », pour déterminer des vocations parmi les jeunes gens qui fréquentent les écoles d'agriculture, sans être souvent fixés sur la vie

___

métropolitain, car il ne reçoit aucune subvention des colonies, et ses recettes sont des plus minimes. — Son budget des dépenses atteignait 817 000 francs en 1895-1896 ; 657 000 francs en 1897-1898.

qu'ils se feront dans la suite[1]. M. Chailley-Bert et M. Bourde ont dit avec beaucoup de raison que la colonisation est un problème essentiellement agricole. Il faut dire plus, et nous le ferons d'un mot : nos possessions n'ont pas seulement besoin de colons agriculteurs, mais aussi de négociants, d'industriels, d'ingénieurs, de directeurs d'entreprises et d'exploitations de tout ordre. Aussi est-il temps que la France modifie ses programmes d'éducation, ses conceptions scolaires et sociales. L'acquisition récente d'un grand Empire d'outre-mer ouvre à nos enfants de nouveaux débouchés, de nouvelles carrières ; si nous voulons poursuivre la mise en valeur de cet empire il convient de provoquer l'émigration, d'instruire les générations à venir, de développer chez elles l'esprit d'initiative, l'énergie individuelle. La tâche est belle et grande. Il est permis de regretter que la Commission d'enquête sur l'enseignement secondaire ne l'ait point envisagée[2].

On a vu plus haut que l'administration ne devait point se préoccuper seulement de l'éducation agricole des colons, mais encore de celle des indigènes.

1. L'Allemagne, entrée depuis peu dans la carrière coloniale, se hâte. Une société, encouragée par l'empereur, vient d'inaugurer, il y a quelques mois, à Witzenhausen, sur la Werra, une École coloniale qui compte préparer les jeunes gens à l'agriculture tropicale.

2. La Chambre de commerce de Lyon a donné, il y a peu de mois, un exemple que nous voudrions voir suivre en organisant chez elle des cours « d'enseignement commercial colonial » destinés spécialement aux jeunes gens qui désirent se donner aux entreprises chinoises et indo-chinoises.

Il est à peine besoin d'ajouter que les raisons qui nous font un devoir d'encourager l'agriculture du peuple conquis ne nous imposent pas moins la protection de son industrie. Or, dans plusieurs de nos colonies, il existe des « industries indigènes. » Le gouvernement de l'Indo-Chine en organisant une « exposition annuelle des arts et produits artistiques du Tonkin », a donc pris une excellente mesure. Il faut aussi le louer d'avoir établi récemment à Hanoï une « école professionnelle » qui poursuit le double but de donner aux artistes annamites qui fabriquent les bois et les meubles incrustés, si appréciés en Europe, un enseignement artistique et de former des maîtres-ouvriers indigènes tels que menuisiers, maçons ou mécaniciens. Dans cet ordre d'idées, il convient de signaler également d'autres initiatives : en Algérie, on essaye depuis quelques années, — et l'honneur en revient à une femme, Mme Delfau, — de faire renaître l'industrie des tapis arabes ; en Tunisie, le Protectorat s'est préoccupé de fournir des modèles aux potiers de Nabeul et aux ébénistes de Tunis.

Partout, on le voit, la France colonisatrice doit poursuivre le même but : encourager, développer l'agriculture et l'industrie chez les colons et chez les indigènes, activer la mise en valeur des pays nouveaux en vue d'augmenter leur richesse.

III. — LA MAIN-D'ŒUVRE AUX COLONIES

Notre sujet est vaste et nous n'avons la prétention de l'épuiser dans aucune de ses parties. Toutefois, on ne saurait passer sous silence la question de la main-d'œuvre aux colonies.

Que deviendrait un colon ayant des terres à défricher ou à mettre en culture, des forêts ou des mines à exploiter, si les bras lui faisaient défaut?

C'est donc un devoir pour l'administration de se préoccuper d'assurer aux colons les travailleurs qui leur sont indispensables, et ce devoir elle le rencontre dès maintenant dans toutes nos possessions à l'exception de l'Algérie-Tunisie. La question est, d'ailleurs, complexe. D'une part, en effet, la main-d'œuvre peut être fournie soit par les habitants du pays eux-mêmes, soit, s'ils sont en trop petit nombre ou incapables d'un travail régulier, par des « immigrants » recrutés au dehors, — en Inde, à Java, en Chine, — à des conditions déterminées, et après accord entre l'administration coloniale et le gouvernement dont ils ressortent. Il importe, d'autre part, dans l'un et l'autre cas, que cette main-d'œuvre soit : abondante afin de pourvoir à tous les besoins des exploitations existantes, notamment aux époques de presse, — disciplinable, afin que les colons ne soient pas à la merci de caprices ou de prétentions qui pourraient compromettre le sort de leurs entreprises; — bon marché, afin que les employeurs ne se trouvent pas dans une situation d'infériorité vis-à-vis des pays avec lesquels ils sont en concurrence.

On sent les difficultés du problème. Sans entrer dans les détails, nous les préciserons en quelques mots.

Au Tonkin, si la population est nombreuse dans le Delta, elle est, au contraire, clairsemée dans le haut pays; aussi le capitaliste qui a reçu en concession des terres vacantes situées dans la région montagneuse doit-il négocier avec des familles du bas Song-Koï pour les déterminer à le suivre. Il lui faut pour réussir l'appui des fonctionnaires locaux. A Madagascar, le général Gallieni a pris depuis trois ans, et à plusieurs reprises, les décisions qui lui ont paru les plus sages au sujet des contrats d'engagement des indigènes; cependant il n'est point encore parvenu à satisfaire les exigences légitimes des colons. Dans l'Afrique noire la main-d'œuvre est généralement rare et défectueuse. Pendant des siècles l'esclavage, les guerres, les massacres ont dépeuplé d'immenses régions; puis les indigènes, étant sans besoins, ne se sentent pas obligés de travailler: dans l'intérieur, ils se bornent à entretenir, sans beaucoup de soins, les plantations qui entourent les villages; sur la côte, ils se livrent, au contact des Européens, au commerce d'exportation, mais négligent le travail de la terre. Dès lors, l'ingéniosité des engagistes, les sacrifices qu'ils consentent ne suffiraient pas, bien souvent, à retenir les indigènes sur les plantations, ou dans les entreprises de forêts et de mines. Il convient donc, à la fois, que les colons s'assurent la bonne volonté des chefs de village et que l'administration intervienne pour faciliter le recrutement des noirs, assurer le respect des contrats, prescrire, s'il est besoin, une répression pénale.

Aux Antilles, en Guyane, à la Réunion, en Nouvelle-Calédonie, à Tahiti, les planteurs et les exploitants de mines ne cessent de solliciter les autorités
locales afin qu'elles leur procurent avec régularité les
travailleurs dont ils ont besoin. La question se présente
dans ces colonies sous un aspect autre que dans les précédentes. Les habitants se refusant à toute occupation
régulière ou étant trop peu nombreux, l'administration
se voit dans l'obligation de chercher la main-d'œuvre
au dehors, c'est-à-dire de recruter des « immigrants »
indiens, javanais, chinois, annamites ou noirs. La suppression de l'esclavage en 1848 a notamment posé dans
nos anciennes colonies une question qui n'est point
encore résolue. Les mulâtres et les noirs n'ayant point
consenti à demeurer sur les plantations au lendemain
de l'acte qui les émancipait, le gouvernement impérial, dut conclure avec l'Angleterre, en 1861, afin de
préserver les blancs de la ruine, une convention qui
autorise l'administration française à recruter et engager
dans l'Inde des travailleurs pour les Antilles, la Guyane
et la Réunion. Mais aujourd'hui cette convention sans
être expressément dénoncée ne produit plus d'effets ;
le recrutement des Indous est suspendu, aussi nos colonies traversent-elles une crise grave. A la Guyane, les
plantations ont disparu et il n'y a pas assez d'hommes
sur les placers. Aux Antilles, les propriétaires se plaignent du nombre insuffisant des travailleurs ; « Si les
bras ne nous manquaient pas, dit la Chambre d'agriculture de la Pointe-à-Pitre au ministre, la surface
cultivée à la Guadeloupe pourrait doubler d'étendue ».

A la Réunion, enfin, la situation est des plus mauvaises. Les planteurs n'ont à leur disposition que 20 à 25 000 coolis indiens, tandis que leurs voisins de Maurice en ont 150 000. Dans cet état d'infériorité ils perdent une partie de leurs récoltes. La main-d'œuvre manque à ce point qu'à certains jours il faut employer les condamnés au chargement des navires en rade. En présence d'une pareille situation le gouvernement est chaque jour invité dans ces quatre colonies, soit à nouer des négociations avec l'Angleterre pour le rétablissement de l'immigration indienne, soit à traiter avec l'administration hollandaise de Java, soit encore à recruter des travailleurs en Indo-Chine. — Est-il besoin d'ajouter que les colons de Calédonie et de Tahiti réclament, eux aussi, des « immigrants » pour assurer l'exploitation de leurs terres et de leurs mines[1] ?

Il n'est pas nécessaire d'insister davantage sur l'importance que prend aux colonies la question de la main-d'œuvre ; il est manifeste que, de ce côté encore, l'administration locale et le gouvernement central ont charge de gros intérêts.

1. Les journaux ont récemment annoncé que l'administration de la Nouvelle-Calédonie venait d'obtenir du gouverneur général de Java la faculté de recruter des travailleurs dans les possessions néerlandaises.

CHAPITRE II

LES TRAVAUX PUBLICS ET LES BUDGETS COLONIAUX

Les divers emplois des capitaux aux colonies.

I. — Utilité des travaux publics aux colonies. — La « préparation » des pays neufs. — Insuffisance de l'outillage actuel de l'Algérie et de toutes nos autres possessions. — Les colonies anglaises. — Elles sont en avance sur les nôtres.

II. — Un bon régime budgétaire peut seul assurer l'exécution des travaux publics. — Le système budgétaire des colonies anglaises. — Les emprunts coloniaux sur le marché de Londres. — Quelques exemples. — Importance de la dette coloniale anglaise.

III. — Confusion entre le budget de l'Algérie et celui de la métropole. — Les budgets locaux de l'Algérie. — Gaspillages.

Confusion entre les budgets des différentes colonies de celui de la métropole. — Le sénatus-consulte de 1866 et le décret de 1870. — Nos erreurs. — Charges qu'elles font peser sur le contribuable français. — Les travaux publics de la Réunion et du Sénégal payés par la France. — Exagération des dépenses militaires et civiles inscrites annuellement au budget des colonies.

Mauvaise gestion des budgets locaux. — Nos colonies ne sont pas en situation d'emprunter. — Elles ont toutes négligé l'œuvre des travaux publics. — Résultats comparés des systèmes budgétaires coloniaux de l'Angleterre et de la France.

IV. — Il faut nous corriger. — Les projets de budget algérien autonome. — Budget « spécial » et budget « intégral ». — Il faut aussi poursuivre la réforme des budgets départementaux et des conventions algériennes.

Le budget de la Tunisie.

La réforme du budget des Colonies. — Abandon du système du sénatus-consulte de 1866. — Adoption du système anglais. — La loi du 13 avril 1900. — Les colonies devront se suffire à elles-mêmes. — Limitation des pouvoirs des Conseils généraux. — Il est encore une erreur à corriger.

La réalisation de la réforme budgétaire complète permettra seule d'exécuter les travaux publics nécessaires.

V. — Cette œuvre est considérable. — L'argent ne manquera pas. — Comment faire exécuter les travaux publics ? — Deux systèmes. — Les compagnies concessionnaires en Tunisie. — Tentative faite à Madagascar. — Nécessité de promettre une garantie d'intérêt. — Le système de l'appel direct au public par la voie de l'emprunt. — Ses avantages. — Il convient d'apprendre aux colonies à faire appel au crédit.

A qui doivent être confiés les travaux ? — La régie, l'entreprise, la concession. — L'Etat construit chèrement. — Ses erreurs.

Critique du projet préparé par le gouvernement pour Madagascar. — Conditions particulières d'exécution des chemins de fer aux colonies. — Il faut aller au plus pressé. — « Solutions de fortune. »

VI. — Exemples de l'influence des travaux publics sur le développement commercial des colonies. — Le coût exagéré des transports dans les pays dépourvus de chemins de fer. — Des premiers travaux à exécuter en Algérie et dans nos autres possessions.

Le Transsaharien. — Les chemins de fer transcontinentaux étrangers. — Objections présentées contre l'exécution d'une ligne reliant l'Algérie au Tchad. — Réponse à ces objections. — Nécessité de relier entre eux les trois tronçons de notre domaine africain. — Le Biskra-Ouargla.

Pour assurer la mise en valeur de nos colonies, leur développement, suffirait-il d'y attirer les émigrants possesseurs d'un pécule par un bon système de propagande et de publicité ; de créer des jardins d'essais distribuant aux colons et aux indigènes des plans ou des graines ; d'assurer aux exploitants la main-d'œuvre dont ils ont besoin? On ne saurait le croire. Tout s'enchaîne, comme nous l'avons écrit déjà. L'anémie dont souffrent nos colonies à l'heure actuelle, la paralysie qui arrête leur développement ont plusieurs causes. Nos possessions ne manquent pas seulement de colons, agriculteurs, planteurs ou

commerçants, mais aussi de capitaux dans le sens le
plus large du mot : *a*, capitaux employés en travaux
publics, — *b*, capitaux employés dans l'exploitation
des pays neufs, le commerce, les plantations, les
mines, — *c*, capitaux employés dans les banques.

Ainsi, nous abordons la seconde partie de notre
sujet, « les Capitaux aux colonies ». Elle comprendra trois chapitres. Le premier est consacré aux
travaux publics, et, par voie de conséquence au
budget colonial métropolitain et aux budgets locaux.

I. — OUTILLAGE ACTUEL DE NOS COLONIES

Comment des colons sérieux se rendront-ils acquéreurs de domaines, comment même accepteront-
ils des concessions gratuites, s'ils ne sont pas assurés de pouvoir diriger leurs récoltes, à peu de frais,
au port d'embarquement? Les noirs renonceront-ils
à leurs habitudes de paresse et mettront-ils leurs
champs en culture avant de savoir qu'ils peuvent
exporter leurs produits et en tirer bénéfice? Les maisons établies à la côte d'Afrique augmenteront-elles
sensiblement leurs affaires, tant que l'insuffisance
ou la cherté des moyens de transports leur rendra
difficiles les opérations de traite avec l'intérieur?

Il faut le dire très nettement : dans toutes les colonies françaises, sauf trois, la Tunisie, l'Indo-Chine
et Obock, l'œuvre des travaux publics, — ce que les
Anglais appellent d'une expression large et heureuse

« la préparation » d'un pays neuf, — est insuffisante ou très peu avancée ; dans plusieurs même, elle n'a pas été entreprise.

Mais il est nécessaire, tout d'abord, d'indiquer par quelques exemples, et quelques rapprochements la situation présente : on verra combien elle est défavorable. Il ne s'agit certes pas de comparer l'Indo-Chine avec l'Inde, ni l'Algérie avec l'Australie ; ce serait injuste ; mais il est d'autres colonies étrangères qui peuvent être mises en parallèle avec certaines des nôtres.

En Algérie, il n'a été encore construit que 2 900 kilomètres de chemin de fer, et le réseau des routes nationales et départementales, des chemins de grande communication et des chemins vicinaux n'a que 13 500 kilomètres. Ces moyens de communication ne sont pas en proportion avec l'étendue du pays, sa profondeur, l'absence de rivières navigables ; d'ailleurs ce ne sont pas seulement les villages qui demeurent isolés, mais aussi les villes, — telles Bougie et Djidjelli, — qui se plaignent de ne point être reliées entre elles. Dans le département d'Oran et dans celui de Constantine, à Rachgoum et Bougie notamment, il faut creuser des ports. D'autre part, le tiers des forêts de chêne-liège demeure inexploité au grand dommage de l'État, faute des chemins forestiers indispensables ; les travaux de captation des eaux et d'irrigation, si nécessaires dans un pays où les pluies ne tombent que pendant quelques mois et où de longues périodes de sécheresse sont à redouter, n'ont encore été exécutés que dans quelques régions; sur les Hauts Plateaux, il n'existe que très peu de *r'dirs* (puits) pour les troupeaux et l'insuffisance des abris a pour conséquence la médiocrité du bétail; enfin, les travaux de reboisement, dont l'importance est considérable, si l'on songe que « la forêt est en terre africaine le véritable régulateur des eaux fluviales », sont complètement négligés.

Au Sénégal, une de nos plus anciennes colonies, il n'existe encore qu'une seule voie ferrée, celle de Dakar à Saint-Louis, ouverte en 1885 et qui a une longueur de 264 kilomètres. Quant au chemin de fer du Soudan, qui doit relier les 1 000 kilomètres de navigation fluviale du Sénégal aux 2 000 kilomètres de voie navigable du Niger et dont l'importance politique et commerciale est si grande, il est loin d'être achevé. Commencé en 1881, puis abandonné presque complètement peu d'années après, il n'atteint aujourd'hui — grâce à une active reprise des travaux toute récente, — que 237 kilomètres, alors que sa longueur totale doit être d'environ 563[1].

Il est nécessaire, en quittant le Sénégal, de faire le tour complet de l'Afrique et de gagner Obock pour rencontrer un chemin de fer en territoire français. Encore faut-il ajouter que la rémunération des capitaux employés dans la ligne de Djibouti à Harrar, qui aura 300 kilomètres sur lesquels 110 environ sont achevés, a été assurée grâce aux engagements pris

---

1. La locomotive arrive à Toukoto. On espère que la ligne atteindra le Niger en 1904.

non par notre gouvernement, mais par l'empereur
d'Abyssinie. La Guinée, la Côte d'Ivoire, le Dahomey, le Gabon, le Congo, Madagascar, pays riches
ou du moins susceptibles de le devenir, ne possèdent
pas, à ce jour, un kilomètre de voie ferrée. Il est
vrai que plusieurs projets sont à l'étude, à la veille
d'aboutir même ; que l'un d'eux, ce qui est mieux,
— celui de la Guinée, — a été approuvé il y a
quelques mois[1]. Mais il n'est pas moins exact de
dire qu'à l'heure présente aucune de ces colonies n'a
son chemin de fer construit ou même en construction.

Dès lors il est facile de résumer la situation : nous
sommes les maîtres d'une partie du bassin du Niger,
mais nos commerçants ne peuvent songer à l'exploiter ; on ouvre une route dans la Guinée, une autre
à la Côte d'Ivoire, une troisième à Madagascar, mais,
sur ces routes, le prix des transports demeurera trop
coûteux pour certaines marchandises ; le Dahomey
attend et ses routes et son chemin de fer ; il n'y a pas
trois kilomètres de chemins au Gabon ; Loango et
Brazzaville ne sont reliés que par un sentier ; on a
construit un warf à Conakry, un autre à Kotonou,

1. Un décret du 14 août 1899 a autorisé la colonie de la
Guinée à emprunter une somme de 8 millions « qui sera employée à la construction d'une ligne de chemin de fer partant
de Conakry et se dirigeant vers le Fouta-Djallon et le Niger ».
— Les travaux vont être incessamment commencés.
Depuis lors, et tout récemment (novembre 1899), le ministre
des Colonies a saisi la Chambre d'un projet de loi autorisant la
colonie de Madagascar à emprunter une somme de 60 millions
sur laquelle 47 millions et demi seraient employés à la construction d'un chemin de fer d'Aniverano à Tananarive.

le port de Tamatave a été amélioré, mais, outre que
ces premiers travaux ne répondent pas toujours aux
exigences du commerce, sur nombre de points le
débarquement et l'embarquement des marchandises
sont encore très difficiles.

Dans les possessions anglaises d'Afrique il en est
tout autrement.

Partout, à la côte occidentale, (sauf dans la Gambie
qui n'est qu'une enclave), des chemins de fer sont en
construction : à Sierra Leone, la ligne de Freetown à
Rotifunk qui aura 90 kilomètres est presque terminée ; à la Côte d'Or, la ligne de Sekondi à Tarquah,
longue de 65 kilomètres, est achevée et l'on travaille
au delà ; d'autres lignes sont en projet, notamment
celle de Tarquah à Coumassie ; à Lagos 7 000 ouvriers sont sur les chantiers, le rail atteint Abéokuta
(100 kil.), et la seconde partie de la ligne se construit
dans la direction d'Ibadan. Dans l'Afrique australe,
le chemin de fer qui doit relier le Cap au Zambèze,
et plus tard au Caire, se poursuit, l'exécution des
540 kilomètres qui relieront Buluwayo au fleuve
ayant été décidée. Enfin, la ligne de l'Ouganda, dont
la longueur totale sera de 1 200 kilomètres, est
achevée sur plus de 600.

Ainsi les Anglais entreprennent à la fois cinq voies
de pénétration en Afrique, sans parler des lignes du
Soudan égyptien (on sait que le rail atteint Khartoum depuis le mois de janvier 1900), alors que nous
n'en construisons que deux, dont l'une, commencée
il y a dix-huit ans, a été poursuivie jusqu'ici avec

une incroyable lenteur. Et ce ne sont point seulement
nos voisins de l'autre côté de la Manche qui nous
devancent. Les Allemands ont exécuté un chemin de
fer de 260 kilomètres dans le Damaraland, en même
temps qu'ils ouvraient dans leurs autres possessions
d'excellentes routes, notamment au Togo ; aujour-
d'hui, ils projettent de relier leurs établissements de
la côte orientale aux lacs Victoria et Tanganika. Les
Portugais ont construit un chemin de fer de 364 kilomètres dans la province d'Angola et les Cortès viennent de voter l'ouverture d'une nouvelle voie ferrée
dans la même région. Enfin, on sait le merveilleux
effort de l'État Libre du Congo qui, plus hardi et
plus prévoyant que nous-mêmes, a réalisé le problème de la mise en communication de l'immense
bassin du fleuve avec la mer. Cette œuvre, la France
riche et puissante pouvait la mener à bien en 1885
et dans les années suivantes. Il fallait établir un chemin de fer dans la vallée du Quillou, de Loango à
Brazzaville ; nous n'avons pas osé, et les Belges ont
alors construit la ligne de Matadi à Dolo, — 390 kilomètres et 65 millions, — assurant ainsi l'avenir commercial de leur magnifique possession et la préser-
vant de toute dépendance. Depuis, ils ont entrepris
de donner un premier affluent à cette ligne si pro-
ductive, et c'est ainsi qu'ils construisent le chemin
de fer du Mayumbé qui aura 200 kilomètres ; 32 sont
achevés à l'heure actuelle. Ils projettent de faire plus
encore : une mission d'ingénieurs étudie sur le terrain
les conditions d'exécution d'un chemin de fer qui

partant des Stanley Falls, sur le Congo, atteindrait les lacs Albert et Tanganika.

En Indo-Chine, bien que la situation soit moins défavorable qu'en Afrique, nous sommes en retard sur les Anglais. On vient seulement d'ouvrir, il y a quelques mois, les travaux des lignes de Haï-phong à Vietri, sur le fleuve Rouge à l'embouchure de la rivière Claire, et de Ninh-Binh sur le Daï à Hanoï, tandis que dans la haute Birmanie, où les maîtres de l'Inde ne se sont cependant établis qu'à l'époque de la conquête du Tonkin, deux lignes se dirigeant vers la frontière chinoise sont en partie achevées. L'une d'elles doit être prolongée jusqu'au cœur de Sé-tchouen, sur le Yang-tsé. Il est donc permis de dire que si le Parlement a décidé, au mois de décembre 1898, la construction d'un réseau ferré dans nos possessions d'Extrême-Orient, c'est sur la menace que constitue pour l'avenir commercial de la vallée du Song-Koï l'établissement des lignes anglo-birmanes.

Dans la mer des Antilles, il serait aussi possible de constater notre infériorité : la Martinique et la Guadeloupe ne sont desservies par aucune voie fer- rée, alors que la petite île anglaise de la Barbade, beaucoup moins importante, possède un réseau de 40 kilomètres.

II. — RÉGIME BUDGÉTAIRE DES COLONIES ANGLAISES

Pourquoi sur tous les points du monde, les colo- nies britanniques sont-elles mieux « préparées » que les nôtres? Pourquoi le commerce y trouve-t-il plus de facilités?

Le fait a son explication principale, sa cause, dans le régime budgétaire de nos établissements d'outre-mer, dans la politique financière que nous suivons à leur égard.

Nos erreurs sont, ici, de trois sortes : d'une part, nos colonies n'ont point une véritable personnalité financière; elles sont habituées à vivre aux frais de la métropole, et il faut ajouter que l'argent que celle-ci dépense outre-mer est souvent fort mal employé; d'un autre, les budgets locaux, bien que soumis au contrôle des agents du pouvoir central, sont le plus souvent livrés au pillage; enfin, nos colonies n'ont, en quelque sorte, jamais été mises dans l'obligation de recourir à l'emprunt pour se procurer les ressources extraordinaires, sans lesquelles elles ne sauraient faire exécuter les travaux indispensables à leur mise en valeur.

Avant d'étudier un système si compliqué et si imparfait à la fois, il n'est pas sans intérêt de connaître celui des Anglais, singulièrement instructif.

Il est des plus simples. Napoléon disait : « La guerre doit payer la guerre. » Le gouvernement britannique paraît avoir adopté ce principe : « La colonie doit payer la colonie. » Chaque colonie anglaise est une collectivité distincte ayant sa personnalité financière; maîtresse de ses recettes, elle est, d'autre part, dans l'obligation de vivre de ses propres ressources, sans subvention d'aucune sorte. Telle est la règle. Certes, une colonie nouvelle recevra, dans ses premières années, l'aide de la métropole ; mais bientôt, dès qu'il aura été possible d'établir des impôts locaux, dès que les émigrants constitueront un petit groupe, elle devra, sous forme de « contribution », rembourser au gouvernement central une partie de ses « avances » ; plus tard, enfin, elle sera tenue de prendre à sa charge ou de rembourser l'intégralité des « dépenses de souveraineté ». Ce ne sont pas seulement les colonies de *Self government* [1], mais aussi les *Crown colonies*, qui ne doivent être l'occasion d'aucune charge pour la métropole. Les unes et les autres acquittent l'intégralité de leurs dépenses, sans excepter le traitement des fonctionnaires ou magistrats de tout ordre, y compris le gouverneur. Il y a plus : les colonies de *Self government* ont charge de la défense de leurs côtes ; plusieurs contribuent en outre à l'entretien des garnisons impériales et des stations navales ; quant aux colonies de la couronne, elles sont invitées, lorsqu'elles sont riches, à contribuer aux dépenses militaires que la métropole fait chez elle.

Si, d'autre part, le principe de la non-intervention de la métropole dans les dépenses de colonies est partout le même, les règles établissant les droits budgétaires de ces dernières ne sont point partout

---

1. Les colonies de *Self government* sont au nombre de 9 : Nouvelle-Galles du Sud, Victoria, Queensland, Tasmanie, Australie du Sud, Nouvelle-Zélande, Terre-Neuve, Cap de Bonne-Espérance, Dominion du Canada.

semblables. Tandis que les colonies du premier groupe jouissent d'une absolue liberté financière, celles du second sont tenues en tutelle. L'Angleterre a eu soin de composer les assemblées locales des colonies de la couronne et de régler leurs pouvoirs suivant les circonstances et les milieux. Moins libérale que nous-mêmes, elle a partout conservé, avec beaucoup de raison, au gouverneur et au ministre un droit de contrôle ou de *veto*. Les assemblées discutent et votent le budget; mais, à l'exemple de ce qui se passe dans la métropole où le Parlement ne peut augmenter le chiffre des dépenses proposées par les ministres, elles ne sont point autorisées à élever le chiffre des dépenses proposées par le gouverneur; elles ont simplement le pouvoir d'en voter la diminution [1]. Ainsi les colons, tenus en tutelle, sachant qu'ils ne peuvent compter que sur eux-mêmes, administrent avec sagesse, évitent les gaspillages; ils n'ignorent pas, d'ailleurs, qu'une colonie dont les finances sont mal gérées peut perdre une partie de ses privilèges [2].

Dès lors, la colonie qui, après avoir pourvu à ses dépenses ordinaires annuelles, ne possède pas les

1. J. CAILLAUX. « Les Budgets, les Finances des colonies en France et en Angleterre. » (*Questions diplomatiques et coloniales* n^{os} des 1er mars, 1er avril et 1er mai 1899.)

2. Plusieurs des Antilles anglaises, dont la Trinidad et la Jamaïque, qui ont dû faire appel au concours financier de la métropole, en ce sens que des *prêts* leur ont été consentis, viennent de perdre les privilèges de leur constitution ou de voir renforcer l'élément officiel dans leurs assemblées. (*Quinzaine coloniale*, du 25 janvier 1899.)

ressources suffisantes pour faire face à des dépenses
extraordinaires d'utilité générale, ne saurait attendre
le concours de la métropole. Elle devra donc recourir
à l'emprunt, c'est-à-dire s'adresser au public, et naturellement, la charge des intérêts et de l'amortissement lui incombera tout entier. La seule faveur
qu'elle pourra obtenir de la mère patrie sera la « garantie » de cet emprunt, — garantie qui lui permettra de trouver les fonds dont elle a besoin à un
taux modéré. Plus tard, lorsque la colonie aura
grandi, elle devra même renoncer à cet avantage
pour ses nouveaux emprunts et les capitalistes anglais lui feront plus ou moins confiance suivant l'état
de ses finances [1]. Ainsi le désir qu'a tout le gouver-

---

1. Ce système, d'abord suivi, a été modifié en 1877, une
loi étant intervenue à cette date pour décider qu'à l'avenir le
gouvernement n'accorderait plus la garantie du Trésor aux emprunts coloniaux. Mais on a reconnu depuis quelques années
que certaines colonies doivent à cette disposition nouvelle
de payer, lorsqu'elles empruntent, un taux d'intérêt excessif.
Pour remédier au mal, sir Michaël Hicks Beach, chancelier de
l'Echiquier, et M. Chamberlain, ministre des Colonies, ont
soumis à la Chambre des communes dans les premiers mois de
1897 un bill relatif à la constitution d'une « Caisse des emprunts
coloniaux ».
Ce bill, qui n'est pas encore voté, prévoit la création d'une
Caisse spéciale alimentée au moyen d'émissions de titres faites
par le gouvernement lui-même. Le ministre des Colonies et la
Trésorerie consentiraient aux colonies des prêts sur cette caisse,
non toutefois sans avoir préalablement exigé d'elles les garanties
nécessaires. Ils fixeraient le taux de l'intérêt pour chaque emprunt, sa durée et les conditions de l'amortissement, de telle
sorte que la Caisse ne soit exposée à aucune perte. — On le
voit, la métropole aiderait ainsi ses colonies à trouver de l'argent
à bon marché, mais elle continuerait à ne s'imposer pour elles
aucun sacrifice.

nement colonial de voir ses titres à l'abri des fluctuations de la Bourse, les avertissements que représentent un fléchissement des cours, constituent pour la métropole une assurance nouvelle que les finances de ses possessions seront bien gérées.

Citera-t-on quelques exemples ? En voici trois, empruntés l'un à une colonie responsable, et deux à des colonies de la couronne.

La Nouvelle-Zélande est déclarée colonie britannique en 1840. Pendant quelques années, elle reçoit des subsides pour ses services civils, et la métropole prend d'abord à sa charge les dépenses nécessitées par les expéditions contre les Maoris. Mais, plus tard, lorsqu'en 1856 le gouvernement local veut préparer des terres en vue de la colonisation et entreprendre certains travaux publics, il doit, pour se procurer les sommes nécessaires, émettre un emprunt sur le marché de Londres ; la garantie du Trésor métropolitain lui est toutefois accordée. Enfin, trois ans après, la situation financière de la jeune colonie s'améliorant, l'Angleterre exige que celle-ci contribue aux dépenses de guerre contre les indigènes. Aujourd'hui la Nouvelle-Zélande, dont la superficie est de 268 000 kilomètres carrés et la population de 870 000 habitants (dont 40 000 Maoris), a un commerce de 410 millions de francs ; elle possède 3 500 kilomètres de chemins de fer, des routes, des ports ; elle a émis ses derniers emprunts au taux de 3 1/2 et même de 3 pour 100 ; sa dette est, en capital, de 1 milliard 88 millions de francs et chaque année elle paye aux capitalistes anglais, ses prêteurs, une somme d'environ 43 millions et demi.

Il y a une trentaine d'années l'administration locale de l'île Maurice juge que la construction d'un réseau ferré serait très favorable au développement du commerce ; elle ne songe pas, comme le fera plus tard, sa voisine française, l'île de la Réunion, à s'adresser à la métropole, mais elle décide un emprunt et exécute les travaux. Aujourd'hui le petit chemin de fer de Maurice qui appartient à la colonie a une longueur de 170 kilomètres ; ses recettes se sont élevées en 1897 à 428 000 francs, ses dépenses à 291 000 francs.

Dernier exemple : en 1896 et 1897 les colonies de Sierra-Leone, de la Côte-d'Or et de Lagos ont compris l'utilité que présenterait pour le commerce la construction de voies ferrées de pénétration allant chercher, pour les conduire à la côte, les produits de l'intérieur. Se sont-elles adressées au gouvernement métropolitain ? Ont-elles sollicité son concours ? En aucune façon. Elles ont décidé d'emprunter sur le marché de Londres les sommes dont elles avaient besoin [1].

1. En fait, les titres de ces trois emprunts ne sont pas allés au public, parce que les « agents de la couronne » ont avancé aux colonies les fonds dont elles avaient besoin sans faire d'émission, en prévision du vote du bill présenté par sir Michaël Hicks Beach et M. Chamberlain (voir note de la page 73). Le Parlement n'ayant pas eu le temps de discuter ce bill a autorisé le gouvernement, à la fin de la session d'été 1899, à prêter à ces trois colonies (en même temps qu'à quelques autres), à un taux d'intérêt qui ne sera pas supérieur à 2 3/4 pour 100, des

Il est à peine besoin d'ajouter que, en cas de nécessité, le gouvernement britannique fait exception à ses principes de non-intervention financière. C'est ainsi qu'un bill de 1896 a donné les fonds pour la construction du chemin de fer de l'Ouganda, qui présentait un intérêt commercial et politique certain. Toutefois, les Anglais ne cessent pas d'être prudents et réservés. On a vu, il y a un an, le chancelier de l'Échiquier refuser à M. Cecil Rhodes la garantie du gouvernement pour la ligne ferrée à construire de Boulouvayo au Zambèze ; le ministre a seulement promis une subvention pour dix ans au chemin de fer du Bechouanaland, actuellement construit.

Deux chiffres résumeront tout le système anglais et ses conséquences : l'Angleterre ne dépense actuellement pour toutes ses colonies, — les « arsenaux » tels que Gibraltar, Malte, Hong-Kong compris, — que 62 millions de francs environ[1]. D'autre part les emprunts des 37 colonies, dont les titres se négocient au *Stock Echange*, représentent au total

sommes qui seront prises, plus tard, sur la Caisse des emprunts coloniaux.

Les trois emprunts des colonies de l'Afrique occidentale s'élèvent au total à 42 millions de francs.

1. Dans la discussion du budget de 1899, M. Pelletan a évalué les dépenses de l'Angleterre pour toutes ses colonies (séance de la Chambre du 17 janvier 1899) à 30 millions de francs, en tenant compte, ajoutait-il, de certaines augmentations récentes. Ce chiffre ne saurait être considéré comme exact. Il faut lui préférer celui de 62 millions fourni par M. Jules Siegfried dans son rapport à la Chambre sur le budget des colonies pour 1897. M. Siegfried étudiant avec soin le budget colonial anglais de l'exercice 96-97 le décompose ainsi :

un capital de 12 milliards 420 millions de francs,
— celui même de nos chemins de fer en France !
— et l'intérêt qu'en retirent les capitalistes de la
mère patrie — évalué en moyenne à 4 1/4 pour 100,
— n'est pas inférieur à 527 millions 880 000 francs.
« L'impérialisme » est fier d'une pareille dette. N'a-
t-elle pas été contractée pour créer la vie, engendrer
l'activité agricole, commerciale et industrielle sur une
surface qui peut être évaluée au quart ou au cinquième du globe ? Les capitalistes anglais y ont trouvé
d'excellents placements, les colonies une source de
développement et de richesse qui leur permet d'assumer légèrement la charge de leur colossal fardeau[1].

III. — RÉGIME BUDGÉTAIRE DES COLONIES FRANÇAISES

Le système français ne présentera pas des résultats aussi favorables.

L'Algérie, — dont il est nécessaire de traiter à

Dépenses civiles :

Personnel et matériel du *Colonial office*. . . .	1 364 475 francs.
Contributions diverses à certaines colonies. . .	4 221 250 —
Subventions à des possessions africaines. . . .	3 600 000 —
Total.	9 175 725 —

Dépenses militaires :

y compris Gibraltar (7 561 725 francs), Malte (13 821 000 fr.), Hong-Kong (4 402 650 fr.). .	53 065 700 francs.
Total général.. . . .	62 241 425 —

1. L'Angleterre, notons-le en passant, est très sensiblement
plus riche que la France. Tandis que la fortune mobilière de

part, — n'a point de personnalité financière. Il y a entre la métropole et la colonie unité de budget, et c'est là une des faces de la grosse erreur qui nous a fait considérer cette terre africaine comme « un prolongement de la France par delà la Méditerranée ». Toutes les dépenses pour l'administration, la justice, la colonisation, les travaux publics, la guerre, etc., figurent au budget métropolitain et toutes les recettes sont encaissées pour le compte du Trésor. L'écart entre les unes et les autres est, chaque année, considérable : en 1899[1] la France percevra 54 millions dans sa colonie et en dépensera 79, non compris 53 millions prévus pour le corps d'occupation et pour la marine[2].

notre pays est évaluée, ainsi qu'on l'a dit plus haut, à 80 milliards, celle de l'Angleterre atteint, de l'avis des statisticiens les plus compétents, 182 milliards 600 millions de francs.

1. Nous suivrons dans cette étude les chiffres du budget de 1899, de préférence à ceux de 1900, parce qu'il est possible de les compléter par l'addition des « crédits supplémentaires » réclamés en fin d'exercice. Or, on n'ignore pas que les « crédits supplémentaires », réclamés par le ministère des Colonies — outre qu'ils sont fort élevés — reparaissent chaque année très régulièrement, au point qu'il faut les considérer bien plus comme des « crédits ordinaires » réclamés *après* le vote de la loi de finances que comme de véritables « crédits supplémentaires », ayant un caractère exceptionnel. Cette observation a été faite bien souvent par les rapporteurs de la Chambre des députés.

2	Dépenses civiles.	50 933 616 francs.
	Garanties d'intérêt aux compagnies de chemin de fer.	22 000 000 —
	Annuités à la Compagnie Paris-Lyon-Méditerranée.	3 661 032 —
	Pensions.	2 353 554 —
	Crédits supplémentaires (fin février 1900).	329 408 —
	Total.	70 277 612 francs.

Ces dépenses seraient moins élevées, si l'État n'avait été très mauvais administrateur de ses deniers. Mais, d'une part, il tolère tous les ans, par faiblesse, des abus, des gaspillages et consent de tous côtés, à des communes ou à des syndicats, des subventions ou des secours disproportionnés [1] ; d'une autre, — et ceci est plus grave, — il a autrefois passé avec les compagnies, qui ont établi le réseau algérien et qui l'exploitent, des conventions fort onéreuses. Beaucoup de lignes ont été construites à voie large, pour lesquelles la voie étroite eût été suffisante ; quant aux garanties d'intérêts, elles ont été calculées sur des bases très défavorables au Trésor, sans qu'il en

Dépenses du ministère de la Guerre. . . 52.126 796 —
— Marine. . . 942 859 —

Cet écart entre les dépenses et les recettes du Trésor en Algérie a toujours été considérable, et c'est ainsi que, de 1830 à 1891, les dépenses de la France dans sa colonie se sont élevées à 5 347 678 000 francs (dont 3 567 563 000 francs pour le ministère de la guerre), tandis que ses recettes totales, ordinaires et extraordinaires, n'ont pas dépassé 1 780 115 000 francs.

[1]. Nous avons raconté, dans notre volume *La France en Algérie*, à titre d'exemple, l'histoire très suggestive d'un syndicat agricole de la province d'Oran. Il s'agit de la construction d'un barrage : Le syndicat a évalué la dépense totale à 360 000 francs et obtenu de l'État une subvention de moitié. Mais les travaux prennent bientôt des développements excessifs, et avant qu'ils soient terminés, la métropole a déboursé 570 000 francs, tandis que le syndicat n'a contribué que pour 140 000 francs. Voici un autre fait : dans son Rapport sur le budget de l'Algérie pour 1893, M. Jonnart, étudiant la distribution des crédits extraordinaires de secours accordés aux communes pour les aider dans leur lutte contre les sauterelles, constate que la commune de Teniet a reçu une subvention de 1 490 fr. 60 et dépensé 1 500 francs. La destruction des sauterelles lui a donc coûté 40 centimes !

résulte, d'ailleurs, aucun bénéfice pour le public qui doit payer des tarifs plus élevés qu'en France. De ce fait, les charges de l'État atteignent 22 millions en 1899, et depuis une douzaine d'années, elles se tiennent aux environs de 20 à 22 millions [1].

On devine les conséquences d'un pareil état de choses : le Parlement, effrayé par la lourdeur des engagements déjà contractés, débordé par l'augmentation incessante des dépenses métropolitaines, réduit au minimum les crédits des travaux publics en Algérie. Dans ces dix dernières années, il n'a été construit que 100 kilomètres de chemin de fer, et le budget de 1899 ne prévoit que 1 million pour la construction des routes, 1 250 000 francs pour l'amélioration des ports.

S'il n'y a point de « budget colonial » en Algérie, il y a des budgets départementaux et communaux. Leurs recettes annuelles atteignent, grâce en partie à la générosité de l'État, 40 millions [2]. Les départements et les communes pourraient avec de pareilles ressources ouvrir des routes, construire ou subventionner des chemins de fer. Mais là est leur moindre souci, de telle sorte qu'à l'heure présente la longueur du réseau des chemins de fer départementaux en exploitation ne dépasse pas 100 kilomètres, et que

---

1. Nous avons étudié avec détails les conventions algériennes dans notre *France en Algérie*.
2. L'État abandonne aux budgets départementaux 5 dixièmes de l'impôt arabe, ce qui représente en 1899 une somme totale de 5 828 000 francs.

les services de la voirie départementale et communale sont très pauvrement dotés. N'est-ce point, en effet, à la métropole, — de qui l'on a déjà tant obtenu et à qui les représentants de la colonie ne désespéraient peut-être pas encore il y a peu d'années, d'arracher de nouveaux sacrifices, — de pourvoir à l'œuvre des travaux publics? Cette idée première partout admise, les ressources départementales et communales reçoivent d'autres affectations. L'argent est perdu, gaspillé. L'Algérie étant un « prolongement » de la métropole, les lois de 1871 et de 1884 sur les conseils généraux et les conseils municipaux y ont été promulguées : dès lors, on voit des assemblées qui ne représentent qu'une infime minorité de la population totale, et partant des contribuables, disposer souverainement, en quelque sorte, de sommes considérables dont la plus forte part provient des groupes indigènes. A Mekla, pour citer un exemple, 63 électeurs sont les maîtres d'une commune de 8 000 habitants qui a un budget de 40 000 francs. Dans de pareilles conditions, comment les élus et leurs amis ne s'attribueraient-ils pas de larges avantages? C'est ainsi que l'on n'évalue pas à moins de 7 à 8 millions les sommes qui rétribuent les emplois, ou prétendus emplois municipaux ; que les maires des plus petites communes se font allouer des indemnités de 2 à 3 000 francs ; que les frais de perception et d'administration communale représentent parfois 36 et 38 pour 100 des dépenses ; que la commune du Pont-du-Chéliff a dépensé en dix ans

50 000 francs pour ses routes sans construire 3 mètres de chemins, se bornant à transformer une partie des électeurs en agents vicinaux rétribués[1]. Le gaspillage est public : chaque année l'inspection des finances dénonce le mal ; mais ni les préfets, ni le gouverneur général en Algérie, ni les ministres à Paris ne veulent intervenir. Ce serait entrer en lutte avec les conseillers municipaux, les conseillers généraux, les députés, les sénateurs... Qui oserait?

Le tableau de la situation budgétaire de nos colonies, autres que l'Algérie, sera au fond celui que nous venons de tracer pour cette dernière. Toutefois, une différence, — à la vérité beaucoup plus apparente que réelle, — doit être tout de suite indiquée : l'Algérie est la seule de nos possessions qui n'ait point son budget propre ; les autres ont chacune un budget établi en recettes et en dépenses, et leurs recettes leur appartiennent. Mais ce n'est point dire qu'elles vivent de leurs seules recettes. Toutes les colonies, en effet, sans excepter l'Indo-Chine et même la Tunisie, sont à charge aux contribuables français qui supportent une part très notable de leurs dépenses. C'est ainsi qu'en 1899 les dépenses coloniales de la métropole se sont élevées, — y compris les « crédits supplémentaires », connus à ce jour, mais déduction faite des dépenses pour l'armée et la marine en

1. BURDEAU, *Rapport sur le Budget de l'Algérie pour 1892.* — JONNART et VIGNON, *loc. cit.*

Tunisie, ainsi que des crédits pour la transportation, — à près de 100 millions de francs [1].

Lorsqu'en 1814 et 1815, la France rentra en possession des quelques colonies qu'elle conservait après ses désastres, il fut nécessaire de poser les règles d'après lesquelles elles seraient administrées. On passa alors, en 1825, à côté du système de la sé-

1. Dépenses faites en Tunisie (garantie d'intérêt pour la ligne de la frontière algérienne à Tunis : 2 200 000 francs ; résident général, 50 000 francs). . . . . 2 250 000 francs.

(Dépenses militaires : 11 590 000 francs ; dépenses navales, dont Bizerte, 3 211 768 francs, rappelées pour mémoire, mais non comptées ici.)

Dépenses faites dans les autres colonies (militaires : 64 913 900 francs ; navales : 3 443 420 francs ; civiles : 13 709 162 francs ; port et chemin de fer de la Réunion et chemin de fer du Soudan : 3 176 500 francs ; crédits supplémentaires — chiffre donné par le rapporteur du budget de 1900 — 11 863 966 francs.) . . . . 97 106 948 —

(Dépenses de la transportation, 9 103 000 francs ; non comptées ici).

TOTAL. . . . . . 99 356 948 francs.

Les dépenses de la transportation n'ont rien de colonial ; il est donc juste de les déduire.

Quant aux dépenses militaires et navales, un mot d'explication est nécessaire. Si nous retenons les dépenses guerre et marine de nos colonies autres que celles de l'Afrique du Nord (soit 68 357 320 francs), et non celles-ci mêmes (67 871 423 francs), c'est que nous raisonnons par approximation. Les troupes entretenues en Algérie-Tunisie sont supérieures aux forces nécessaires pour la garde de ces provinces ; si le 19e corps d'armée ne tenait pas garnison en Afrique, il serait dispersé dans les villes de France. Tout au contraire, on peut estimer que les troupes métropolitaines qui séjournent au Soudan, à Madagascar, en Indo-Chine et dans nos autres possessions sont des troupes exclusivement « coloniales », que la France n'entretient que pour ses colonies.

paration budgétaire. Peut-être, s'il avait été adopté, nos possessions d'outre-mer seraient-elles aujourd'hui dans une situation financière semblable à celle des colonies britanniques ! Mais le régime contraire prévalut : En droit[1], le budget général de l'État supporte dans les colonies toutes les dépenses militaires et une partie des dépenses civiles, dites « dépenses de souveraineté » ; il peut aussi accorder des subventions aux colonies qui ne sont pas en état d'équilibrer leur propre budget ; d'autre part, et comme compensation, — mais cette compensation est un « trompe-l'œil », — l'État reçoit des colonies certains « contingents » qui semblent venir en remboursement des sacrifices consentis[2]. En fait, sous un pareil régime, l'administration centrale s'est trouvée heureuse de disposer d'un gros budget et n'a pas cessé de l'accroître, tandis que les colonies ont pris l'habitude de vivre des largesses de la métropole[3].

Une malheureuse fatalité est encore venue aggraver le mal qui était en germe dans le système de la confusion des budgets de l'État et des colonies. Nous voulons parler du décret du 3 décembre 1870, qui a

---

1. Notamment la loi du 25 juin 1841, puis, après son abrogation, les sénatus-consultes du 3 mai 1854 et du 4 juillet 1866 et le décret du 20 novembre 1882.

2. Voir plus loin dans ce chapitre. Au total, ils représentent, au budget de 1899, une somme de 1 200 000 francs.

3. Le système que nous indiquons ici est encore en vigueur à l'heure présente, mais il sera heureusement modifié dès 1901 par suite d'un vote tout récent des Chambres. On trouvera plus loin, à la page 111, l'exposé de la réforme réalisée par la loi de finances du 13 avril 1900.

complètement faussé l'esprit du sénatus-consulte du 4 juillet 1866. Conçu dans un esprit très libéral ce dernier acte donnait aux conseils généraux de la Martinique, de la Guadeloupe et de la Réunion, des pouvoirs considérables, — notamment en matière budgétaire, — et en faisaient, en quelque sorte, de petits parlements. Les assemblées locales recevaient le droit de délibérer « sur le mode d'assiette et les règles de perception » des impôts, de voter « les taxes et contributions de toute nature » ; enfin, elles étaient autorisées à disposer souverainement de leurs recettes, après avoir pourvu à un certain nombre des dépenses « obligatoires ». Il est vrai que le sénatus-consulte disposait en même temps que les conseils généraux seraient nommés moitié par le gouverneur et moitié par les membres des conseils municipaux, choisis eux-mêmes par le gouverneur. Un semblable recrutement assurait la pondération et la sagesse des assemblées : elles ne pouvaient échapper à l'influence de l'administration. On s'explique donc les droits qui leur étaient reconnus. Le système se tenait. Mais la révolution du Quatre-Septembre survint, et immédiatement, un décret du 3 décembre rendit applicable, aux Antilles et à la Réunion, « les dispositions législatives qui régissent en France l'élection des conseils généraux et des conseils municipaux », sans diminuer en rien les attributions des assemblées coloniales. Ainsi, une signature légèrement donnée établissait le suffrage universel dans nos anciennes colonies et remettait aux mains d'un corps électoral

très spécial, où les noirs et les mulâtres constituent la
majorité, les pouvoirs les plus étendus. C'était presque
une révolution. Depuis lors, et pendant près de trente
ans, aucune Chambre n'a osé modifier le sénatus-
consulte de 1866 dans le but de réduire les pouvoirs
financiers des conseils coloniaux[1]. Bien plus : le gouvernement de la République a pensé qu'il manquerait
à ses principes, s'il n'accordait pas à toutes nos provinces d'outre-mer le bénéfice du régime extra-libéral
dont jouissaient les Antilles et la Réunion. Des décrets
successifs ont donc créé partout des conseils généraux et leur ont donné des pouvoirs semblables à
ceux inscrits dans le sénatus-consulte de 1866[2], —
faveur que ne justifient nulle part, ni la composition
du corps électoral, ni l'esprit politique des élus.

On voit sur quelles bases, — l'administration métropolitaine d'une part, les assemblées coloniales de
l'autre, — repose le système financier de nos colonies,
déjà mauvais en lui-même. L'administration centrale
n'est pas économe ; les gouverneurs, dont les pouvoirs sont, d'ailleurs, insuffisants, n'osent résister à
leurs conseils généraux. Quant à ceux-ci, n'étant obligés à aucun effort fiscal, ils dilapident leurs recettes
et comptent sur la métropole. Pourquoi économise-

---

1. Voir plus loin, page 107 et suiv.
2. Les colonies qui ont un Conseil général, sont à l'heure
présente, outre les Antilles et la Réunion : la Guyane (25 décembre 1878), l'Inde (25 janvier 1879), le Sénégal (4 février
1879), la Cochinchine (8 février 1880), la Nouvelle-Calédonie
(2 avril 1885), Saint-Pierre et Miquelon (même date), les Établissements de l'Océanie (28 décembre 1885).

raient-ils, constitueraient-ils des réserves? Pourquoi recourraient-ils à l'emprunt pour faire des dépenses extraordinaires? Déjà la France s'est obligée à payer les « dépenses de souveraineté »; elle sera généreuse et payera d'autres choses encore !

Les colons ne se sont point trompés ; les Français contribuent largement aux dépenses ordinaires et extraordinaires de leur domaine d'outre-mer.

Nous parlerons d'abord de ces dernières parce qu'il est en matière de travaux publics deux faits bien caractéristiques, qu'il faut rappeler :

Le Conseil général de la Réunion envisage, vers 1875, que la construction d'un port à la Pointe des Galets et d'une ligne ferrée reliant ce port aux quartiers producteurs de l'île, aurait pour la mise en valeur du pays d'heureuses conséquences. Il s'adresse à la métropole et celle-ci, — tout naturellement peut-on dire, — répond à la demande des colons. L'État traite avec une compagnie et la charge des travaux. De 1877 à 1898, le Trésor a déboursé de ce fait plus de 36 millions et demi, et chaque année figure au budget une somme d'environ 2 500 000 francs, représentant les intérêts dus aux obligataires de la compagnie, — intérêts qui ont été garantis pour une période de 99 ans [1]. Quant à la colonie, ses charges

1. La Compagnie du port et du chemin de fer de la Réunion ayant fait faillite, l'État doit exploiter à sa place et tenir ses propres engagements.

sont minimes et elles prendront fin bien avant celles
de l'État, car elle s'est seulement engagée à verser
pendant trente ans une annuité de 160 000 francs.
— Second fait : Quelques années plus tard le Conseil
général du Sénégal observe que la construction d'un
chemin de fer reliant Dakar à Saint-Louis augmen-
terait le mouvement général du commerce et hâterait
la mise en culture de la province du Cayor. Aussitôt
il se tourne vers le Parlement, sans d'ailleurs offrir
de concourir, en quelque manière, aux dépenses, et
les Chambres n'hésitent pas à mettre à la charge des
contribuables cette nouvelle entreprise. Elle a coûté
au Trésor, depuis le commencement des travaux jusqu'à la fin de 1898 une somme totale de 41 272 000
francs et d'autre part, elle exige actuellement l'inscription au budget d'une annuité d'un million pour
garantie d'intérêts et frais d'exploitation [1]. Pour la
colonie, dont les finances sont prospères et qui bénéficie chaque jour des avantages que lui procure la
voie ferrée, elle n'a jamais avancé ni donné un cen-
time !

La somme de 36 654 835 francs payée par le Trésor à la fin
de 1898 se répartit comme suit : 1° une somme de 4 millions
versée pour le service des « intérêts intercalaires » en vertu de
la convention signée avec la compagnie concessionnaire ; —
2° 12 annuités versées de 1886 à 1898 pour « garantie d'intérêts » et « déficits d'exploitation » et montant ensemble à
32 654 835 francs.

1. La Compagnie du chemin de fer de Dakar à Saint-Louis
a fourni pour la construction de la ligne 5 millions ; l'Etat
14 320 698 francs. D'autre part, l'Etat a payé au titre de la garantie d'intérêt, depuis la mise en exploitation jusqu'au 31 décembre 1898, une somme de 26 950 897 francs.

On ne saurait certes critiquer, et nous l'indiquerons plus loin, l'aide prêtée par la métropole à une colonie dont les facultés sont médiocres pour l'exécution de travaux d'utilité générale. On comprendrait une avance ou même une subvention à fonds perdu ; mais les sacrifices que la France a faits à la Réunion et au Sénégal sont, en vérité, trop considérables. Il n'est pas une colonie anglaise où le gouvernement métropolitain ait consenti des libéralités tant soit peu comparables.

Mais, on le sait déjà, la France ne compte pas. Elle n'a pas seulement payé les dépenses extraordinaires de ses possessions d'outre-mer, elle supporte aussi, chaque année, une lourde part de leurs dépenses ordinaires, militaires et civiles.

La légitimité de certaines dépenses militaires, — les plus lourdes, — est, en principe, incontestable. Madagascar, le Soudan, l'Indo-Chine ne sont pas assez riches pour payer leur corps d'occupation. Toutefois, il convient de le dire, dans deux de ces colonies les dépenses sont excessives. Madagascar figure au budget de 1899 pour 23 381 000 francs ; le Soudan pour 6 165 000 francs, et ces chiffres, comme chaque année d'ailleurs, sont grossis par de lourds crédits supplémentaires. Nos officiers ne savent pas compter et nos administrateurs les ont laissé faire. Dans ces immenses régions où la colonisation avance très lentement, est-il nécessaire d'occuper de suite des territoires presque « inabordables », et qui pendant de longues années ne seront d'aucun rapport ? Toute

nouvelle province, où l'on installe des postes, constitue une augmentation de dépense. Les Anglais, plus
sages que nous, sérient leurs efforts ; ils n'occupent
que progressivement les pays neufs placés dans leur
sphère d'influence où leurs nationaux ne possèdent
encore aucun intérêt. Pour les dépenses militaires
de gendarmerie et autres, que nous supportons du
fait de nos colonies plus anciennes et moins pauvres,
elles ne sont point justifiées ; elles devraient figurer
dans les budgets locaux.

Si maintenant on étudie les dépenses civiles
(13 710 000 francs) leur exagération ne paraît pas
douteuse. La plupart des gouverneurs, des administrateurs et des magistrats, un grand nombre d'employés appartenant à divers services, — et ces différents personnels sont partout trop importants, —
sont appointés par les contribuables métropolitains.
C'est ainsi que la France dépense annuellement
500 000 francs à la Martinique, 580 000 francs à la
Guadeloupe, 245 000 francs en Guyane, 210 000 francs
dans l'Inde... Voici, dans l'océan Indien, deux colonies semblables, sous bien des rapports, habitées
l'une et l'autre par une population d'origine et de
langue française : sous la domination anglaise, Maurice paye ses dépenses d'administration, de justice
et toutes les autres, sans excepter le traitement de
son gouverneur ; elle supporte, ce qui est plus, une
part importante des grosses dépenses militaires
d'intérêt stratégique, que le gouvernement impérial
fait chez elle ; ses routes, ses ports, son chemin de

fer ont été exécutés à ses frais : elle a recouru à l'emprunt, lorsqu'il a été nécessaire et, de ce fait, elle paye à ses prêteurs métropolitains un intérêt annuel d'environ 1 600 000 francs. La Réunion, au contraire, coûte chaque année aux contribuables français plus de 3 millions, soit 512 000 francs pour l'administration, la justice, les cultes et 2 500 000 francs pour le chemin de fer et le port.

Il serait surprenant que le budget colonial français étant mal géré, les budgets locaux fussent sagement administrés. Si l'administration centrale, tenue sous le contrôle des Chambres, ne sait point économiser les deniers des contribuables métropolitains, comment aurait-elle pu enseigner l'ordre et la sagesse à des assemblées coloniales qui, déjà, tiennent de la loi des libertés beaucoup trop grandes ? Les budgets locaux des colonies sont donc, comme ceux des départements et des communes d'Algérie, fort mal réglés. Dans tous on rencontre des dépenses inutiles ou exagérées, des crédits inscrits pour satisfaire des intérêts particuliers, favoriser des amis politiques. La Réunion, qui coûte à la métropole les sommes que l'on sait, porte à son budget 358 000 francs pour « bourses, subventions et dépenses non classées » ; la Guadeloupe accorde un dégrèvement de 25 000 francs aux petits propriétaires fonciers, mais laisse impayés les déficits de ses exercices antérieurs ; la Martinique a dû solliciter, il y a peu de mois, l'autorisation de faire un emprunt de 1 300 000 francs pour acquitter 200 000 francs d'arriérés, rapatrier les travailleurs indiens dont le contrat est venu à expiration et faire face à quelques autres dépenses auxquelles devrait suffire le budget ordinaire. On pourrait multiplier les exemples !... Partout aussi les fonctionnaires sont trop nombreux ; des suppléments de traitement, des indemnités, des frais de service, de logement et de bureau leur sont accordés sans nécessité évidente. Dans plusieurs colonies les budgets sont tous les ans arrêtés sans être réellement en équilibre ; en fin d'exercice, c'est le déficit et quelquefois, comme conséquence, un emprunt au Trésor qui ne sera remboursé que fort lentement. Les « caisses de réserve » sont insuffisamment dotées. Les gouverneurs ferment les yeux et laissent faire.

Ainsi administrateurs et conseils locaux vivent au jour le jour, sans souci du lendemain, sans se préoccuper de la mise en valeur du pays.

Un des chapitres sur lesquels il est le plus facile de faire des réductions, lorsque l'argent manque par suite des gaspillages, est celui des travaux publics. C'est ainsi que partout les routes et les ports sont négligés : aux Antilles, en Guyane, à la Réunion, au Dahomey, en Calédonie, à Tahiti. La Nouvelle-Calédonie reçoit des transportés depuis près de quarante ans ; ils constituent une main-d'œuvre abondante et à bon marché : elle n'a pas su en profiter ; les routes carrossables sont encore rares dans l'île et il est beaucoup de régions où l'on ne peut voyager qu'à cheval ; en même temps le port de Nouméa n'a ni warf

pour faciliter le déchargement des grands navires,
ni drague pour se préserver de l'ensablement, ni
bassin de radoub pour notre flotte de guerre. A Tahiti
où le budget des dépenses s'élève à 1 260 000 francs
une somme de 746 000 francs est employée à payer la
solde et les accessoires de solde des fonctionnaires,
des magistrats et employés de tout ordre, tandis que
74 000 francs seulement sont consacrés aux travaux
publics. Les prodigalités et les gaspillages du Conseil colonial de Cochinchine, élu par 2 433 électeurs
dont 1 752 fonctionnaires, et disposant d'un budget
qui atteignait 35 millions avant les réformes opérées
par M. Doumer, sont célèbres [1] : les entrepreneurs
de travaux publics, les colons amis des hommes
influents ont pu, pendant de longues années, réaliser
de larges bénéfices tandis que les fonctionnaires
se sont fait accorder de belles indemnités. Chose cu-
rieuse ! les entrepreneurs de travaux publics étaient
à la curée et ils n'étaient point à la peine, car
l'œuvre d' « appropriation » du pays demeurait fort
négligée. « Les routes sont très peu nombreuses en
Cochinchine, écrit M. de Lanessan, et il n'en existe
pas une seule reliant notre colonie aux pays voisins.
Les canaux eux-mêmes, dont les Annamites pre-
naient autrefois le plus grand soin et qu'ils multi-
pliaient sans cesse, ont été, de notre part, l'objet
d'un tel abandon que je dus en 1891 mettre en adju-

---

1. Décret du 31 juillet 1898 qui, en créant un budget général de l'Indo-Chine, a retiré au Conseil colonial la disposition
d'une partie des recettes de la Cochinchine.

dication pour plus de 10 millions de travaux de dragage et de creusement de ces voies fluviales[1]. » — « Le port de Saïgon, a dit récemment le président de la Chambre de commerce de cette ville, ne possède aucun outillage ; il est encore ce que la nature l'a fait. »

Nous ne disons rien des budgets municipaux, parce que nous devons nous restreindre. Ils sont partout fort mal gérés. « Les municipalités, — dit le Rapport de la commission chargée d'examiner les budgets locaux des colonies publié à l'*Officiel* du 28 juillet 1899, — peu ménagères de leurs revenus, multiplient les dépenses de personnel, et n'ayant plus ensuite les ressources nécessaires pour faire face à leurs obligations normales, font appel à la générosité du Conseil général, de qui elles sollicitent des subventions. » — Les maires se font appointer dans plusieurs colonies. A la Guadeloupe, on voit le maire d'une petite commune demander à ses créanciers de ne pas le poursuivre, « parce qu'il avait perdu sa place ». Il est vrai que, dans cette même colonie, au rapport de la Chambre d'agriculture de Pointe-à-Pitre, l'état des finances de la plupart des communes est si précaire « qu'il leur est impossible, non seulement de créer les chemins vicinaux nécessaires, mais même d'entretenir convenablement ceux qui existent déjà, de sorte que les voies de petite communication laissent beaucoup à désirer. »

---

1. *Rapport au nom de la commission chargée d'examiner le projet de loi relatif aux chemins de fer de l'Indo-Chine.*

Sera-t-on surpris maintenant de constater qu'il n'existe point, en quelque sorte, sur le marché de Paris de titres d'emprunts coloniaux? Si les colonies anglaises sont venues chercher à Londres des sommes considérables, c'est que leurs budgets étaient bien gérés, qu'elles étaient en mesure de payer l'intérêt et l'amortissement de leurs emprunts. Nos colonies n'en sont pas là. Elles tiennent cependant du sénatus-consulte de 1866 et des décrets constitutifs des conseils généraux qui ont suivi, le droit de recourir à l'emprunt. Il convient d'ajouter, à la vérité, qu'il est manifeste — et l'on va en juger — que le gouvernement et les Chambres se sont montrés jusqu'à ce jour très peu disposés à autoriser les emprunts coloniaux : l'emprunt leur paraît une mesure exceptionnelle, anormale, peut-on dire.

L'Algérie n'a pas de personnalité financière ; il ne saurait donc y avoir une « dette algérienne » ; mais ses départements et ses communes peuvent emprunter comme ceux de France[1]. La Tunisie a été dans l'obligation d'attendre plusieurs années pour construire ses routes, ses chemins de fer, ses ports, et, à proprement parler, il ne lui a pas encore été permis de faire appel au crédit[2]. Il en est à peu près de

---

[1]. D'après l'Exposé de la situation générale de l'Algérie de 1898, la dette

des départements algériens était de. . .	40 088 000 francs.
des communes algériennes de.	66 312 000 —
Soit au total. . . .	106 400 000 francs.

[2]. Il y a une « dette tunisienne », mais elle a été contractée

même à Madagascar, l'emprunt de 1897 étant surtout une opération de conversion [1]. Enfin, ce n'est qu'en 1896 et 1898, dix ans après la pacification, que l'Indo-Chine a été autorisée à émettre deux emprunts publics [2]. Quant à nos autres possessions, que leur

par les beys avant l'établissement du protectorat. Le Parlement français s'est borné à autoriser trois conversions successives en 1884, 1886 et 1892. — Il faut dire, toutefois, que ces conversions ont rapporté au Trésor de la Régence, en soultes ou bénéfices, une somme totale de 20 278 562 francs.

La dette tunisienne est, en capital, de 198 193 000 francs. Elle rapporte un intérêt de 3 pour 100 et est amortissable dans un délai qui doit prendre fin en 1988.

On considère qu'elle est placée en France dans son intégralité.

1. Le gouvernement malgache avait emprunté une somme de 15 millions au taux de 6 pour 100 l'an au Comptoir d'escompte, au mois de décembre 1886. L'annexion de l'île par la France, quelques années plus tard, ayant modifié la situation, le gouvernement proposa aux Chambres le remboursement par anticipation de cet emprunt — qui exigeait une annuité de 1 165 965 francs, soit 900 000 pour les intérêts et 265 965 francs pour l'amortissement en vingt-cinq ans — au moyen d'une émission de 60 000 obligations de 500 francs 2 1/2 pour 100 ou de 30 millions, remboursables en soixante ans. Cette opération présentait le double avantage de n'exiger qu'une annuité de 968 000 francs et de laisser un boni d'environ 13 millions à la nouvelle colonie. Elle fut approuvée par le Parlement. La loi du 5 avril 1897 a autorisé l'émission, avec la garantie du Trésor métropolitain, des 60 000 obligations.

A l'heure présente, ces 60 000 obligations ont été émises. Elles sont placées en France.

2. 1° Emprunt du Protectorat de l'Annam et du Tonkin de 1896 : 80 millions en obligations de 100 francs, du type 2 1/2 pour 100, remboursables en soixante ans;

2° Emprunt du Gouvernement général de l'Indo-Chine de 1898 : 50 millions à valoir sur la somme de 200 millions prévue par la loi du 25 décembre 1898 : obligations de 500 francs 3 1/2 pour 100 remboursables en soixante-quinze ans.

Le total de la dette indo-chinoise est donc de 130 millions. Elle est placée en France.

situation financière fût médiocre ou satisfaisante, que les sommes demandées fussent minimes ou quelque peu importantes, — le gouvernement n'a point voulu pour elles le grand jour de la publicité. Il n'a pas cru devoir autoriser les emprunts publics, avec ou sans la garantie du Trésor métropolitain. Les administrations locales ont dû réaliser, en quelque sorte secrètement, les prêts dont elles avaient besoin et s'adresser pour cela à des établissements qui dépendent du gouvernement, tels que la Caisse des dépôts et consignations, ou la Caisse nationale des retraites pour la vieillesse. Il est vrai que la Guadeloupe devait désirer le silence lorsqu'elle empruntait une somme de 1 200 000 francs pour être exclusivement consacrée à l'acquittement de ses dettes (décret du 17 mars 1899) ; mais les colonies du Soudan et de la Guinée auraient gagné à faire connaître qu'elles empruntaient 11 millions pour la construction de leurs chemins de fer [1].

---

1. Nous essayons de présenter ici un tableau des emprunts coloniaux — sans prétendre, ne rien omettre étant donné le secret de ces petites opérations :

Au 27 janvier 1899, l'état des « emprunts coloniaux (colonies ou villes) en cours d'amortissement à la Caisse des dépôts et consignations », contractés à des taux variant entre 3,80 et 4 1/2 pour 100, se résumait ainsi : Capital restant dû : Nouvelle-Calédonie, 28 771 francs ; — Saint-Pierre de la Réunion, 639 446 francs ; — Sénégal, 3 673 501 francs ; — Soudan, 702 548 francs ; — Guadeloupe, 2 499 285 francs ; — Etablissements de l'Inde, 1 029 157 francs ; — Au total, 8 572 710 francs.

Depuis cette date, la colonie du Soudan a emprunté 3 200 000 francs à la Caisse des dépôts ; — la colonie de la Guinée, 8 millions à la Caisse nationale des retraites ; — la ville d'Hanoi,

Nous avons retracé plus haut le système financier du gouvernement anglais dans ses colonies et montré ses résultats. Il est maintenant possible de présenter les résultats du nôtre et de comparer.

L'Angleterre dépense annuellement dans toutes ses colonies environs 62 millions de francs, ce qui est une charge légère pour les contribuables britanniques, surtout si l'on considère l'étendue de leur Empire. La France dépense annuellement dans toutes ses colonies, l'Algérie et la Tunisie comprises, mais les crédits militaires de l'Afrique du Nord exceptés, près de 125 millions, ce qui représente assurément pour les contribuables français une charge très sensible [1].

D'autre part, tandis que les emprunts des colonies anglaises représentent un capital de 12 milliards 420 millions de francs et un intérêt annuel de près de 528 millions, les emprunts des colonies françai-

---

1 500 000 francs à la même caisse ; — la colonie de la Guadeloupe, 1 200 000 francs au Crédit algérien ; — la colonie de la Martinique, 1 300 000 francs au même établissement ; — la colonie du Congo, 2 millions à la Caisse des dépôts. C'est un second total de 17 200 000 francs.

De l'addition de ces deux totaux, il résulte que la dette de de nos colonies autres que la Tunisie, Madagascar et l'Indo-Chine est, en tenant compte des opérations les plus récentes, de 25 millions et demi (25 772 710 francs).

1	Algérie (déduction faite des 54 millions perçus dans la colonie par le Trésor).	25 277 612 francs.
	Tunisie.	2 250 000 —
	Toutes autres colonies.	97 106 948 —
	Total.	124 634 560 francs.

Pour le détail de ces chiffres, se reporter aux tableaux précédents.

ses, — même grossis de plus de 100 millions par les emprunts des départements et des communes d'Algérie qui ne sont point à proprement parler des emprunts coloniaux, — ne représentent qu'un capital de 490 millions et demi produisant un intérêt annuel d'environ 15 à 18 millions[1].

Nous n'aurions pas suffisamment fait sentir toutes les conséquences qui résultent du déplorable régime financier de nos possessions d'outre-mer, si nous n'ajoutions une observation fort importante. Les colonies britanniques, en administrant leurs budgets avec économie et en faisant sur le marché de Londres des emprunts considérables, n'ont point seulement assuré leur mise en valeur. Il y a plus : en s'adressant au grand public, en acquittant avec régularité l'intérêt de leurs dettes, elles se sont fait connaître des capitalistes anglais comme des pays riches avec lesquels on peut entreprendre des affaires, — et « qui payent », suivant le mot employé chez nos voisins. Aussi, en même temps que les rentiers de la métropole ont engagé 12 milliards et demi de francs dans les emprunts de leurs colonies ils ont placé d'autres milliards, — pour une somme qu'aucun statisticien anglais n'a essayé d'évaluer, parce que cela n'est pas

---

1. Emprunts des départements et communes
   d'Algérie. . . . . 106 400 000 francs.
   Emprunts tunisiens. . . . . 198 200 000 —
   Emprunt malgache. . . . . 30 000 000 —
   Emprunts indo-chinots. . . . . . . 130 000 000 —
   Emprunts de toutes les autres colonies. . 25 800 000 —

   Total. . . . . 490 400 000 —

possible, — dans toutes les affaires coloniales à revenu fixe ou à revenu variable : emprunts des provinces et des villes, des chemins de fer, des compagnies de prêts hypothécaires ; entreprises de navigation, de commerce, de plantations, de mines, de forêts, etc. Personne n'ignore la prospérité générale et croissante des possessions britanniques.

On ne saurait songer, il faut encore le répéter, à comparer l'Empire colonial anglais à l'Empire français ; nous ne possédons aucune colonie semblable à l'Inde, au Canada, à l'Australasie. Toutefois, il est bien certain que nos colonies, — à peine peut-on excepter l'Algérie, la Tunisie et l'Indo-Chine, — ont encore la réputation trop fondée d'être pauvres et misérables. Les colons hésitent à y porter leur pécule, les rentiers leurs capitaux.

IV. — RÉFORME DU RÉGIME BUDGÉTAIRE DE NOS COLONIES

Il n'est pas besoin d'insister davantage. Il est manifeste qu'il faut, au plus vite, modifier radicalement le système financier de toutes nos colonies.

Nous avons été dans l'obligation de l'exposer ici à propos des travaux publics et des « capitaux aux colonies », parce que des colonies mal administrées financièrement ne sauraient se développer. Les rentiers français pourraient dire au gouvernement, en s'inspirant d'un mot célèbre. « Donnez-nous des budgets coloniaux sagement administrés et nous vous donnerons des capitaux », — c'est-à-dire des travaux publics, et partant des colons, des cultures, un actif mouvement commercial.

Cette étude est écrite à une heure où il semble que les ministres, les membres du Parlement, les bureaux eux-mêmes ont, enfin, reconnu le mal. Un vent de réformes s'est levé; il faut souhaiter qu'il ne tombe pas trop tôt.

En Algérie, la grosse réforme aujourd'hui préconisée par le gouverneur général, les Délégations financières, le Conseil supérieur, les députés, le rapporteur du budget de la colonie à la Chambre tout le monde enfin, est l'institution d'un budget algérien autonome. On a jugé qu'il était bon d'intéresser la colonie à la gestion de ses propres affaires, aux excédents de recettes comme aux économies réalisables ; qu'il convenait de lui accorder, avec la personnalité financière, la faculté d'emprunter ; que les règles d'une sage administration exigeaient que l'on ne continuât pas à traiter l'Algérie comme un mineur incapable de gérer lui-même ses intérêts.

Deux systèmes sont en présence : le « budget spécial » et le « budget intégral. »

Dans le premier, les dépenses militaires, les garanties d'intérêt dues aux compagnies de chemins de fer, les pensions demeureraient au compte de la métropole, tandis que deux parts seraient faites de ce que l'on peut appeler les dépenses civiles ordinaires payées actuellement par l'État en Algérie. Les unes

— administration centrale et départementale, finances, justice, cultes, et instruction publique, — continueraient à incomber au Trésor métropolitain ; les autres, — colonisation, agriculture, forêts, travaux publics, postes, services « musulmans » de la justice, de l'instruction publique et des cultes, — seraient pris en charge par la colonie. Quant aux recettes, la métropole consentirait à abandonner gracieusement à l'Algérie, du moins pour un certain nombre d'années, l'intégralité des excédents que donneront les impôts actuels. L'adoption d'une semblable combinaison mettrait la colonie en mesure de mieux doter les services chargés de la mise en valeur du pays, ainsi que d'assurer l'intérêt et l'amortissement des emprunts qu'elle contracterait en vue de poursuivre rapidement son outillage économique. Dès maintenant elle bénéficierait d'une somme d'environ 3 millions produite par l'excédent des recettes du Trésor sur les dépenses civiles laissées à sa charge.

Le système du « budget intégral » est plus simple. Le budget de l'Algérie serait un : aux recettes figureraient le produit de tous les impôts actuellement perçus par le Trésor et de ceux qui pourraient être établis ; aux dépenses, toutes les charges civiles ordinaires, y compris la gendarmerie et les pensions, à la seule exception, — temporaire d'ailleurs, — des garanties d'intérêt. Pour les dépenses militaires elles continueraient à être inscrites aux budgets de la guerre et de la marine. Enfin, une subvention annuelle de la métropole couvrirait le déficit que laisserait subsister l'application aux dépenses de l'Algérie du produit des impôts qu'on y perçoit[1].

Nous n'hésitons pas à dire que ce dernier système a toutes nos préférences. Il est le plus clair, le plus juste. Avec le « budget spécial » l'Algérie, assurée dès maintenant et sans peine d'un large boni, ne s'empressera pas de faire un « effort fiscal ». Tout au contraire, avec le « budget intégral » la colonie, si elle veut assurer sa prospérité, se procurer par voie d'emprunt les sommes nécessaires pour compléter son outillage, est mise dans l'obligation immédiate de chercher les économies réalisables dans ses services et de créer de nouvelles taxes. Elle sait, en outre, que la subvention métropolitaine n'est que provisoire. On n'ignore pas, d'autre part, que le pays est assez riche pour supporter un supplément d'impôt, et que, jusqu'à ce jour, le colon, si on le compare au contribuable français, a été très peu chargé.

Est-il besoin de dire que le budget algérien ne saurait, dans aucun cas, être arrêté en dernier ressort par les représentants des colons? Au Canada, en Australie, les ressources proviennent exclusivement de contribuables qui sont électeurs. En Algérie, les

1. Dans son rapport sur le budget de l'Algérie pour 1900, M. Le Moigne évalue les recettes totales du Trésor dans la colonie à 55 418 711 francs et ses dépenses civiles — moins les garanties d'intérêt ainsi que les dépenses accidentelles pour l'Exposition, mais y compris la gendarmerie et les pensions — à 55 877 999 francs. Le déficit, qu'aurait dû couvrir, par hypothèse, la subvention, se serait donc élevé à 459 288 francs.

électeurs ne représentent que la dixième partie de la population ; les étrangers, presque aussi nombreux que les Français, n'ont aucun représentant ; enfin les indigènes paient à eux seuls, en laissant de côté l'alcool et les douanes, plus de la moitié des impôts. Dans de pareilles conditions, la France ne saurait abandonner ses droits : le budget de l'Algérie, préparé par le gouverneur général, divisé en « dépenses obligatoires » et « dépenses facultatives », serait délibéré par les Délégations financières et le Conseil supérieur, puis soumis, en dernier ressort, à l'homologation des Chambres.

Cette seule barrière, — l'homologation, — ne nous semblerait même pas suffisante. Il conviendrait, afin d'éviter des votes regrettables au Conseil supérieur, où les membres élus sont plus nombreux que les fonctionnaires, puis des conflits entre le gouverneur général et les représentants des colons, soit à Alger soit à Paris, de disposer, conformément à la règle observée dans les colonies anglaises, que les assemblées algériennes ne pourront augmenter en aucun cas le chiffre des dépenses proposées par l'administration et n'auront que le droit d'en voter la diminution [1]. Nous voudrions plus encore. Les députés

---

1. On lira dans notre volume : *La France en Algérie*, comment la Chambre, en 1892, a, sur le rapport de Burdeau, condamné le système du « budget spécial » pour lui en préférer un autre. Nous-même, à cette époque, au retour d'un voyage au cours duquel nous avions été très défavorablement impressionné par la mauvaise gestion des assemblées locales, étions peu disposé à accueillir l'institution d'un budget autonome

de la colonie et le ministre de l'Intérieur ne paraissent songer à l'heure présente qu'à l'institution d'un budget algérien autonome. Il est fort désirable cependant que l'institution de ce budget ne soit pas comme l'occasion d'un oubli. Or il est nécessaire, nous l'avons dit déjà, de revenir sur les erreurs commises en 1871 et 1884, lorsque l'on a promulgé en Afrique les lois sur les conseils généraux et municipaux faites, en réalité, pour la France seule. Cette réforme devrait être liée à la précédente pour n'être point indéfiniment ajournée. Il n'est pas possible que les assemblées algériennes continuent à disposer souverainement des ressources qui sont fournies par les indigènes. On a vu plus haut les conséquences d'un pareil système[1]. Là solution serait de transférer une fraction des recettes des départements et des communes à la colonie elle-même[2].

algérien. Aujourd'hui, après nouvelle étude, notre opinion s'est modifiée. Tout porte à penser, d'autre part, que les députés de 1900 émettront un vote différent de celui de leurs prédécesseurs. Ils se sont déjà engagés sur le principe ainsi qu'on va le voir.

1. Voir page 80.

2. A l'heure présente, la question est encore entière. Le ministre de l'Intérieur a récemment amené les députés de l'Algérie à retirer un amendement, — très incomplet d'ailleurs, — qu'ils avaient présenté à la loi de finances de 1900 dans l'intention de réaliser « le budget intégral » dès « le 1er janvier 1901. ». La Chambre a seulement voté (séance du 19 mars 1900) une motion invitant le gouvernement « à déposer un projet de loi organisant le budget intégral de l'Algérie à partir de l'exercice 1901. » Dès lors, c'est aux ministres de l'Intérieur et des Finances qu'incombe le soin de préparer un projet d'ensemble sur le régime financier de notre grande colonie.

Dans un ordre d'idées différent, mais voisin cependant, il convient de rappeler que, suivant une expression très juste, la réforme des conventions algériennes est une question de moralité publique. En 1893, une commission avait été instituée au ministère des Travaux publics pour étudier la revision de ces actes, mais le silence s'est bientôt fait sur ses travaux ; une autre commission a été nommée depuis, qui a remis son rapport il y a peu de mois. Il est temps d'aboutir. D'ailleurs, avec les années, la situation se simplifie ; les compagnies deviennent rachetables [1], et dès lors il est facile de trouver un système d'exploitation rationnel, en même temps qu'économique, des voies ferrées. Il devrait, semble-t-il, comporter l'unification des réseaux. Lorsque ce système fonctionnera, les « garanties d'intérêts » ou les « déficits d'exploitation » des lignes algériennes ne devront pas demeurer à la seule charge des contribuables métropolitains. Il sera juste de mettre à la charge des Algériens d'abord une part, puis la totalité de cette dépense.

Il y a peu de choses à dire sur la Tunisie. Si l'on excepte la garantie d'intérêt exigée par la ligne de la frontière algérienne à Tunis, et qui résulte d'une convention passée avant l'établissement du Protectorat, la Régence n'impose d'autre charge appréciable au budget français que les dépenses militaires. Or, en ce moment même, le trésor beylical vient de s'engager

---

1. Le *P.-L.-M.* est rachetable depuis 1875 ; l'*Ouest Algérien* depuis 1898 ; la *Franco-Algérienne*, depuis 1899 ; l'*Est Algérien* le sera en 1900 ; le *Bône-Guelma* en 1902.

à contribuer jusqu'à concurrence d'une somme de
500 000 francs aux travaux de fortification et de ca-
sernement entrepris en Tunisie par les ministères
français de la Guerre et de la Marine[1]. Cette première « contribution » est de bon augure et perm :
d'en espérer d'autres par la suite. Il conviendra
cependant que le ministère des Affaires étrangères
veille à ce que certaines dépenses de personnel, peu
utiles, qui ont été inscrites dans les trois derniers
budgets ne s'accroissent pas. La crainte du fontion-
narisme est une règle dont il ne faut point se dé-
partir.

Tandis que le ministre de l'Intérieur prépare
encore la réforme du budget de l'Algérie son collègue
des Colonies vient d'obtenir du Parlement la réforme
partielle, sinon totale, du budget colonial et des budgets locaux. Cela est fort important.

Depuis plusieurs années on sentait confusément,
de divers côtés, qu'il convenait de « faire quelque
chose », de remédier au mal. D'une part, plusieurs
publicistes coloniaux et quelques membres des
Chambres, — parmi lesquels les rapporteurs du
budget des Colonies, — étaient amenés à faire les
constatations si suggestives que nous avons rappelées
nous-même. Ils apprenaient le système anglais, appré-
ciaient ses heureux effets; ils comptaient ce qu'a-
vaient coûté aux contribuables métropolitains, et ce

1. Décret beylical du 25 septembre 1899.

que coûtaient encore le chemin de fer du Sénégal, le chemin de fer et le port de la Réunion ; ils constataient l'incessante augmentation de notre budget colonial, en même temps que la mauvaise administration des budgets locaux. D'autre part, les ministres, animés d'un nouvel esprit, veillaient à ce que les jeunes colonies de la côte occidentale d'Afrique fussent organisées avec économie[1] ; le gouverneur général de l'Indo-Chine mettait à la charge de son budget l'entretien des troupes indigènes, auparavant supporté par la métropole. En même temps, les Chambres, afin d'affirmer leur désir de voir réduire les dépenses coloniales, rappelaient les principes posés dans le sénatus-consulte de 1866, exigeaient de nos possessions une contribution aux charges générales de l'État et fixaient le chiffre que chacune d'elles devait verser annuellement. (Loi de finances du 28 avril 1893.)

Ces diverses mesures étaient louables, mais on sentait qu'elles ne procédaient pas d'une idée générale. D'ailleurs, la contribution obligatoire imposée à nos colonies, calculée sur une fausse appréciation de leurs facultés, ne produit qu'une somme fort médiocre[2] ; elle a, en outre, le défaut d'augmenter

1. Les colonies de la Guinée, de la Côte-d'Ivoire et du Dahomey ont été organisées de telle sorte qu'elles n'imposent au budget métropolitain aucune dépense pour leurs services civils. Elles suffisent à tout et payent même le traitement de leurs gouverneurs. Cela est à l'éloge des administrateurs qui les ont organisées.

2. Au budget de 1899, dans le tableau des « recettes en atténuation de dépenses », les « contributions des colonies aux dépenses civiles et militaires qu'elles occasionnent à l'État »,

encore, s'il est possible, la complication du budget
des Colonies, son manque de clarté. Or il importe
que les citoyens français sachent exactement ce que
leur coûtent nos possessions d'outre-mer et l'effort
que font celles-ci pour subvenir à leurs dépenses.

Les ministres actuels des Colonies et des Finances,
MM. Decrais et Caillaux, ont très heureusement vu,
il y a quelques mois, que la vérité était, non point
de réclamer à nos colonies des « contributions » ou
des « contingents », mais de faire cesser la confusion
entre leurs budgets et celui de l'État, c'est-à-dire de
renoncer au système du sénatus-consulte de 1866
pour adopter celui de la séparation budgétaire en honneur dans les possessions britanniques. Afin de préparer l'opinion des Chambres en ce sens M. Decrais
a fait publier au *Journal officiel* du mois de juillet
1899 le rapport d'une commission spéciale dénon-

---

figurent pour 462 230 francs ; les « contingents coloniaux »,
pour 692 029 francs et la part de la Cochinchine dans les dépenses du câble du Tonkin, pour 60 000 francs. C'est un total
de 1 214 259 francs. — On pourrait encore ajouter, bien qu'il
ne représente point une « contribution coloniale », le produit
de la « rente de l'Inde » payé par le gouvernement anglais au
gouvernement français, soit 668 800 francs.

Nous n'avons point déduit ces sommes du chiffre global représentant les dépenses de la France dans ses possessions d'outre-
mer, non seulement parce qu'elles sont relativement peu importantes, mais surtout parce que nous aurions dû alors faire
état, d'autre part, des pensions payées par le Trésor français aux
fonctionnaires coloniaux en retraite. Le ministère des Finances
n'a jamais établi un compte spécial de ces pensions ; mais on
voit facilement, en considérant le grand nombre des fonctionnaires coloniaux de tout ordre, qu'elles représentent au total un
chiffre fort important.

çant les vices de la situation actuelle. De son côté,
M. Caillaux, dans l'exposé des motifs du budget, a
résumé les conclusions de cette commission en des
termes très clairs : « Le contribuable métropolitain
doit subvenir aujourd'hui non seulement à tous les
besoins de la métropole, mais acquitter encore, et
par surcroît, 44 pour 100 environ des dépenses occasionnées par les colonies[1], tandis que le contribuable
colonial, quoique ne participant en rien aux dépenses
de la métropole, n'est astreint à payer que 56 pour
100 de ses propres dépenses. » Il faut ajouter encore
que plusieurs députés commençaient à s'émouvoir
de certains actes de gestion des assemblées coloniales.
Ils observaient que les conseils généraux ne s'autorisent pas seulement des privilèges qu'ils tiennent du
sénatus-consulte de 1866 pour dilapider les finances,
mais qu'ils prétendent, à certains jours, en faire une
arme politique. On savait notamment que la majorité
noire du Conseil général de la Guadeloupe a établi il y
a deux ans sur les sucres récoltés par les planteurs
blancs de la colonie des droits de sortie exorbitants[2].

1. Les garanties d'intérêt des chemins de fer algériens et
tunisiens, ainsi que les dépenses militaires de l'Afrique du Nord,
ne sont point comprises dans ce chiffre. Le rapport dont il est
ici question, on l'a compris, d'ailleurs, est consacré aux colonies
autres que l'Algérie et la Tunisie.

2. Il existe aux Antilles et à la Réunion un droit de sortie
sur les sucres représentatif de l'impôt foncier qui n'a pu être
établi dans ces îles. Aux termes du sénatus-consulte de 1866,
lorsque l'assemblée locale a voté et fait adopter par décret
simple du pouvoir exécutif le principe, l'assiette d'un impôt,
elle est libre d'en fixer le taux sans contrôle. C'est ainsi que le
Conseil général de la Guadeloupe a pu élever d'une année à

C'est dans de semblables conditions que les Chambres ont consenti, malgré la résistance des représentants des colonies, à introduire dans la loi de finances du 13 avril 1900 un article modifiant certaines dispositions du sénatus-consulte de 1866, et par voie de conséquence, les dispositions semblables inscrites dans les décrets qui ont doté plusieurs de nos possessions de conseils généraux entre 1878 et 1885. Cet article dispose : 1° qu'à partir du 1er janvier 1901 toutes les dépenses civiles et de la gendarmerie seront supportées, en principe, par les budgets locaux ; que, toutefois, des subventions pourront être accordées sur le budget de l'État aux colonies insuffisamment riches ; qu'en revanche, des contributions pourront être imposées à chaque colonie jusqu'à concurrence des dépenses militaires effectuées chez elle ; — 2° que le ministre des Colonies sera désormais limité dans le droit qu'il avait hier d'inscrire aux budgets locaux toutes les « dépenses obligatoires » qui lui convenaient ; — 3° que les délibérations des conseils généraux « sur le mode d'assiette, les tarifs et les règles de perception des contributions et taxes », approuvées aujourd'hui par un décret simple, ou même dispensés de toute approbation[1], ne seront applicables à l'avenir « qu'après avoir été approuvées par des décrets en Conseil d'État » (article 33).

l'autre (1898-1899) de 80 centimes à 1 fr. 70 *en principal* (car il y a des centimes) les 100 kilos, le droit de sortie sur les sucres, — droit qui est seulement de 1 fr. 20 à la Martinique et de 0 fr. 62 à la Réunion.

1. Voir la note 2 de la page précédente.

Ces dispositions nouvelles sont des plus heureuses. Elles constituent, il n'en faut point douter, dans notre régime colonial, une révolution. La règle posée dans le paragraphe 3 de l'article 33 assure aux minorités des garanties que leur refusait le système actuel. Les dispositions du paragraphe 2 donnent satisfaction aux colonies qui se plaignaient de la facilité avec laquelle l'administration pouvait accroître à son gré leurs « dépenses obligatoires ». Enfin, le paragraphe 1er consacre la séparation du budget de l'État et des budgets locaux. Appelées désormais à se suffire à elles-mêmes, ne pouvant compter que sur des subventions modérées et temporaires, les colonies devront réduire, tout d'abord, les dépenses exagérées de personnel que la métropole s'impose aujourd'hui en leur faveur. Est-il nécessaire, pour citer un exemple, d'entretenir dans chacune des îles de la Martinique, de la Guadeloupe et de la Réunion une cour d'appel à sept magistrats et deux tribunaux de première instance à trois juges? Si les économies ne suffisent point, les assemblées locales seront dans l'obligation de créer des ressources nouvelles, et cela leur sera facile, en vérité, car les impôts sont légers dans nos possessions. C'est ainsi que l'habitant de la Martinique ne supporte qu'une charge de 23 fr. 20 ; celui de la Guadeloupe de 27 fr. 82 ; celui de la Réunion de 20 fr. 60 ; celui de l'Inde de 5 fr. 34.

Nous sommes malheureusement dans l'obligation de signaler en terminant une regrettable concession faite par les auteurs mêmes de la réforme aux représentants des colonies. Un alinéa de l'article 33 dispose : « Il n'est apporté aucune modification aux règles actuelles en ce qui concerne les dépenses facultatives. » Ainsi donc les conseils généraux conservent le droit, qu'ils tiennent du sénatus-consulte ou des décrets subséquents, de voter souverainement les « dépenses facultatives », de les enfler sans mesure, de gaspiller leurs ressources. Il fallait encore sur cette question suivre le système de nos voisins. Le ministre des Finances sait mieux que personne que l'Angleterre n'hésite pas à interdire aux assemblées coloniales toute initiative en matière de dépense[1]. MM. Caillaux et Decrais ont-ils craint de toucher aux « grands principes » ? d'être accusés de « faire œuvre de réaction » ? Les conseils locaux ne méritent cependant que les droits dont ils ont la sagesse de ne pas abuser. L'article 33 de la loi du 13 avril a fait de nos colonies des collectivités distinctes, de grandes personnes qui auront la responsabilité de leurs affaires. S'il avait réservé aux gouverneurs l'initiative des propositions de dépenses, il leur aurait permis d'établir partout, d'ici peu, des budgets nets et bien réglés. Or, il ne s'agit pas seulement de débarrasser la métropole des charges qui ne doivent pas lui incomber, mais aussi de mettre nos possessions, — les anciennes comme les nouvelles, — en situation d'exécuter chez elles les travaux publics qui hâteront leur

---

1. Nous avons déjà cité l'étude de M. Caillaux sur les budgets coloniaux de France et d'Angleterre.

développement. Il faut donc souhaiter que l'erreur que nous signalons soit bientôt réparée. Cela est indispensable pour que la réforme des budgets locaux soit complète.

Après quatre ou cinq années de sage administration la plupart de nos colonies pourraient satisfaire à toutes leurs dépenses. Quant aux moins fortunées, le budget colonial, allégé grâce aux réformes dont il vient d'être parlé, viendrait à leur aide au moyen d'avances ou même de subventions. C'est ainsi que les Chambres ont prêté assistance, il y a deux ans, à la colonie du Soudan en inscrivant à la charge de la métropole la moitié de la dépense du chemin de fer du Sénégal au Niger [1].

1. On sait ce dont il s'agit :

Les Chambres, effrayées de la lourdeur de notre budget colonial, effrayées aussi du haut chiffre qu'avaient atteint les premières dépenses pour la ligne du Soudan, n'accordaient depuis une douzaine d'années que des crédits dérisoires pour la poursuite de cette entreprise. Elle menaçait de s'éterniser. C'est dans ces conditions que la colonie du Soudan comprit qu'elle devait s'imposer un sacrifice et contribuer elle-même à l'achèvement d'un travail qui assurera sa prospérité. Une convention intervint donc, à la date du 10 février 1898, entre le gouverneur représentant notre possession et le ministre des Colonies représentant l'État, aux termes de laquelle les deux parties s'engagent à contribuer par moitié, jusqu'à concurrence de 24 millions, à l'achèvement du chemin de fer. Le Soudan a été en conséquence autorisé à faire à la Caisse des dépôts et consignations un premier emprunt de 3 200 000 francs (décret du 9 juin 1899). D'autre part, un crédit annuel de 500 000 francs a été ouvert au ministère des Colonies.

Est-il besoin d'ajouter que ce premier exemple d'un accord entre l'État et une colonie en vue de l'exécution, à frais communs, d'un travail public est très intéressant et mérite d'être retenu ?

V. — DES CONDITIONS D'EXÉCUTION DES TRAVAUX PUBLICS AUX COLONIES.

Il faut se hâter ; trop de temps a été perdu. Le mot de Stanley : « l'Afrique sera au premier qui saura pousser le rail », est vrai, en Asie comme dans le noir continent. Partout où les lignes anglaises, belges, allemandes, devanceront les nôtres, il en résultera pour la France, il n'en faut point douter, un préjudice politique et commercial.

Nous devons donc nous mettre à l'œuvre, et cette œuvre est considérable. Elle exigera des millions par centaines, puis des milliards. L'argent ne manquera pas. On ne doit pas compter seulement, en effet, sur les sommes accumulées tous les ans par l'épargne, jusqu'à concurrence d'environ 1 milliard 500 millions, et qui cherchent des placements, mais aussi sur les capitaux actuellement placés, que le jeu régulier des combinaisons financières rend disponibles à époques fixes. M. Neymarck a montré dans une communication, faite à la Société de statistique au mois de février 1899, que de ce jour à 1950 ou 1960, au plus tard, les Compagnies de chemin de fer, le Crédit foncier, les villes, les départements, etc., amortiront et rembourseront près de 50 milliards. Il faudra que ces capitaux énormes trouvent de nouveaux emplois. N'est-ce point, en vérité, un heureux hasard qu'ils deviennent disponibles précisément à

l'heure où se pose le problème de la mise en valeur
de notre domaine colonial? Et n'est-il pas évident
que s'ils ne s'emploient pas pour une large part,
dans les emprunts coloniaux, ainsi que dans toutes
les entreprises coloniales de navigation, de commerce,
de cultures, d'élevage, de mines, de forêts et dans
les industries, la faute en sera soit au gouvernement
métropolitain, soit aux administrations locales qui
n'auront pas su les attirer?

L'abondance de l'argent n'étant pas douteuse, il s'agit
de savoir comment les colonies appelleront les capitalistes, comment elles les intéresseront à l'œuvre des
travaux publics. Les combinaisons possibles sont multiples quant aux détails, mais, dans les lignes générales
elles se ramènent à deux : l'appel direct de la colonie
au public, sous la forme de l'emprunt — l'appel indirect, par l'intermédiaire de compagnies auxquelles la
colonie confie l'exécution des travaux avec promesse
d'une garantie d'intérêt ou d'avantages équivalents.

C'est ce dernier système que doivent employer les
colonies qui ne veulent ou ne peuvent emprunter.
Il a été adopté notamment dans ces dix dernières
années par la Tunisie, qui n'était pas autorisée par
le gouvernement métropolitain à faire appel au crédit, et qui, malgré le bon état de ses finances, ne
pouvait, avec les soultes de ses conversions, ses
réserves ou ses excédents, exécuter tous les travaux
reconnus indispensables dans la Régence. L'administration du Protectorat a donc confié la construction
et l'exploitation des ports de Bizerte, Tunis, Sousse

et Sfax, à deux grandes compagnies françaises, qui ont fourni le capital de premier établissement et ont obtenu, avec le droit de percevoir certaines taxes, une garantie d'intérêt pour leurs obligataires [1]. Elle a, d'autre part, fait construire par la compagnie du Bône-Guelma le réseau tunisien, long de 462 kilomètres [2], moyennant un versement forfaitaire du trésor beylical et une garantie d'intérêt d'exploitation [3].

Peut-on, dans une combinaison de ce genre, éviter de promettre à la compagnie concessionnaire une garantie d'intérêt, toujours onéreuse à la colonie, et rémunérer autrement ses services? Le ministre des Colonies l'a essayé, il y a environ trois ans, à Mada-

1. L'administration de la Régence a créé à Bizerte un port de commerce. Mais cela ne suffisait pas. Le gouvernement français a compris dans ces dernières années, qu'il ne fallait pas faire seulement de cette ville un port de commerce, mais aussi un grand port de guerre. Le lac de Bizerte est d'une profondeur qui permet aux plus grands navires d'y entrer, et ce point de la côte tunisienne commande le détroit de Sicile entre les deux parties, occidentale et orientale, de la Méditerranée. C'est ainsi que de 1897 à la fin de 1899 le ministère de la marine a dépensé 6 millions tant à Sidi-Abdallah qu'à la baie Sans-Nom et que les dépenses prévues en 1900 dépassent 4 millions. En outre, dans le programme de dépenses navales dont il a récemment saisi la Chambre, le gouvernement demande 38 millions pour ce nouveau port militaire français.

2. Il n'est pas question ici de la ligne de la frontière algérienne à Tunis (220 kilomètres), construite avant le Protectorat, et qui bénéficie d'une garantie d'intérêt inscrite au budget métropolitain.

3. Le rapporteur du budget du Protectorat tunisien pour 1899, M. Berthelot, évalue à 164 millions les sommes employées dans les chemins de fer, ports, routes, travaux hydrauliques, bâtiments civils, phares..., etc... Sur cette somme totale, 81 millions ont été fournis par des sociétés et compagnies, 83 par le budget tunisien (ressources ordinaires et extraordinaires).

gascar, en rédigeant un projet de contrat sur les bases de ce que l'on appelle le « système américain ». Il s'agissait de faire construire dans la grande île une voie ferrée de 400 kilomètres entre Andevorante et Tananarive (un canal devant être creusé entre Tamatave et Andevorante) sans aucune garantie d'intérêt et par la seule attribution à la compagnie concessionnaire : 1° de 300 000 hectares de terre, 2° d'un contrat de transports de 2 800 000 francs pendant 15 ans. La compagnie qui s'était constituée pour étudier l'affaire, présentée dans ces conditions, s'est vue dans la nécessité d'y renoncer après un consciencieux examen. On ne saurait en être surpris. Le contrat de transport offert par le gouvernement, quelque avantageux qu'il pût être, n'était pas suffisant pour garantir réellement les capitaux engagés dans la construction d'un chemin de fer, dont on évaluait alors le coût à 80 ou 90 millions et dont l'exploitation ne sera pas, tout de suite, rémunératrice. D'autre part, les terres africaines, n'ont point la valeur des terres du *Far West* américain ; elles ne sollicitent pas l'immigration de centaines et de milliers de colons-laboureurs, disposés à payer les champs qu'ils vont ensemencer ; elles exigent, tout au contraire, pour être mises en valeur de gros capitaux. Qui aurait acheté à la « Compagnie coloniale de Madagascar »[1]

---

1. Cette compagnie avait été fondée au capital de 1 million par le Comptoir d'Escompte, le Crédit industriel et la Société générale. Elle a fait étudier la construction du chemin de fer par la maison Vitali.

ses 300 000 hectares? Et si elle avait voulu nouer elle-même des relations commerciales avec les indigènes, créer des magasins, des comptoir, des plantations, elle se fût lancée dans une entreprise d'un autre ordre et nécessitant un nouveau capital. Le contrat n'a donc pas été signé, — et Madagascar attend toujours son chemin de fer.

On ne doit certes pas conclure de ce qu'une combinaison a échoué dans une colonie, pour déclarer qu'elle ne saurait réussir nulle part. On pourrait même rappeler qu'à l'heure où le ministère des Colonies ne réussissait pas à obtenir la construction d'une voie ferrée dans la grande île, au prix d'un contrat de transport et de 300 000 hectares de terres, l'administration tunisienne faisait exécuter et exploiter, sans subvention ni garantie d'aucune sorte, la ligne de Sfax à Gafsa (250 kilomètres) par une compagnie privée, à laquelle elle concédait en rémunération l'exploitation des phosphates de la région.

Mais ce fait constitue, à la vérité une exception qu'explique la richesse des gisements découverts[1].

---

[1]. Il ne faut point croire que le « système américain » donne toujours d'excellents résultats. Voici ce qu'écrit à ce sujet M. Louis Paul-Dubois, dans son ouvrage sur *Les chemins de fer aux États-Unis* : « L'étude des faillites des chemins de fer aux États-Unis offre un intérêt tout particulier et actuel, tant à cause du grand nombre des compagnies aujourd'hui insolvables, qu'en raison de l'importance des intérêts atteints. Un tiers des lignes ferrées de l'Union-Nord-Américaine est, à l'heure présente, aux mains d'administrateurs judiciaires, et dans la seule année 1893 la longueur des lignes tombées en faillite a été de près de 52 000 kilomètres. »

Aussi doit-on conclure que, très généralement, les compagnies chargées de la construction et de l'exploitation des chemins de fer et des ports réclameront une garantie d'intérêt, sans laquelle, d'ailleurs, elles ne sauraient trouver le plus souvent ni actionnaires ni obligataires. Comment la petite épargne, sollicitée de prêter son argent, apprécierait-elle l'avantage de telle ou telle ligne africaine ou asiatique? Comment jugerait-elle si cette ligne sera ou non rémunératrice? Le prestige de la garantie est, en quelque sorte, indispensable pour l'attirer. On peut ajouter que l'administration britannique en a fait l'expérience, il y a peu d'années, aux Indes. Elle a vainement cherché des compagnies privées, disposées à entreprendre la construction de chemins de fer dans des conditions assez semblables à celles que le ministère des Colonies offrait à Madagascar. Les « lignes à construire sans l'assistance du gouvernement » n'ont trouvé aucun preneur, et l'on a dû revenir au système de la garantie d'intérêt, dont les formes sont d'ailleurs multiples [1].

Le système opposé à celui des sociétés concessionnaires et des garanties d'intérêt est, on l'a vu, celui de l'emprunt. La colonie s'adresse alors directement au public et lui demande les fonds qui lui sont nécessaires pour exécuter ou faire exécuter (nous dirons

---

1. CHAILLEY-BERT, *Quinzaine coloniale*, 10 février 1899 : « Les travaux publics dans les colonies; les chemins de fer dans l'Inde anglaise. »

plus loin notre opinion sur ce point) les travaux qu'elle a projetés.

Ce mode de procéder a prévalu en Indo-Chine, et il est dû non au gouverneur général actuel M. Doumer, mais à son prédécesseur M. Armand Rousseau. C'est ce dernier, en effet, qui a obtenu des Chambres la loi du 10 février 1896 autorisant la colonie à emprunter une somme de 80 millions avec la garantie de l'État[1]. 80 millions, — qui en fait ne furent que 44, — cela était peu, aussi M. Doumer fut-il obligé de s'adresser à son tour au Parlement. Son projet, qui fut adopté, différait sur un point important, — la garantie métropolitaine, — de celui de son prédécesseur. La loi du 25 décembre 1898, en effet, autorise le gouvernement général de l'Indo-Chine à emprunter pour la construction d'un réseau ferré de 1 650 kilomètres une somme de 200 millions, sous sa seule signature et sans garantie du Trésor. Cette loi, peut-on dire, consacre une nouveauté : on voit pour la première fois une colonie française être quelque chose par elle-même, agir comme une grande

[1]. Nous oublions vite les morts en France. Il convient cependant de rendre à chacun ce qui lui est dû. M. Rousseau était arrivé à Paris avec un projet d'emprunt de 100 millions. Le ministre des finances d'alors — c'était M. Doumer ! — l'obligea de réduire ses demandes à 80 millions, tout en maintenant à la charge de l'Indo-Chine certaines dettes et charges résultant d'opérations antérieures. C'est ainsi que sur les 80 millions accordés par les Chambres, 35 millions et demi environ furent tout d'abord employés à payer diverses dépenses faites ou engagées au Tonkin et au Siam. Il ne resta que 44 millions et demi à la disposition du gouverneur général pour engager les travaux les plus urgents.

personne majeure et responsable. Par ainsi, l'Indo-Chine est née à la vie civile ; elle a affirmé sa personnalité financière. Elle-même construira ses voies ferrées, puis elle en concédera l'exploitation à des sociétés privées [1].

Nous n'hésitons pas à dire, — sans repousser d'ailleurs en aucune façon les exceptions ou les combinaisons que peuvent justifier des situations particulières, — que le système de l'emprunt a nos préférences sur celui des compagnies concessionnaires. Il crée une situation très nette, supprime les intermédiaires, évite les comptes, parfois difficiles, entre l'administration et les compagnies ; enfin, il présente, — et ceci est à nos yeux capital — le grand avantage de faire connaître la colonie au public, de la lui révéler comme une grande personne majeure. On l'a remarqué, à propos des possessions britanniques : une colonie qui emprunte, qui paye l'intérêt de sa dette, se fait connaître, pour son plus grand profit, des colons et des capitalistes.

Est-il besoin d'ajouter que les emprunts coloniaux doivent être véritablement publics, et non point contractés en secret auprès de certains établissements placés sous le contrôle de l'État, tels que la Caisse des dépôts ou la Caisse des retraites pour la vieil-

---

1. Le Parlement, par un manque de logique assez curieux, après avoir autorisé la colonie à emprunter 200 millions à ses risques et périls, a imposé au gouverneur général de l'Indo-Chine l'obligation de soumettre à la ratification législative les conventions d'exploitation des lignes construites qu'il devra conclure.

losse ? Dans ces derniers mois les colonies du Soudan
et de la Guinée, ainsi qu'on l'a vu plus haut, se sont
précisément adressées à ces caissses suivant les vieilles
habitudes de l'administration. Nous le regrettons ;
c'est au public même qu'elles auraient dû faire appel.
« Elles ne sont pas connues », objectera-t-on. ——
« Elles se seraient donc révélées ! » L'État d'ailleurs,
aurait accordé sa garantie, afin de leur permettre de
trouver, à un taux modéré, les sommes dont elles
avaient besoin. Et si l'on objecte encore que la garantie
du Trésor fait disparaître aux yeux du prêteur la
colonie elle-même ; qu'il considère qu'il prête non
point au Soudan ou à la Guinée mais à l'État français, nous répondrons que cette objection n'est que
spécieuse. La discussion du projet de loi soumis
aux Chambres n'échappe pas au public ; elle l'in-
forme de la situation présente de la colonie, de son
avenir ; elle appelle son attention. Puis, un peu plus
tard, le passant retrouve le nom de la même colonie
sur les affiches de publicité, le rentier sur les titres
qu'il souscrit et dont il touche deux ou quatre fois
par an les coupons [1].

1. On voit donc que nous ne sommes pas séduits par un
système semblable à celui de la « Caisse des Emprunts coloniaux » imaginée récemment en Angleterre (voir note 1 de la
page 73).

Il est d'autre part évident que les « petits » emprunts, que
telle ou telle colonie peut avoir besoin de contracter, ne comportent pas une large publicité, ni l'appel au grand public.
Dans ce cas, la colonie emprunteuse pourrait s'adresser à une
banque — la « Banque d'Outre-Mer », par exemple, dont il sera
parlé plus loin — qui placerait ses titres dans sa propre clientèle.

Certaines de nos colonies peuvent d'ailleurs, dès maintenant, s'adresser au public sans lui offrir la garantie du Trésor. N'avons-nous pas vu réussir il y a un an, au delà de toutes les espérances, l'emprunt de l'Indo-Chine? Les dilapidations du Conseil colonial de la Cochinchine avaient été souvent signalées dans les journaux, les polémiques de presse avaient représenté longtemps le Tonkin comme un pays misérable, et cependant lorsqu'à la fin de 1898 la colonie a demandé 50 millions en obligations 3 1/2 pour 100 émises à 450 francs et remboursables au pair en soixante-quinze ans, le public lui a porté près de 2 milliards. Ce chiffre ne témoigne-t-il pas et de la confiance des rentiers dans les emprunts coloniaux et de l'abondance de l'argent?

Nous voudrions maintenant indiquer en terminant, qu'à notre sens, la conséquence du système de l'emprunt n'est pas que l'État — ou la colonie, — doive assumer la responsabilité des travaux en les confiant à ses services techniques pour les exécuter en régie.

Il existe, on le sait, trois modes d'exécution des travaux publics : la régie, l'entreprise et la concession. Dans le premier système, les ingénieurs, après avoir levé les plans, établi les devis, sont eux-mêmes chargés de toute l'exécution : ils engagent et dirigent les ouvriers; achètent et amènent sur les lieux tout le matériel de construction; règlent, sur factures, l'intégralité des dépenses. C'est ainsi que l'État construit en ce moment le chemin de fer du Soudan ; les ingénieurs sont, dans l'espèce, des officiers du génie. Avec l'entreprise, au contraire, les ingénieurs ne demeurent point chargés de l'exécution : lorsqu'ils ont arrêté leurs plans, évalué les dépenses, ils répartissent les travaux à faire en un certain nombre de lots qu'ils mettent en adjudication ou pour lesquels ils traitent de gré à gré ; leur rôle est de surveiller les entrepreneurs, puis de recevoir les travaux et de régler les comptes des dépenses. Toutefois, si leurs prévisions sont dépassées, s'ils doivent modifier leurs plans, l'excédent de la dépense incombe à l'État ou à la colonie. Les chemins de fer du Tonkin, étudiés par les services techniques du Protectorat, sont exécutés à l'entreprise ; de même la voie ferrée de Conakry au Niger, dont le tracé a été arrêté par le capitaine Salesses, sera distribuée entre plusieurs entrepreneurs. Quand au système de la concession, il préserve l'administration de tout risque, de tout aléa : lorsqu'elle a fait étudier les travaux et leurs prix de revient par ses agents elle concède l'exécution, — et souvent aussi l'exploitation de la ligne une fois faite, — à un entrepreneur général dans des conditions déterminées, à un prix convenu ou avec une garantie d'intérêt prudemment calculée : c'est un forfait. Nous aurions souhaité, avec beaucoup d'hommes compétents, que la construction du chemin de fer de Madagascar fût remise à un concessionnaire et non point donnée à l'entreprise, comme le propose le gouvernement [1].

Ce dernier mode d'exécution, s'il semble plus coûteux, au premier abord, que les deux premiers, peut l'être, en fait, beaucoup moins ; il présente de grands avantages. L'expérience de l'État, construisant lui-même, observe-t-on non sans justesse, a été faite souvent aux colonies, et les résultats de ses entreprises ont toujours été déplorables, en même temps que ruineux pour les contribuables. Faut-il rappeler que le chemin de fer du Soudan, commencé en 1880 par le ministère de la Marine, sur une estimation de 54 millions, en avait coûté 24 en 1884, alors que l'on était à peine au cinquante-quatrième kilomètre ? Que la ligne de Phu-lang-tuong à Lang-son, au Tonkin, commencée en régie, sur une estimation de 4 millions, en a coûté 21 ? Plus récemment, la direction des travaux publics de Madagascar a entrepris la construction de la route de Tamatave à Tananarive :

1. La Compagnie coloniale de Madagascar, dont nous avons déjà parlé, offrait au gouvernement de se charger à forfait de la construction de la ligne de Tamatave à Tananarive, pour un prix voisin, dit-on, de 75 millions. Le ministre des Colonies a préféré, par esprit d'économie, renoncer, du moins pour le moment, à une partie de la ligne (tronçon de Tamatave à Aniverano, 106 kilomètres), et confier l'exécution de l'autre section (Aniverano à Tananarive) à la direction des travaux de l'île. Celle-ci évalue la dépense pour 290 kilomètres de voie (largeur d'un mètre) à 47 millions et demi.

Les travaux, dit M. Decrais, dans l'exposé des motifs de son projet de loi, déposé le 28 novembre 1899, seront « exécutés sur les projets et sous la direction des ingénieurs de la colonie » et « fractionnés en un certain nombre de lots d'importance restreinte, qui seront accessibles, par la voie de l'adjudication, aux entrepreneurs ne possédant pas de gros capitaux.»

elle devait coûter 6 millions et demi et être terminée
« avant la fin de 1898 »[1]; or, elle n'est pas achevée
à ce jour et l'on sait que la dépense atteindra 8 millions et demi.

Ces résultats, dit-on encore, ne sont pas faits pour
surprendre. La seule garantie que l'État ait de ne pas
dépasser ses prévisions réside dans la sûreté des
études faites par ses agents. Mais ces études ne sont
l'objet d'aucun contrôle réel; elles ne sont point débattues; personne, souvent, n'en est définitivement
responsable. Si elles ont été légèrement poursuivies,
si les devis sont dépassés, l'administration ne saurait
exercer aucun recours contre ses agents. Elle paye
donc, puis engage, avant même qu'ils soient votés,
de nouveaux crédits et poursuit son œuvre en plein
inconnu. Il en est tout différemment avec l'industrie
privée. Les études sont établies, contrôlées et vérifiées par des agents responsables, dont les estimations
seront d'ailleurs discutées par les représentants de
l'administration. Puis, une société de construction,
qui a des actionnaires, des obligataires, ne peut
oublier un instant ses intérêts; elle serre la réalité de
très près, tant pour s'assurer un bénéfice que pour
éviter des pertes qui pourraient la conduire à la ruine.
Enfin, en imposant à un constructeur un forfait,
l'État fixe à l'avance, en toute certitude, le montant
de ses sacrifices, en même temps qu'il se réserve de

1. Rapport de M. Gros Bonnel à la Chambre des députés,
mars 1898.

surveiller la stricte exécution du cahier des charges et la bonne exécution des travaux.

Il ne faut cependant pas être trop absolu. Le système de la concession peut donner lieu à des mécomptes ; l'histoire de la déconfiture de la Compagnie du chemin de fer et du port de la Réunion et des charges qui en sont résultées pour l'État, en fournirait une preuve. Observons aussi que, malgré le soin apporté à la rédaction des clauses du forfait, il est difficile que, dans la pratique et au cours d'une entreprise complexe, l'imprévu ne se fasse pas jour et n'ouvre pas dans le contrat des fissures par lesquelles le concessionnaire trouvera quelquefois moyen d'introduire des réclamations spécieuses. Dans ce cas il retiendra pour lui le bénéfice du forfait avantageux, mais saura échapper aux rigueurs du forfait onéreux. D'autre part, les colonies anglaises ont souvent employé avec avantage le système de l'entreprise.

La vérité semble donc qu'il convient de ne pas s'en tenir à une règle fixe, absolue, mais plutôt de s'inspirer des circonstances, des conditions particulières au pays.

Quel que soit, d'ailleurs, le mode adopté pour l'exécution des travaux, il importe d'arrêter un plan rationnel, sagement établi, écartant toutes les difficultés et toutes les complications qu'il est possible de prévoir. Telle est la première condition du succès. Nous prendrons un exemple : le ministre des Colonies, dans le but d'économiser la construction de 100 kilomètres de voie à Madagascar, propose, ainsi qu'on l'a vu, de faire partir le chemin de fer montant à Tananarive, non de la mer et du port de Tamatave, comme il serait logique, mais du village d'Aniverano, situé dans l'intérieur. Pour gagner ce point, on emprunterait, en quittant Tamatave : 1° un petit chemin de fer, déjà construit et long de 10 kilomètres environ ; 2° le canal des Pangalanes, en cours de construction ; 3° la rivière Vohitra qui communique avec le canal. Un « concessionnaire », travaillant à ses risques et périls, accepterait-il un semblable projet ? S'exposerait-il à de pareilles difficultés de transport ? aux frais et aux mécomptes qu'elles peuvent entraîner ? Nous ne savons ; mais nous n'hésitons pas à penser que l'État, travaillant aux risques et périls des contribuables, sera imprudent, s'il s'engage dans une telle aventure. Il ne faudrait pas que l'histoire du chemin de fer de Madagascar fût la triste répétition de celle du chemin de fer du Soudan [1] !

C'est ici le lieu d'ajouter une dernière observation, que les ingénieurs de l'industrie privée ont recueillie en exécutant des travaux dans tous les pays du monde, et dont il importe que les ingénieurs de l'État se pénètrent lorsqu'ils vont aux colonies : Les principes d'après lesquels un chemin de fer doit être construit hors d'Europe, dans les pays neufs, sont très différents de ceux que l'on observe dans la métropole. « Il y a dans le métier de l'ingénieur, a dit

---

1. Les Chambres viennent de voter, sans discussion ni modification, le projet du ministre des Colonies. (Loi du 14 avril 1900.)

très justement M. Cheysson, inspecteur général des ponts et chaussées, deux parties : la science et l'art. La science est immuable, éternelle, absolue ; l'art est variable, contingent, subordonné aux circonstances. Le contraste est grand entre le milieu européen et le milieu colonial, sous le rapport de la main-d'œuvre, du climat, du prix des capitaux, de la possession des données nécessaires à l'établissement même de nos travaux, telles que la définition du régime des pluies, des cours d'eau, la marche des courants, des alluvions littorales, la cartographie, la géologie !... » — « Il faut donc se garder, dit encore M. Cheysson, de transporter de toutes pièces, aux colonies, l'ensemble des méthodes et des formules appliquées en Europe, ce qui enflerait les dépenses et pourrait retarder les travaux ; il faut courir au plus pressé, épouser le sol au lieu de le violenter, en un mot se contenter tout d'abord de solutions de fortune, sauf à les rectifier par des améliorations successives, au fur et à mesure du développement du trafic. C'est le système américain et c'est le bon [1]. »

Le colonel Thys, à l'initiative et à la persévérance de qui l'État Libre doit le chemin de fer du bas Congo a exprimé les mêmes idées au Congrès de Bruxelles : « Le chemin de fer, tel qu'il a été conçu jusqu'ici, a-t-il dit, intervient seulement quand le pays est occupé et exploité : il est une résultante.

---

[1]. Discours à la Société des Ingénieurs coloniaux (février 1899) et discussion de la Société d'Économie politique (*Bulletin*, séance du 5 janvier 1898. Guillaumin, éditeur).

Le chemin de fer colonial de pénétration est, tout au contraire, un instrument de production, une force initiatrice et créatrice. Il faut autant que possible, et à moins que des circonstances spéciales n'existent, adopter pour les chemins de fer aux colonies l'écartement de voie qui entraîne aux dépenses de construction moindres, c'est-à-dire la voie étroite... Il faut une bonne et solide voie, pliée au sol, non pas un chemin de fer, mais un *sentier de fer* traçant, au milieu de pays vierges, une puissante voie d'accès sur laquelle viendront s'embrancher successivement, à la suite de nouvelles études et de nouveaux progrès, d'autres voies de communication : l'ancienne voie romaine mise à la hauteur des progrès du siècle et utilisant aujourd'hui la vapeur, demain l'électricité[1]. »

VI. — LES LIGNES GÉNÉRALES DE L'ŒUVRE A POURSUIVRE

Nous n'avons pas à tracer ici un programme de l'œuvre à entreprendre. D'ailleurs, la nécessité des grands travaux publics pour assurer la mise en valeur de notre domaine colonial semble aujourd'hui enfin, unanimement reconnue.

Les faits sont là qui constituent d'instructifs contrastes. En Algérie, si, comme l'observait Burdeau, on dresse une carte des chemins de fer et une carte

---

1. Congrès international de Bruxelles. — *Des voies de communication aux colonies et spécialement des chemins de fer considérés comme moyens de pénétration dans les pays nouveaux.*

de la densité de la population européenne, on constate qu'un chemin de fer constitue un véritable fleuve colonisateur, qui charrie les colons et les dépose sur ses berges. Au Sénégal, la construction du chemin de fer de Dakar à Saint-Louis a introduit dans un pays, auparavant presque désert et inculte, la richesse et la paix : le long de la voie, des citronniers, des orangers, des goyaviers ont été plantés ; la culture et le commerce des arachides enrichissent les noirs ; le port de Rufisque est devenu un gros centre d'affaires. Au Dahomey, tout au contraire, le commerce ne croît que lentement ; car il reste limité à la région maritime, les noirs ne trouvant aucun profit à recueillir dans l'intérieur, à plusieurs jours de marche, pour les porter à la côte, des amandes ou des huiles de palme, que les factoreries ne peuvent payer que 2 fr. 50 ou 5 francs la charge de 25 kilogrammes. Dans l'État Libre, le chemin de fer établi par les Belges sur le bas Congo les a rendus maîtres incontestés du commerce de toute la vallée ; Dolo, Matadi, Boma deviennent des centres d'échange, tandis que dans notre Congo, Brazzaville, Loango, Libreville demeurent des villages misérables, — et, par une conséquence fatale, le Havre qui est encore le troisième marché du caoutchouc va descendre bientôt au quatrième rang, après Anvers[1]. La ligne postale

1. Importation du caoutchouc sur les principaux marchés du monde en 1898 :
Liverpool et Londres, 20 888 000 kilogrammes ; — États-

subventionnée (une ligne de navigation sur la mer ou sur un grand fleuve ne rend-elle pas des services de même ordre qu'une voie ferrée?), établie, il y a une quinzaine d'années entre Marseille, le Havre et la côte occidentale d'Afrique, a sensiblement hâté le mouvement des échanges; grâce à elle, l'industrie marseillaise a reçu en plus grande quantité les produits qu'elle manufacture. Enfin, au Tonkin, la construction de la petite ligne de Phu-lang-tuong à Langson a eu pour conséquence immédiate le peuplement et la mise en culture de la région desservie.

On dit chaque jour, parlant de nos provinces asiatiques ou africaines : « Ce sont des pays riches, qui donnent déjà le coton, le café, la vanille, la canne à sucre, les arachides, le caoutchouc; qui donneront plus tard le blé, la vigne et cent autres produits. » Il serait plus exact de dire : « Ce sont des pays susceptibles de devenir riches »; car la « préparation » qui doit attirer les colons et les capitaux, appeler au travail les indigènes, centupler leur production, augmenter leur pouvoir d'achat est indispensable pour que ces terres livrent leurs richesses, deviennent des colonies prospères. Voici des régions où il n'existe que d'étroits sentiers, encombrés par une végétation luxuriante et où ne peuvent passer, à la file indienne, que des porteurs indigènes; ceux-ci sont peu nombreux, la tâche les rebute, ils se déro-

Unis, 18 470 000; — Le Havre, 2 394 000; — Anvers, 2 014 591.
En 1891, les importations du Havre étaient de 1 056 000 kilogrammes ; celles d'Anvers ne dépassaient pas 21 000.

bent, et il faut alors les contraindre ou les mieux payer. Ailleurs, les rivières sont innavigables : des herbes, des rochers, des rapides contrarient la marche des pirogues, exigent des pagayeurs de pénibles et incessants efforts ; les caisses, les ballots sont avariés, brisés ou perdus... Dans de pareilles conditions, le coût du transport de la tonne kilométrique revient à des prix exorbitants : au Soudan, de Badumbé, point où s'arrêtait il y a quelques mois le chemin de fer, à Bamakou, il est de 1 250 francs ; de Bamakou à Say de 500 francs ; à Madagascar, de Tamatave à Tananarive, il varie entre 1 000 et 1 200 francs... Dès lors, tandis que les négociants renoncent à étendre leurs affaires et que les noirs laissent leurs champs en friche, sans même prendre la peine de recueillir les fruits naturels du sol, l'administration dépense, chaque année, des millions pour assurer le ravitaillement des troupes [1]. Et nous ne disons rien de l'utilité pacificatrice des chemins de fer, de l'économie de garnison qu'ils peuvent procurer.

Il faut donc, au plus vite, établir des routes, lancer des bateaux spéciaux, faire sauter des roches, et surtout construire des chemins de fer ; car dans les régions où il n'existe ni bêtes de bât, ni bêtes de trait,

---

1. « Le budget des transports de l'État et de la colonie s'élève actuellement à plus de 2 millions, disait le commandant Roques, directeur du génie et des travaux publics à Madagascar dans un rapport de 1898. Il ne s'agit ici que du total des salaires payés aux bourjanes employés entre la côte Est et Tananarive. Le commerce dépense deux fois plus, et cependant la ville de Tananarive est mal approvisionnée. »

la route demeurera de peu d'utilité, du moins jusqu'au jour où l'automobile pourra rendre des services
appréciables[1]. Les mêmes besoins se font sentir dans
toutes les colonies; les mêmes questions se posent.

En Algérie, le gouverneur demande 63 millions
pour les routes, 25 pour les ports, 30 pour les travaux hydrauliques, barrages, canaux d'irrigation,
r'dirs; enfin, il faut prévoir pour la continuation du
réseau ferré des trois provinces une dépense de 180
millions. Cette somme même est-elle suffisante? Com-
prend-elle la prolongation du chemin de fer de
Djenien-bou-Rezg vers Igli? La continuation de la
ligne d'Alger-Berrouaghia vers Boghari et Laghouat?
En Tunisie, l'achèvement des premiers ouvrages ne
doit point faire oublier qu'il est encore des routes,
des chemins de fer, des travaux hydrauliques dont
l'exécution ne peut être longtemps ajournée; l'année
dernière, le rapporteur du budget de la Régence à la
Chambre des députés a réclamé un emprunt de 40
millions; cette année (1900) il insiste sur la nécessité de lignes de pénétration vers Le Kef et Thala.

Au Sénégal, il ne convient pas seulement de poursuivre le chemin de fer du Soudan, mais aussi d'aug-

---

1. Le *Temps* annonçait, dans son numéro du 24 octobre
1899, que 50 chinois viennent d'être envoyés au Sénégal, où
ils sont engagés pour le chauffage et la conduite des voitures
du service de transports automobiles organisés au Soudan.
   Que donnera cette intéressante expérience de transports? On
ne peut le dire encore, mais beaucoup d'ingénieurs craignent
que les routes — et surtout les routes coloniales moins solidement
construites que les nôtres, plus exposées — ne puissent supporter
un agent aussi destructeur que les porteurs automobiles.

menter le rayon d'action de la ligne de Dakar à Saint Louis, par la construction d'embranchements dirigés vers l'intérieur, — et le Conseil général de la colonie étudie cette question. Un peu plus tard il reconnaîtra la nécessité de relier Kayes à Dakar afin d'amener directement à la mer les produits du Soudan. En Guinée, les travaux de la ligne partant de Conakry dans la direction de Kouroussa sont à la veille d'être commencés; mais, dans la Côte d'Or et le Dahomey, les gouverneurs et les négociants réclament encore l'autorisation d'entreprendre les voies ferrées qui doivent aller chercher les produits de la vallée du Niger. Lorsque celles-ci seront construites quatre chemins de fer français exploiteront l'immense région. Au Gabon, il est nécessaire de prévoir, dans un temps assez court, la construction d'un chemin de fer se dirigeant vers la haute Sangha et qui, avec les vapeurs qu'il faudra jeter sur les fleuves, draînera les produits d'une région fort riche. D'un autre côté, il y a lieu d'envisager que dans une dizaine d'années l'augmentation du mouvement commercial exigera l'établissement d'une ligne de Loango à Brazzaville qui doublera la voie belge du bas Congo. A Madagascar, l'importance politique et commerciale du chemin de fer de Tamatave à Tananarive est reconnue depuis bien longtemps et l'on a vu plus haut que les Chambres viennent d'adopter les propositions du gouvernement; d'ici peu on reconnaîtra la nécessité d'une seconde ligne réunissant la capitale de l'île à Majunga. En Indo-Chine, lorsque les projets récemment adoptés auront été exécutés, — et ils comprennent, on le sait, l'établissement d'une voie ferrée mettant en communication le Tonkin avec les provinces méridionales de la Chine, — il faudra pourvoir à de nouveaux besoins. Rappelons-nous que les Anglais ne cessent pas de construire des chemins de fer dans l'Inde, où cependant les grandes artères sont déjà exécutées. En Nouvelle-Calédonie, le Conseil général étudie un projet d'emprunt de 10 millions, qui permettrait notamment d'établir un chemin de fer entre Nouméa et Bourail pour favoriser la mise en culture de la région et l'ouverture de nombreuses mines. En Guyane même, — terre trop abandonnée, — le Conseil général a voté, au mois de janvier 1900, la concession d'une voie ferrée desservant les régions aurifères.

Et nous ne disons rien des ports, des entreprises de navigation fluviale, ni des routes. Nous ne parviendrions pas à épuiser le sujet.

Il ne nous semble pas possible toutefois de passer sous silence, ou d'indiquer seulement par son nom, dans cette rapide énumération des œuvres à poursuivre, une entreprise coloniale qui en même temps qu'elle passe les facultés d'une colonie, présente un intérêt national, — un intérêt impérial, dirait-on de l'autre côté de la Manche. Nous voulons parler du Transsaharien.

Il est dans la destinée des grandes puissances coloniales de rencontrer sur leur chemin des œuvres gigantesques et fort coûteuses qu'elles doivent réaliser. L'utilité commerciale en paraît douteuse, du moins pour un temps, mais elles ont au point de vue économique, politique et « d'influence morale », si l'on peut dire, une utilité considérable. Telles sont le Transcaspien, le Transsibérien, le Transafricain et le Transsaharien. Le Transcaspien, commencé en 1880, a relié huit ans plus tard Ouzoun Ada, port de la côte orientale de la mer Caspienne, à Samarkande (1 455 kilomètres). Depuis, il a été prolongé jusqu'à Tachkend et Kokand, tandis qu'un embranchement se détachait de Merw dans la direction d'Hérat ; demain, enfin, il sera continué sur Orenbourg où il rejoindra le Transsibérien. Pour cet autre chemin de fer, décidé en 1891, poursuivi depuis cette époque sans défaillance, il sera achevé, croit-on, en 1902 ; sa longueur dépassera 5 000 kilomètres (le huitième du tour du monde !) et l'on estime qu'il aura coûté un milliard de francs. L'empressement avec lequel les capitalistes français ont souscrit aux emprunts russes aura puissamment aidé à la réalisation de cette entreprise grandiose. Le Transafricain, c'est-à-dire la ligne du Cap au Caire, est commencé à ses deux extrémités. Il doit avoir 9 000 kilomètres et 5 500 environ sont déjà exécutés. Au nord, l'Angleterre a construit en deux ans les 800 kilomètres qui séparent Ouady Halfa de l'Atbara ; le fleuve est aujourd'hui franchi et la voie atteint Khartoum ; au sud, le prolongement du chemin de fer du Betchouanaland jusqu'au Zambèze est décidé.

Quant à notre Transsaharien, il a été proposé il y a vingt-cinq ans par l'ingénieur Duponchel, étudié en 1879, 1880 et 1881, sur place, par le colonel Flatters, à Paris, par une commission spéciale; réétudié depuis par plusieurs voyageurs et ingénieurs, au premier rang desquels il faut citer MM. Foureau et Georges Rolland, réclamé par plusieurs publicistes autorisés, dont M. Leroy-Beaulieu[1]; mais il n'est pas encore commencé. On ne saurait, en effet, considérer comme des amorces de cette voie, ni la ligne d'Aïn-Sefra à Djenien bou Rezg, terminée d'hier, ni le chemin de fer de Batna à Biskra. Une pareille inaction est, il faut l'avouer, un témoignage de notre manque d'esprit de suite, de notre frivolité. La France jette les millions dans des œuvres de vanité, telles que les expositions universelles, tandis que la Russie et l'Angleterre, moins brillantes, mais plus pratiques, réservent leurs ressources pour des entreprises sérieuses et d'une utilité considérable. Le 15 avril 1900 le gouvernement français a inauguré l'Exposition universelle; au printemps de 1902, le gouvernement russe inaugurera, dit-on, le Transsibérien : laquelle de ces deux œuvres sera la plus durable, la plus profitable pour les pays qui les ont entrepris?

Certes, des objections ont été élevées contre le Transsaharien. Les grandes voies russes et anglaises, a-t-on remarqué, traverseront des contrées riches ou

1. La *Revue des Deux-Mondes* du 1er juillet 1899 a publié une étude très documentée de M. Leroy-Beaulieu sur le Transsaharien.

du moins susceptibles de le devenir dans une période d'années relativement courte; leur trafic est donc en partie assuré; le chemin de fer français, au contraire, courra pendant longtemps à travers des régions immenses et désolées, avant d'atteindre la région du Tchad dont la richesse est problématique; la distance entre Biskra et le Kanem, c'est-à-dire la rive septentrionale du lac, étant, avec les courbes et déviations, de 2 700 à 2 800 kilomètres, il faut compter sur une dépense de construction d'environ 230 à 250 millions, sans parler des dépenses d'occupation et des postes militaires; les recettes ne couvriront certainement pas les frais d'entretien et d'exploitation : dès lors l'opération financière est mauvaise, sinon déplorable.

Ces objections sont sérieuses, mais il faut se garder d'en exagérer la valeur. Le Sahara, d'abord, n'est pas, dans son entier, un désert; il sera possible, dans les régions où l'on trouvera de l'eau, de créer des exploitations et des cultures; il est presque certain que l'on découvrira sur certains points des gisements et des mines; les pays de l'Aïr et du Tchad, d'autre part, sont habités par des populations qui, au contact des Européens, s'adonneront au travail du sol; les provinces du Soudan seront les « Indes noires » du siècle prochain; il est, dès maintenant, permis d'entrevoir les éléments d'un trafic appréciable : à l'importation, le sel, les céréales, les étoffes et autres produits manufacturés; à l'exportation, les dattes, l'ivoire, les peaux, le coton, la laine, le café, les produits des mines...

M. Leroy-Beaulieu rappelle très justement que l'économiste allemand Roscher a fait remarquer que, toutes circonstances égales, une ligne ferrée qui suit le méridien est dans de meilleures conditions de rendement qu'une ligne ferrée qui suit le parallèle, parce que la première réunit des climats différents et des productions différentes; elle dessert donc des besoins intenses d'échanges et de relations. Il faut encore ajouter qu'il est probable qu'une partie du commerce de Soudan préférera emprunter la voie ferrée du Nord, plutôt que de descendre le Niger, même si ce fleuve est doublé d'un chemin de fer; puis aussi, que cette ligne mettra Paris, Londres, Bruxelles, Berlin, capitales des pays ayant les plus grands intérêts commerciaux et politiques en Afrique, à cinq, six ou sept jours du Tchad. Pour toutes ces raisons, il est permis de prévoir que les recettes du Transsaharien s'accroîtront assez vite, — sensiblement plus vite que ne le pensent les adversaires de l'entreprise. Enfin, ce serait une erreur de croire que les Russes et les Anglais se sont demandé, avant de décider la construction de leurs lignes transcontinentales, si elles seraient productives. Ils ont obéi à des considérations plus hautes, car il est des entreprises qu'une nation doit exécuter, sans rechercher si elles sont « payantes ».

La France a conquis en Afrique un immense empire dont l'Algérie, la Tunisie, provinces riches et de grand avenir, sont en quelque sorte les portiques. Il y a deux ans, il se composait d'une partie du

Niger et du Soudan, de la Guinée et du Dahomey, du Baghirmi et du Congo; depuis il s'est agrandi, du fait de la dernière convention avec l'Angleterre, du Tibesti, du Borkou, du Kanem et du Ouadaï. « Aujourd'hui, disait M. Delcassé au Sénat, dans la séance du 30 mai 1899, du 37° degré de latitude Nord au 5° degré de latitude Sud, de Tunis à Loango, sur près de 5 000 kilomètres, et de Saint-Louis du Sénégal à l'Ouest, à Abescher, capitale du Ouadaï, à l'Est, sur près de 4 000 kilomètres, on peut parcourir le continent africain sans quitter le territoire français. » Ce sont là, sans doute, les mesures extrêmes et il s'en faut que, dans toutes ses parties, notre domaine africain y atteigne, mais, s'il ne présente pas une figure géométrique régulière, il est du moins continu. Il forme un tout, en trois tronçons séparés : l'Algérie-Tunisie; le Sénégal, la Guinée, le Dahomey, le Soudan; puis le Gabon-Congo. Ces tronçons, ne devrons-nous pas les réunir? Quelques considérations financières feront-elles négliger des intérêts politiques, stratégiques et commerciaux considérables? L'installation de la mission Flamant-Pein à In-Salah, puis la conquête des oasis voisines; la marche hardie dans le désert de la mission Foureau-Lamy, qui après avoir campé à Zinder est arrivée sur les bords du Tchad, ne sont-elles point de nature à nous faire réfléchir et ne nous montrent-elles point nos destinées? Toutes nos provinces africaines vont-elles demeurer « en l'air? » Ne devons-nous pas en prendre graduellement possession, ouvrir pour nous y rendre les voies les plus courtes, préparer peu à peu leur développement économique? Nous avons à construire en Afrique non seulement des « Sahariens » mais aussi le Transsaharien.

Il convient encore de prévoir les conflits et les rivalités du siècle prochain. On a fait observer avec beaucoup de raison que l'Angleterre, en étendant ses possessions dans toutes les parties du monde et en prenant ainsi contact avec d'autres nations européennes, perdait le bénéfice de sa situation insulaire et devenait en quelque sorte une puissance continentale, tenue envers ses voisins à des égards et à des ménagements. Pense-t-on qu'il y a moins de deux ans, au moment de Fachoda, si le Transsaharien réalisé avait permis le transport immédiat des troupes d'Algérie sur la frontière du Sokoto, la diplomatie anglaise se serait montrée aussi cassante ?

Les esprits soucieux de l'avenir savent que la ligne ferrée dont il faut envisager la construction ne doit point relier seulement Alger, Bougie, Philippeville, et partant Marseille, au lac Tchad, mais aussi le lac Tchad à l'Oubanghi. Laissons toutefois à nos enfants la tâche qui leur incombe; la nôtre suffit, hélas ! à notre indifférence.

Bien que les Russes aient construit rapidement le Transcaspien et le Transsibérien, bien que les Anglais paraissent vouloir achever sous peu d'années le Transafricain, ils ont, les uns et les autres, divisé ces grands ouvrages en plusieurs sections, successivement entreprises. Nous pouvons procéder de même pour le Transsaharien, mais il ne faut plus perdre de temps ; déjà nous sommes en retard. La section Biskra-Ourgla, qui a 380 kilomètres, est étudiée ; son intérêt politique est certain, son intérêt commercial très appréciable ; depuis huit ans, le gouvernement est saisi des propositions d'une compagnie dont les demandes paraissent modérées. Si les Chambres approuvaient demain ces propositions, la locomotive arriverait dans deux ans à Ouargla, à 710 kilomètres de la Méditerranée. Bientôt après, nous voulons l'espérer, l'expérience acquise, les résultats obtenus, autant que la vision exacte de l'avenir conduiraient nos gouvernants à poursuivre l'œuvre commencée [1].

1. Les journaux ont annoncé ces jours derniers (avril 1900) qu'une conférence présidée par le ministre de l'Intérieur vient d'arrêter les projets relatifs à trois lignes « sahariennes » : Djenien-bou-Rezg-Duveyrier-Igli ; Berrouaghia-Laghouat ; Biskra-Ouargla.

Nous aimons à penser que les garanties d'intérêt que pourront réclamer ces lignes « sahariennes » seront supportées par l'Algérie, dotée du « budget intégral », et non par la métropole.

CHAPITRE III

LES COMPAGNIES PRIVILÉGIÉES DE COMMERCE
EN D'EXPLOITATION

I. — Retour de plusieurs nations coloniales au système des grandes compagnies. — Des avantages que présentent ces compagnies pour la mise en valeur des pays neufs. —Théorie du monopole. — Sa justification.

II. — Les grandes compagnies anglaises. — La *Nigeria* et la *Rhodesia*. — Faits et résultats constatés. — Services économiques et politiques rendus. L'Etat Libre du Congo et les compagnies privilégiées belges. — Avantages qui sont assurés à ces compagnies. — Leurs charges. — Importance de leurs affaires. — Le commerce du Congo belge.

III. — La France pendant dix ans n'a pas suivi l'exemple des nations voisines. — Vaines discussions sur les compagnies privilégiées. — Justes observations de M. Lavertujon. — Histoire des concessions Verdier, Daumas et Barboutié. — Nomination d'une « commission des concessions » en 1898. — Son œuvre. — 40 compagnies privilégiées dans le Congo français.

IV. — Discussion du cahier des charges type de 1899 imposé à ces compagnies. — Droit d'exploitation pendant 30 ans ; pas de monopole. — Graves obligations imposées aux concessionnaires quant à la navigation. — Le gouvernement aurait dû constituer une compagnie de navigation. — Obligations financières trop onéreuses. — Contrôle administratif. — Obligations qui affectent l'exploitation commerciale. — Craintes que font naître ces différentes dispositions. — Opposition entre le fonctionnaire-contrôleur et le négociant-contrôlé. — Une concession en terre africaine n'est point un cadeau. — Nombreuses difficultés que doivent rencontrer les compagnies

sur les terres nouvelles. — Des conditions propres au
commerce africain. — Risques auxquels sont exposés les
capitalistes. — La réussite des sociétés belges au Congo.
— Conditions spéciales dans lesquelles elles se sont trouvées. — Les sociétés françaises rencontreront des conditions
moins favorables. — But de nos critiques. — Réserve
avec laquelle l'administration devra appliquer le cahier des
charges.
V. — Il convient que la commission des concessions étudie de
nouveaux cahiers des charges pour nos autres possessions africaines. — Situation particulière qu'elle rencontrera au Soudan. — Résultats obtenus dans ces régions par l'initiative
privée. — Comment il est possible de concilier les droits de
celle-ci avec l'octroi de certains privilèges à des sociétés
nouvelles.

Les emprunts coloniaux ne sont pas les seuls placements que nos établissements d'outre-mer offrent
aux rentiers.

Ils ont, à la vérité, un avantage qui les fera rechercher par beaucoup de pères de famille, c'est qu'ils
assurent un revenu fixe. Mais, il est d'autres entreprises qui sollicitent à la fois les intelligences et les
capitaux et qui, si elles ne promettent que des
« revenus variables » peuvent donner en revanche de
plus larges profits. Les sociétés de navigation et de
commerce, d'agriculture et de plantation, l'exploitation des forêts et des mines, les industries, les banques, réclameront peu à peu des milliards. C'est du
nombre et de la prospérité de toutes ces entreprises,
— petites, moyennes et grandes, — que dépendra
l'avenir de notre domaine colonial.

Notre intention n'est point d'étudier successivement chacun de ces modes de l'activité métropolitaine
aux colonies. On a parlé, du reste, dans la première

partie de ce travail de l'établissement des colons dans nos différentes possessions, des concessions de terre, des cultures, des jardins d'essai, des industries et l'on traitera plus loin de l'influence du régime douanier sur le développement du commerce. Mais, les banques et plus encore, les grandes compagnies de commerce et d'exploitation présentent une importance particulière ; elles ne peuvent, d'ailleurs, se fonder qu'avec l'aide du gouvernement ; elles attendent de lui des privilèges ou des monopoles. Pour ces raisons, elles doivent retenir notre attention.

I. — LES GRANDES COMPAGNIES COLONIALES EN CE SIÈCLE

Il y a une vingtaine d'années, il était permis de croire que le rôle des grandes compagnies coloniales privilégiées était fini dans le monde : la plupart avaient liquidé leurs affaires, assez malheureusement d'ailleurs, dans la seconde partie du xviiie siècle et la dernière, celle des Indes, — « la Vieille Dame de Londres », — avait disparu en 1858. On pensait aux environs de 1880, qu'à une époque où la richesse publique s'était prodigieusement accrue, où la navigation à vapeur et l'électricité avaient grandement augmenté la facilité et la rapidité des affaires, le libre groupement des capitaux et l'initiative individuelle devaient suffire à la mise en valeur des terres lointaines. La découverte de l'intérieur du continent

africain dont le commerce européen n'exploitait alors
que les côtes, la prise de possession ou le partage,
en Océanie, d'îles d'une grande étendue eurent
bientôt pour conséquence une modification dans les
idées.

Les chefs d'États du xvi⁰ siècle et du xvii⁰ siècle,
apprenant l'existence de l'Amérique, des Antilles, des
côtes d'Afrique, des Indes, de Java, de la Chine et
du Japon, et voulant assurer à leur pays une part des
terres ou du commerce des régions nouvelles, avaient
jugé que des entreprises aussi lourdes et aussi lointaines passaient les forces de quelques marchands et
ne pouvaient être menées à bien que par de puissantes
associations. Ils avaient donc favorisé la constitution
de grandes compagnies de commerce, de colonisation, et même de conquête, auxquelles ils assuraient,
pour attirer les gros capitaux dont elles avaient besoin, des privilèges et des monopoles. Les chefs
d'États de la fin du xix⁰ siècle, apprenant l'existence
de terres jusqu'alors ignorées, de nouveaux mondes
que l'on pouvait acquérir et dont le commerce était
à prendre, jugèrent, eux aussi, que l'initiative individuelle si hardie, si entreprenante qu'elle fût, ne
suffirait pas à pareille tâche. C'est ainsi que dans ces
vingt dernières années l'Angleterre, l'Allemagne, l'État
du Congo, le Portugal, recommançant l'histoire, ont
créé, sous des formes diverses, des compagnies privilégiées qui, peut-on dire, ont reçu la charge de
reconnaître les territoires nouveaux, de les soumettre,
d'y nouer les premières relations commerciales, d'y

essayer les premières cultures et d'y ouvrir les voies de communication indispensables.

Cet emprunt au passé a donné, si l'on néglige les détails, les taches, les inconvénients inhérents au système lui-même, des résultats fort appréciables. Il est permis de penser, d'ailleurs, qu'il s'imposait.

Dans les anciennes colonies telles que les Antilles, dans les contrées se rapprochant sensiblement des terres européennes, telles que l'Algérie ou l'Australie, ou bien encore dans de grandes colonies d'exploitation, ouvertes depuis longtemps au commerce et à l'activité d'un peuple colonisateur, sillonnées de voies de communication, pacifiées, administrées, telles que l'Inde ou Java, l'action individuelle de l'agriculteur, du planteur ou du commerçant se conçoit sans peine. Si les sociétés riches de quelques centaines de mille francs, ou mieux de quelques millions, ont des chances particulières de succès dans ces pays (et il en est ainsi d'ailleurs partout), les simples particuliers peuvent y mener à bien des entreprises proportionnées à leurs capitaux et à leurs talents. Tout au contraire, l'action individuelle est bien faible pour entreprendre la mise en exploitation de pays inconnus, presque inaccessibles, situés au centre d'un continent dont les rivages eux-mêmes sont inhospitaliers, — régions aussi difficiles à atteindre en cette fin du xixe siècle que les Indes, la Chine ou le Japon l'étaient au siècle passé. Il faut ici une force plus puissante, des capitaux plus importants que ceux qu'elle peut grouper.

Mais, aussitôt, des difficultés particulières se présentent. Il s'agit, en effet, de réunir les capitaux considérables, non 5 ou 10 millions, mais 25, 50, 100 et plus, qu'exigent les flottilles, les magasins, les marchandises, les postes, les milices, le personnel réclamés par une entreprise d'un caractère tout spécial. Pour que les fondateurs d'une semblable société puissent promettre aux rentiers, dont ils sollicitent le concours, que l'entreprise, bien dirigée, triomphera des risques à prévoir, des aléas à courir et servira des dividendes, il ne suffit point qu'ils leur exposent les calculs et les probabilités générales dont le capital a l'habitude de se contenter pour les affaires ordinaires. Il est nécessaire qu'ils donnent à l'actionnaire, après l'avoir obtenu eux-mêmes du gouvernement, l'assurance que la société à laquelle il va porter ses fonds profitera seule de ces dépenses de premier établissement, — de prospection, si l'on peut ainsi parler, — c'est-à-dire qu'ils offrent des garanties pour l'avenir. Il serait possible, en effet, si l'on n'y prenait garde, qu'au lendemain même de la mise en marche de l'entreprise, une nouvelle société surgît tout à coup qui, bénéficiant des études faites par les premiers arrivants, profitant de leurs expériences, de leurs travaux d'appropriation, viendrait s'établir sans grands frais à leurs côtés. Ayant ainsi à rémunérer un capital beaucoup moindre que celui de ses devanciers, elle pourrait acheter à des prix plus hauts, vendre à des prix moindres et mettre ainsi les « découvreurs » du pays dans l'impossibilité de récupérer les dépenses faites et de réaliser les bénéfices sur lesquels ils pouvaient légitimement compter.

Ce sont ces considérations, — sans négliger les vues politiques qu'on ne saurait oublier, — qui ont amené les gouvernements à consentir, pour un temps ou sous certaines réserves, des facilités spéciales, des privilèges, presque des monopoles, aux capitalistes qui se sont groupés en vue de l'exploitation des « mondes » récemment découverts.

On peut, d'ailleurs, observer que ce mode de procéder, cette exception apportée au principe de la liberté des entreprises, n'est point aussi « exceptionnelle » qu'elle semble à quelques esprits. Lorsqu'un État veut faire construire ou exploiter une ligne ferrée, lorsqu'une municipalité désire assurer sur son territoire les transports en commun ou la distribution de l'eau, du gaz, de l'électricité, ils doivent, l'un et l'autre, assurer aux compagnies qui se chargent de ces lourdes entreprises des privilèges d'ordres divers qui les préservent de la concurrence et leur permettent ainsi de retrouver, dans une certaine période d'années, l'intérêt et le capital des sommes engagées.

Après ces généralités voici des faits.

II. — LES GRANDES COMPAGNIES ANGLAISES ET BELGES

L'Angleterre, — on citera seulement son exemple et celui de l'État indépendant du Congo, sans rien dire des entreprises assez semblables de l'Allemagne

et du Portugal[1], — a créé pour pénétrer l'intérieur
du continent africain deux puissants organismes : la
« Royal Niger Company », communément appelée
la « Nigeria », et la « British South Africa Com-

---

1. Rappeler avec quelques détails l'histoire de toutes les
compagnies anglaises, allemandes et portugaises serait inutile.

C'est ainsi que, même en ce qui concerne l'Angleterre, nous
ne dirons rien de la « Compagnie de l'Est-Africain » aujour-
d'hui disparue, ni de la « Compagnie de Bornéo », qui paraît
prospérer.

Pour l'Allemagne, elle a essayé à la fois le système anglais
et le système belge. La « Société de l'Est-Africain » fut d'abord
une puissante compagnie à charte (1885) dotée de droits régaliens, qui aida à l'établissement de l'Empire sur une partie des
états du sultan de Zanzibar. Elle a perdu aujourd'hui ses privilèges et n'est plus qu'une société commerciale. La « Compagnie
de la Nouvelle-Guinée » (1885) a également reçu une charte
lui conférant de nombreux privilèges. Elle a été rachetée en
1899. — D'autre part, de nombreuses sociétés allemandes,
dont quelques-unes disposent d'un capital important, ont
reçu des concessions assez semblables à celles octroyées par le
roi Léopold aux sociétés congolaises, dans les colonies du Came-
roun, du Sud-Ouest africain et de l'Est africain (depuis la révocation des privilèges de la Compagnie à charte de ce dernier
pays).

Quant au Portugal, il a installé, en vue de hâter l'exploitation commerciale d'une partie de son domaine africain, deux
grandes compagnies. 1° La « Compagnie du Mozambique »,
au capital de 25 millions de francs, a obtenu en 1891 des droits
très étendus d'administration (notamment la faculté d'établir des
impôts et des droits de douane), d'exploitation, de culture, de
commerce, de banque, sur les territoires situés entre le Zambèze
et le Sabi. La compagnie a un port, Beira, qui est relié par une
voie ferrée aux domaines de la Rhodesia ; — 2° La « Compagnie
du Mossamédès », fondée en 1894 et dont la charte est calquée
sur la précédente. Son capital est de 13 750 000 francs. Elle est
concessionnaire, sur la côte occidentale, d'un territoire de 23
millions d'hectares riche en mines et propre à de nombreuses
cultures. Elle étudie en ce moment la construction d'un chemin
de fer qui traverserait ses domaines.

pany » plus connue sous le nom de « Rhodesia » ou
de « Chartered. »

Ces compagnies tiennent leurs privilèges de chartes
octroyées par la couronne seule, sans le concours du
Parlement. Il résulte de ce premier fait qu'elles se
trouvent placées, du moins jusqu'à un certain point,
en dehors des partis politiques et qu'elles sont assurées de la part du gouvernement de la Reine d'une
protection sur laquelle elles peuvent compter tant
qu'elles demeurent fidèles aux obligations qu'elles ont
assumées[1]. En matière politique, leurs pouvoirs sont à
peu près aussi étendus que ceux en vertu desquels la
Compagnie des Indes a gouverné et administré ses
immenses possessions jusqu'en 1858. Leur autorité
sur les indigènes n'est limitée que par l'obligation
qu'elles ont souscrite de respecter leurs mœurs, leurs
coutumes, leurs religions ; elles sont autorisées à entretenir des forces militaires et de police, à percevoir
des impôts, à établir un tarif douanier. En matière
commerciale, si le monopole leur est, en droit,
expressément refusé[2], il leur est, en fait, assuré par

---

1. Le gouvernement britannique précisément a fait voter par
le Parlement, au mois de juillet dernier (1899), un crédit lui
permettant d'indemniser la Compagnie du Niger de la révocation de sa charte, — révocation rendue nécessaire par les
agissements de la compagnie qui, d'une part, créait de graves
difficultés au cabinet de Saint-James dans ses relations avec
la France et, de l'autre, prétendait exercer sur ses domaines un
véritable monopole commercial au grand préjudice des négociants de Liverpool.
2. Pour la Nigeria, art. 14 de sa charte. — L'Acte général de
Berlin du 26 février 1885 dispose, d'ailleurs, que le commerce

les nombreuses autorisations qu'elles reçoivent touchant le commerce, l'exploitation du sol et du sous-sol, les cultures, les industries, le pouvoir de créer des banques, des compagnies de chemins de fer ou de mines, de faire en un mot « toutes les choses licites tendant à l'exercice ou la jouissance de leurs droits, intérêts et privilèges. » Enfin, si la couronne affirme expressément son droit de modifier ou révoquer la charge octroyée, les actionnaires sont, d'autre part, assurés que la Compagnie recevra, en pareil cas, une indemnité convenable [1].

Tels sont les grands traits du système. Voici ce qu'il a donné :

Au 31 décembre 1899, date à laquelle la Nigeria s'est effacée devant des agents de la couronne britannique en exécution de l'acte de rachat, on pouvait écrire : la Compagnie a reçu sa charte le 10 juillet 1886 ; son capital autorisé est de 27 mil-

---

de toutes les nations jouira d'une complète liberté dans le bassin du Niger et de ses affluents. On sait combien peu la Nigeria a respecté cette décision internationale et comment, entre autres faits, elle a arrêté la mission Mizon sur la Bénoué.

Pour la Rhodesia, art. 12 de sa charte.

[1]. La Compagnie de l'Est africain qui avait obtenu sa charte en 1888 et qui se l'est vue retirer en 1895, après avoir médiocrement réussi, a reçu une indemnité de 5 millions de francs.

La Nigeria vient de recevoir une indemnité de 21 625 000 francs — chiffre assurément considérable — pour le rachat de ses droits, privilèges, immunités, ainsi que des traités qu'elle a passés avec des indigènes du pays. En outre, comme la révocation de sa charte ne la supprime pas en tant que compagnie commerciale, elle a obtenu le privilège de ne payer au gouvernement, pendant 99 ans, que moitié des redevances qui seront perçues sur les minéraux exportés de la Nigeria septentrionale.

lions 1/2 de francs, sur lesquels seulement 12 millions 1/2 ont été appelés ; ses dettes s'élèvent à 6 250 000 francs ; elle sert annuellement un dividende de 6 pour 100 à ses actionnaires. Son autorité et son commerce s'étendent sur un territoire dont on peut évaluer la superficie à 500 000 milles carrés et la population à 20 ou 30 millions d'âmes. Elle possède 42 stations dont les plus importantes sont Akassa, qui a des ateliers pour la réparation des navires, Asaka, siège du gouvernement et de la cour suprême, Lokodja quartier général des troupes. Une armée d'un millier d'hommes, ainsi que des forces de police, assurent la tranquillité des territoires ; 30 steamers parcourent le Niger et ses tributaires. En 1893 (on ne peut citer des chiffres plus récents, la Nigeria n'ayant jamais publié de rapports annuels), son mouvement commercial dépassait déjà 14 000 000 de francs dont 4 millions à l'importation (cotonnades, poteries, quincaillerie, poudre, sel, spriritueux, lainages) et 10 millions à l'exportation (caoutchouc, ivoire, huile de palme, gommes, peaux...)

Pour la Rhodesia, elle a reçu sa charte le 29 octobre 1889. Son capital autorisé est de 125 millions de francs ; son capital versé de 109 millions 375 000 francs. Elle a, d'autre part, émis pour 31 250 000 francs d'obligations à 5 pour 100. La Compagnie a supporté, comme d'ailleurs la Nigeria, les frais des guerres qu'elle a dû soutenir pour établir son autorité sur les territoires qu'elle administre aujourd'hui. Leur superficie est évaluée à 750 000 milles carrés,

— soit à peu près une fois et demie la surface de la France — et ses seules dépenses annuelles pour forces militaires et de police dépassent 10 millions. Elle n'a jusqu'ici, à la vérité, distribué aucun dividende ; elle est même endettée et ses deux derniers exercices se soldent par un déficit de 23 millions. On assure cependant que ses 35 000 actionnaires ont confiance dans l'avenir, que ses budgets prochains s'équilibreront. Une chose est certaine, c'est que les résultats obtenus par la Rhodesia, à l'heure présente, quant à la mise en valeur du pays, sont très appréciables. D'une part, elle a construit 3 600 kilomètres de routes et un important réseau télégraphique ; d'une autre, elle a remis à des compagnies le soin d'établir et d'exploiter les lignes ferrées en leur assurant soit son propre concours pécuniaire, soit celui des propriétaires des mines qui tiennent d'elle-même leur concession. Les chemins de fer du Cap sont prolongés jusqu'à Boulowayo ; une compagnie a relié la ligne portugaise de Beira-Umtali à Fort Salisbury et l'on sait que, l'année dernière, la Chartered a résolu la construction, sans le concours du Trésor britannique, d'une voie ferrée entre Boulowayo et le Zambèze. Il faut dire encore que la Rhodesia possédant, à la différence de la Nigeria, un territoire propre à la colonisation européenne ne tourne point exclusivement son attention vers l'exploitation commerciale du pays. Elle appelle les colons et l'on évalue leur nombre à 13 300. Ils récoltent le caoutchouc, l'indigo, le coton ; ils plantent le café, le thé, le tabac ; ils exploitent les forêts ; ils fouillent les mines d'or, d'argent, de cuivre, de charbon ; au 31 janvier 1898 le nombre des concessions minières enregistrées dans les livres de la compagnie s'élevait à 156 000. Boulowayo, Salisbury, Umtali, Victoria, Filabusi, dans la Rhodesia du Sud, Abercorn et Fife dans la Rhodesia du Nord, (beaucoup moins développée) sont les principaux centres. On ne saurait donner le chiffre global du commerce qui a deux voies principales, mais on sait qu'en 1897-98 la valeur des produits entrés au Cap à destination de la Rhodesia était évaluée à 14 350 000 francs, et l'on estime que la valeur des produits entrés par Beira en 1898 dépassait 4 millions 1/2.

Ce sont là des faits, des résultats[1]. La France ne saurait en présenter de semblables. A la vérité, l'initiative privée a créé sur les côtes de Guinée, de Grand Bassam, d'Assinie, du Dahomey, — bien qu'elle ait été quelquefois contrariée par « l'administration » ou par la « douane », — un mouvement commercial qui ne cesse pas d'être important. Mais, l'arrière pays, c'est-à-dire le Soudan, est bien peu

---

1. Il convient d'ajouter malheureusement que ce ne sont point là les seuls résultats constatés. Il faut inscrire à l'actif de la Rhodesia un fait que l'on ne saurait lui pardonner : l'attentat du Dr Jamesson contre le Transvaal en 1896. Aujourd'hui, d'autre part, il est bien difficile de ne pas croire que la puissante Compagnie a une lourde part de responsabilité dans la guerre que l'Angleterre fait au Transvaal.

Les grandes Compagnies présentent des avantages certains, mais elles portent aussi en elles-mêmes des inconvénients et des vices propres.

exploité encore. Quant aux territoires du Gabon, de l'Ogowé, du Quillou, du Congo, on n'y rencontrait rien ou presque rien hier, avant la création des nouvelles sociétés congolaises.

Il faut donc le reconnaître, la Nigeria et la Rhodesia, — sous la réserve des fautes qu'elles ont commises, — ont mené à bien, en territoire britannique, une œuvre que l'initiative individuelle n'a pu entreprendre que très imparfaitement en territoire français. Encore ne suffit-il point de dire que ces compagnies ont fait pénétrer le commerce anglais dans des régions nouvelles, qu'elles ont invité des populations primitives à la production et à l'échange, créé des plantations, installé des colons, exécuté des travaux publics. En même temps qu'elles préparaient la mise en valeur de la vallée du Niger et de l'Afrique du sud, et pour la préparer en quelque sorte, elles conquéraient pour l'Angleterre et à leurs propres frais, des territoires considérables. Ainsi, elles ont été à la fois des agents commerciaux de premier ordre et d'admirables agents politiques. La couronne, en effet, leur a concédé en 1886 et 1889 les privilèges que l'on sait dans des régions très imparfaitement connues et qu'elle ne possédait point. Peu à peu, mais en somme dans un temps très court, les agents civils et militaires des deux compagnies ont signé des traités, fait des expéditions, écarté sans scrupules lorsqu'il était nécessaire, les concurrents étrangers. L'Angleterre était derrière le « rideau », et c'est ainsi qu'il lui a été possible de réclamer et de se faire reconnaître, dans des conventions internationales, la souveraineté des territoires immenses acquis par la Nigeria et la Rhodesia.

C'est avec des procédés assez semblables que l'Allemagne s'est assuré, grâce à la Compagnie de l'Est africain, la moitié des États du Sultan de Zanzibar.

Si, dans le même temps, la France n'avait pas été merveilleusement servie par ses explorateurs qui, au Soudan, en Guinée, au Dahomey, au Congo ont signé des traités en son nom, planté le drapeau, quel eût été son lot dans les grands partages africains?

Tandis que l'Angleterre et l'Allemagne entreprenaient ainsi la conquête commerciale et politique de la « Nouvelle Afrique », sous le manteau des compagnies privilégiées, le roi des Belges poursuivait le même but par des procédés différents quant à la forme, semblables quant au fond.

C'est, on le sait en 1884 et 1885 qu'il obtint des principales puissances la reconnaissance du « pavillon de l'Association internationale africaine », dont il était le président, « comme celui d'une nation amie ». L'Association devint ainsi l'État Indépendant du Congo ; ses limites furent déterminées. Sa superficie est environ six fois celle de la France ; sa population de 35 à 40 millions d'âmes. Léopold II, chef du nouvel État, ne pensa pas un instant que les initiatives individuelles livrées à elles-mêmes, seraient suffisamment actives pour mettre en valeur le bassin du Congo. Dès lors, il rechercha pour atteindre son but, le concours non d'une seule compagnie privilégiée, à l'exemple de l'Angleterre, mais celui de plusieurs. Il ne songea point à leur confier tout ou partie de ses droits de souveraineté, car il désirait s'en réserver l'exercice, mais il voulait que cette immense pays fût découvert et pacifié, que l'on reconnût et que l'on exploitât ses richesses; il entendait triompher de l'hostilité, ou tout au moins de l'indifférence, que rencontrait le Congo en Belgique. L'œuvre était belle et grande.

Afin d'attirer les capitaux le roi consentit aux compagnies qui se constituaient les plus larges avantages. En droit, le commerce des différentes nations jouit dans le bassin du Congo d'une complète liberté; il ne peut y être constitué aucun monopole[1]; en fait, l'exploitation du pays est réservée aux sociétés agréées par le roi souverain et par le gouverneur général, ainsi qu'aux agents du gouvernement lui-même. L'importance des concessions, leur étendue, les conditions auxquelles elles sont données, sont choses très variables et aussi très peu connues. Il n'y a pas, en effet, de règles générales et, l'État Indépendant

---

1. L'Acte général de Berlin du 26 février 1885 dispose que le commerce de toutes les nations jouira d'une complète liberté dans le bassin du Congo et de ses affluents, ainsi que dans les zones voisines; que la navigation du fleuve demeurera également libre; que les routes, chemins de fer ou canaux qui pourront être exécutés dans le but de suppléer aux imperfections du système fluvial seront ouvertes au trafic de toutes les nations sans taxes différentielles.

constituant une monarchie absolue, la plupart des actes de concession n'ont point été publiés[1]. On sait toutefois, par les extraits ou les résumés que contiennent les publications officielles[2], ou par quelques publications isolées[3] que, généralement, les sociétés concessionnaires obtiennent « le droit exclusif d'exploiter », dans la limite d'un territoire déterminé, certains produits dénommés, tels le caoutchouc, la gomme copale, l'ivoire, les bois ou les mines. En même temps, les compagnies reçoivent « l'entière propriété » de territoires souvent considérables : 30 000 hectares, 100 000, 150 000 ou des régions entières qu'il n'a pas été possible de mesurer[4].

1. L'État du Congo est à ce point discret qu'il a jusqu'ici négligé de publier un décret royal, du 5 décembre 1892, sur les terres domaniales formant le domaine privé de l'État. Ce décret n'est connu que « par les extraits et les résumés que contiennent les documents officiels ». GARTIER : *Droit et administration de l'État indépendant du Congo*, Pedone, éditeur, Paris.

2. Notamment « l'Exposé des motifs » présenté en 1895 par le ministère belge pour obtenir des Chambres l'approbation du traité de cession conclu entre la Belgique et l'État Indépendant. Ce traité, on le sait, ne fut pas adopté.

3. Notamment la convention du 12 mars 1891 entre l'État Indépendant et les promoteurs de la Société du Katanga.

4. « L'État, porte l'article 9 de la convention du 12 mars 1891, concède à la Compagnie du Katanga, en pleine propriété, le tiers des terrains appartenant au domaine de l'État situés dans les territoires visés dans la présente convention, et la concession pendant 99 ans de l'exploitation du sous-sol dans les terrains concédés. »

La Compagnie du Katanga s'étend aujourd'hui dans tout le bassin du Haut-Congo entre le 5e parallèle sud au nord, la rivière Sankuru à l'ouest, et le Tanganika à l'est. Elle a possédé, en outre, le bassin du Lomani inférieur qu'elle a « apporté » en 1898 à une Compagnie nouvelle.

Parmi les conditions imposées aux concessionnaires, peuvent figurer l'obligation d'acquitter des redevances proportionnelles à la quantité ou à la valeur des marchandises exportées ; celle d'établir des plantations de café ou de cacao ; celle de remettre à l'État un certain nombre d'actions ou de lui assurer une part dans les bénéfices sociaux après que les actions ont reçu une rémunération fixe.

Il n'est pas possible de citer toutes les sociétés, qui, au grand profit de leurs actionnaires, concourent à la mise en valeur de l'État Libre. Les principales sont : la Compagnie du Congo (1887) qui a reçu 150 000 hectares pour prix de l'étude du tracé de chemin de fer ; la Compagnie des Magasins Généraux (1888) qui a installé des hôtels et des magasins dans le bas fleuve ; la Société anonyme belge pour le commerce du Haut-Congo (1888) qui se livre au commerce de l'ivoire et du caoutchouc ; la Compagnie du chemin de fer (1889) ; la Compagnie du Katanga, qui aida le gouvernement à conquérir les régions du haut fleuve ; la Société du commerce du Haut-Congo, qui a racheté la Compagnie française Daumas-Béraud, etc... Aujourd'hui 30 sociétés « belges » ou « congolaises » (il y a deux législations et partant deux modes de constitution pour les sociétés), riches de 70 ou 75 millions, établies dans les différentes parties de l'immense bassin du fleuve, tiennent de l'État des territoires plus ou moins étendus avec le droit de se livrer au commerce, d'exploiter les forêts ou les mines et l'obligation d'entreprendre des plantations[1]. On évaluait, il y a environ dix-huit mois, que les 60 premiers millions engagés par les Belges en valaient 150 sur les marchés de Bruxelles et d'Anvers par suite de la hausse constante des titres congolais.

En même temps que les sociétés, l'État prend une part directe, comme négociant et planteur, à la mise en valeur du pays. Dans une partie du « domaine privé » il exploite le caoutchouc et l'ivoire, plante le café et le cacao[2]; sur d'autres points les chef indigènes doivent mettre en culture une étendue déterminée de terres.

Ainsi est assuré le développement économique de l'État du Congo. Le chemin de Matadi à N'dolo et une flotte de 40 à 50 vapeurs, appartenant au gouvernement et aux compagnies ravitaillent les établissements et les comptoirs, chargent et déchargent les marchandises; Banane, Boma et Matadi sont de grands ports. On a recensé, sur toute l'étendue du territoire, une population européenne de 1630 per-

1. WAUTERS, *L'État Indépendant du Congo*, Falk, éditeur. Bruxelles.

Dans ce total ne sont naturellement pas compris les 60 millions engagés par la Société du chemin de fer.

2. Les produits du « domaine privé » vendus à Anvers, en 1897, au profit du budget congolais, représentaient environ 8 500 000 francs.

Les actes de commerce accomplis par l'État ont soulevé à plusieurs reprises les réclamations des sociétés commerciales, notamment en 1891 et 1892, lorsque les fonctionnaires prétendirent, en exécution d'un décret royal, interdire aux négociants l'achat du caoutchouc et de l'ivoire dans les régions de l'Oubanghi, de l'Ouélé et de l'Aruwimi.

sonnes. Le mouvement général du commerce a dépassé 45 millions en 1898 et la Belgique bénéficie des trois quarts de ces échanges[1].

On sait de reste qu'il ne serait pas possible de présenter du Congo français un semblable tableau[2].

III. — LES COMPAGNIES PRIVILÉGIÉES DU CONGO FRANÇAIS

Pourquoi entre tous ces exemples donnés par l'Angleterre, l'Allemagne, le Portugal, l'État Libre, notre pays n'en a-t-il suivi aucun? Les avis ne lui ont point manqué.

Il y a dix ans que pour la première fois, plusieurs hommes politiques parmi lesquels Jules Ferry, plusieurs publicistes parmi lesquels M. Leroy-Beaulieu, une commission présidée par MM. Jules Roche et Étienne[3], ont réclamé la constitution de grandes compagnies coloniales. On disait alors, et on a répété

1. 45 247 000 francs est le chiffre du « commerce spécial » dont 22 103 000 francs d'exportations et 23 084 000 francs d'importations.

Le total du « commerce général » est de 5 millions plus élevé, — 5 millions dont les colonies portugaises prennent la part la plus importante, car elles exportent notamment, par la voie belge, 812 000 francs de caoutchouc alors que nous en faisons passer seulement pour 188 000 francs.

2. Les statistiques de 1898 évaluent le commerce total du Gabon-Congo à 10 539 000 francs.

3. Cette commission, nommée en 1890, a rédigé en 1891 un projet de loi sur « les compagnies de colonisation » que le gouvernement s'est approprié et a déposé au Sénat (16 juillet 1891).

bien des fois depuis : « Il faut distraire des 8 millions de kilomètres carrés que nous possédons en Afrique : 1° quinze cents kilomètres, représentant l'Algérie, la Tunisie, la Réunion, les petites îles, Obock ; 2° les cinq cent mille kilomètres environ formant les portions directement administrées du Sénégal, du Gabon, du Dahomey ; 3° le million de kilomètres du Sahara, non parce que ce pays n'est pas administré, mais parce qu'il est supposé stérile. Ces disjonctions ainsi largement consenties, il subsiste encore une superficie de 5 millions de kilomètres carrés, inoccupés, quelques-uns inexplorés, quelques-uns à peine connus, mais dont nul ne peut dire qu'ils ne soient pas, peut-être, plus riches et plus fertiles que tout le reste... La non création de compagnies les livre à l'abandon... Ayant tant convoité et tant accaparé, comment ne rien utiliser[1] ? » On rappelait encore que le gouvernement tenait de l'article 18 du sénatus-consulte de 1854 le pouvoir de créer des compagnies par simple décret, sans réclamer des Chambres le vote d'aucune loi spéciale : « Les colonies autres que la Martinique, la Guadeloupe, la Réunion, y est-il dit, seront régies par décret, jusqu'à ce qu'il ait été statué à leur égard par un sénatus-consulte. » Mais, sur la portée de ce

1. Proposition de loi concernant « les compagnies privilégiées de colonisation » déposée par M. Lavertujon, sénateur en janvier 1896 et comme suite à son rapport de juin 1895 sur le même sujet, présenté au nom de la commission chargée d'examiner le projet déposé en 1891 par le gouvernement.

texte lui-même les partisans des compagnies se divisaient. Tandis que les uns jugeaient inutile l'intervention du Parlement, les autres la proclamaient indispensable. « On crée, disaient-ils, un droit nouveau qui a besoin d'une réglementation nouvelle. » Une autre question était encore discutée : les compagnies recevraient-elles seulement des privilèges commerciaux ou l'État abandonnerait-il entre leurs mains ses « droits régaliens », leur remettant le soin d'administrer le pays, d'y rendre la justice, d'y faire la police?

Les années passèrent, sans que le Parlement abordât directement la question : aucun ordre du jour ne fut adopté reconnaissant expressément les droits que les ministres tenaient du sénatus consulte de 1854 ; aucun projet de loi ne fut discuté ni voté pour satisfaire à des nécessités nouvelles. On entendit seulement à la Chambre, à deux ou trois reprises, les adversaires des grandes compagnies critiquer, sans d'ailleurs apporter aucune solution, le système des concessions[1]. L'un d'eux crut avoir tout dit, en déclarant qu'il n'était pas admissible que le gouvernement pût, par un simple décret, faire passer « Madagascar ou la Cochinchine dans le portefeuille d'un financier ou de plusieurs financiers réunis, peut-être en syndicat[2]. » « Les Gaulois, a dit Jules

1. Discussions sur les concessions, — dont il sera parlé plus loin, — accordées à MM. Verdier et Daumas. Séances de la Chambre des 2 mars et 27 juin 1895 ; 8 et 9 février 1898.
2. M. Leveillé, séance de la Chambre du 9 février 1898.
Il est, pensons-nous, inutile de faire remarquer que l'on ne saurait confondre les « petites » et « moyennes » concessions

César, se grisent avec des mots ». La minorité ne
manqua pas d'applaudir, et la majorité d'avoir peur.
C'est ainsi que pendant dix ans, tandis que nos
rivaux agissaient, nous n'avons pas cessé d'hésiter,
de discuter, ou mieux, de disputailler et d'attendre.

Les sous-secrétaires d'État et les ministres qui se
succédaient à l'administration des colonies avaient,
d'ailleurs, sur cette question, les opinions les plus
différentes. « Ce n'est pas un des aspects les moins
curieux de ces sortes d'affaires, dit M. Lavertujon,
que le portefeuille des Colonies soit traité, chez nous,
comme un portefeuille hors rang. Il s'attribue en
guise d'appoint, et sans grand souci de ce que pense le
titulaire et de ce que pense le cabinet. M. Jamais, qui
avait de grandes ressemblances avec M. Chautemps,
remplaça en 1891, M. Étienne qui en diffère du tout
au tout. M. Jamais fut à son tour remplacé par
M. Delcassé avec lequel il n'avait aucune idée com-
commune... » Ce n'est point là, hélas ! une boutade,
car voici des faits : En octobre et novembre 1893
M. Delcassé, favorable au système des compagnies,
accorde à M. Verdier, vieux négociant africain, une
importante concession à la Côte d'Ivoire et à M. Daumas, depuis longtemps établi au Congo, une autre

accordées à un particulier ou à des sociétés par les gouverneurs et les conseils locaux et dont il a été parlé plus haut
(page 27, note 1) avec les « grandes » concessions dont il s'agit
ici et que peut seul accorder le pouvoir central. Celles-ci, outre
qu'elles pourraient comporter l'exercice de certains droits régaliens, embrassent non quelques milliers d'hectares mais plusieurs
millions.

concession dans le bassin de l'Ogowé. Deux ans plus tard ses successeurs, MM. Chautemps et Guieysse, qui professent l'opinion contraire à la sienne, révoquent purement et simplement ces concessions. En janvier 1894, le préfet de Constantine approuve une convention régulièrement passée entre l'administration et la commune mixte de Morsott et M. Barboutié pour l'exploitation des phosphates de Tebessa ; en octobre 1895, M. Leygues, ministre de l'Intérieur révoque cette même concession.

Les trois concessionnaires évincés se sont pourvus devant le Conseil d'État : ils ont gagné leurs procès et obtenu la condamnation de l'État[1]. Mais est-il possible de rester indifférent devant le mal fait par les ministres qui ont prononcé ces annulations

1. Les deux arrêtés ministériels de déchéance du 4 septembre 1895 (Verdier) et du 27 février 1896 (Daumas) ont été annulés par un arrêt de Conseil d'État du 5 mars 1897. — Les concessionnaires, remis dans leurs droits, ont alors signé avec le ministre des Colonies de nouveaux accords, modificatifs des premiers.

L'arrêté préfectoral du 22 octobre 1895, pris sur les ordres du ministre de l'Intérieur, et annulant l'arrêté du 19 janvier 1894 qui avait accordé la concession Barboutié, a été annulé par un arrêt du Conseil d'État du 6 août 1897. — Le même jour, deux autres arrêts semblables ont été rendus par la haute assemblée dans deux affaires de concessions de phosphates en Algérie qui se présentaient dans des conditions identiques à la première.

Il convient d'ajouter, sur ce sujet, que, vers la même époque, quelques autres concessions, données en Afrique par l'administration des Colonies, ont eu la chance de n'être point contestées, notamment celles de la « Compagnie agricole et commerciale de la Casamance » (1889 et 1894) et de la « Société d'étude et d'exploitation du Congo » (1894 et 1897), etc.

illégales? Ainsi, des entreprises intéressantes ont été
suspendues, des initiatives qu'il eût fallu encourager
ont été paralysées, les capitaux, déjà timides, se sont
cachés; enfin, l'on a pu dire que l'État n'était pas
« honnête homme ! »

Les arrêts du Conseil d'État, rendus en faveur des
concessionnaires dépossédés, la campagne courageuse-
ment poursuivie par les partisans des grandes compagnies, l'exposé des résultats obtenus par l'Angleterre
et l'État Libre au Niger, dans l'Afrique du Sud, au
Congo, la constatation que l'initiative privée demeurait impuissante à mettre en valeur notre domaine
colonial ont, enfin, ouvert les yeux d'un certain
nombre d'hommes politiques et modifié leurs dispositions. C'est ainsi que deux ministres des colonies,
MM. Trouillot et Guillain, renonçant à attendre le
vote d'une loi spéciale[1], ont confié à une commission le soin de rechercher les conditions dans
lesquelles des concessions seraient accordées par le
gouvernement à des compagnies privilégiées « dans
le Congo français » en vertu des droits qu'il tient
du sénatus consulte de 1854[2]. Ce travail est achevé.
Au mois de mars 1899 la commission, et après
elle le ministre, ont arrêté les termes qui constituent, peut-on dire, le droit nouveau : c'est d'abord

1. La commission du Sénat, à qui avait été renvoyé l'examen de la proposition de loi de M. Lavertujon, avait élaboré
une « proposition de loi relative aux entreprises de colonisation » fort peu libérale et dont la discussion devait soulever les
plus vives objections (Rapport de M. Pauliat, juillet 1897).
2. Commission constituée par arrêté du 15 juillet 1898.

un décret général sur le régime des terres domaniales au Congo, posant le principe que le ministre pourra accorder des concessions étendues à des sociétés commerciales et d'exploitation ; — ce sont ensuite, un décret « type » de concession, puis un « cahier des charges « type » qui complète le décret lui-même. Ces deux derniers documents sont donc les modèles conformément auxquels les concessions devront être données dans la colonie [1].

Depuis lors, et jusqu'à ce jour, 40 concessions ont

---

1. Le décret général sur le régime des terres domaniales au Congo est du 28 mars 1899. Il vise, en premier lieu, l'article 18 du sénatus-consulte de 1854. C'est donc dans cet acte que le ministre prend le droit d'accorder des concessions. Art. 1er « Les terres vacantes et sans maître dans le Congo français font partie du domaine de l'État ». Art. 5 : « La concession de jouissance temporaire d'une terre domaniale est donnée : 1° Lorsque la superficie de la concession ne dépasse pas 10 000 hectares par le Commissaire général du gouvernement (gouverneur général du Congo)... 2° Lorsque la superficie dépasse 10 000 hectares par un décret, avec cahier des charges, sur le rapport du ministre des Colonies après avis de la commission des concessions coloniales. »

Ce décret général est précédé de deux autres, datées du même jour, sur le « régime forestier » et le « régime de la propriété foncière ». Le premier, traite des conditions de l'exploitation des bois domaniaux et de leur protection ; le second, fixe les règles relatives à la conservation et à la transmission de la propriété foncière, aux hypothèques et autres droits immobiliers; il institue la procédure de l'immatriculation.

Le décret « type » et le cahier des charges « type » annexé n'ont point été publiés au *Journal officiel* ; mais tous les décrets accordant la concession d'un territoire déterminé à une société sous les conditions inscrites au cahier des charges ne sont que la reproduction des « modèles » que doit accepter chaque concessionnaire. Tous les décrets portant concession paraissent à l'*Officiel*.

été accordées[1]. Leur superficie, très variable, représente tantôt un arrondissement, tantôt plusieurs départements[2]. Au total ces concessions portent sur une étendue territoriale d'environ 663 000 kilomètres carrés. Le capital action qu'elles représentent ne dépasse pas 51 900 000 francs.

IV. — DISCUSSION DU CAHIER DES CHARGES DES COMPAGNIES PRIVILÉGIÉES DU CONGO FRANÇAIS

Cette législation nouvelle et sa mise en application immédiate constituent, il convient de le dire, un fait considérable et, sinon une révolution, du moins une évolution. Le système des concessions a désormais cause gagnée. Toutefois, s'il convient de louer M. Guillain de son initiative, il est permis de critiquer plusieurs des dispositions auxquelles il s'est arrêté : l'œuvre est bonne en soi, mais imparfaite.

Les rédacteurs des actes du mois de mars 1899 ont eu le bonheur de trouver, en quelque sorte résolue

---

1. Dans ce chiffre ne sont pas comptées la Société Daumas-Béraud (Haut Ogowé) et la Société d'étude et d'exploitation du Congo (Quillou), fondées quelques années avant les Sociétés congolaises et sur des bases particulières.

2. Ainsi, la « Société de l'Afrique équatoriale » (Lobaï) a en concession un territoire représentant environ 34 000 kilomètres carrés ; la « Compagnie française du Haut Congo » (Likuala-Mosaka) 30 000 kilomètres carrés ; « la Compagnie française du Congo » (Likuala aux Herbes), 55 000 kilomètres carrés ; la « Société des Sultanats » (Haut Oubanghi) 140 000 kilomètres carrés.

On sait que la superficie de la France est de 530 000 kilomètres carrés.

par le temps, une question très délicate que certainement on eût discutée il y a une dizaine d'années : Convient-il d'accorder aux compagnies privilégiées, outre des droits commerciaux, des « droits régaliens » ? les droits de conquête, de police, d'administration, de justice, de taxation ? L'Angleterre, incitant la Nigéria et la Rhodesia à s'installer dans les régions qu'elle ne possédait pas elle-même, à prendre possession de terres « sans maîtres », leur a concédé l'exercice des droits régaliens, et elle le devait faire. Comment aurait-elle pu envoyer des administrateurs ou des juges dans un pays dont elle ne voulait pas entreprendre la conquête, qu'elle n'osait pas formellement réclamer ? Tout au contraire, le roi Léopold, dès qu'il eut obtenu de l'Europe la reconnaissance de sa souveraineté sur des pays que cependant il ne possédait pas effectivement, a prétendu exercer seul ses droits de « souverain » ; il a envoyé au Congo des administrateurs, des juges, des officiers. Quelquefois, cependant, il s'est vu dans la nécessité de faire appel au concours des sociétés qu'il venait de constituer, afin de conquérir certaines parties de son royaume et, temporairement, il leur en a confié la police[1].

1. L'art. 8 de la convention du 12 mar 1891 entre l'État Indépendant et les promoteurs de la Compagnie du Katanga dispose notamment que « la Compagnie sera tenue d'organiser une police suffisante pour assurer la sécurité de ses établissements et de ses bateaux », « que le gouvernement pourra, en tout temps, incorporer dans sa force publique la police de la Compagnie », enfin, « que le gouvernement pourra conférer aux agents de la Compagnie des attributions ressortissant aux différents services de l'État. »

La France pouvait aujourd'hui, plus facilement que le chef de l'État Libre en 1885, réserver à ses propres agents l'exercice des prérogatives de la souveraineté. Ses territoires sont délimités depuis plusieurs années sur le Congo et l'Oubanghi; elle vient de fixer avec l'Angleterre ses limites dans la région du Nord; elle a progressivement fondé plusieurs postes; enfin, elle exerce une certaine surveillance sur les populations des diverses régions. On eût mal compris, dans de semblables conditions, qu'elle délégât ses droits régaliens à des sociétés privées. Il suffit que celles-ci soient autorisées à introduire des armes, afin d'assurer la sécurité de leurs établissements. Ce sont donc le gouverneur. général et ses agents qui ont en mains tous les pouvoirs[1].

Dès lors, les compagnies n'ont qu'un but économique à poursuivre : établir d'abord des relations commerciales avec les indigènes, obtenir d'eux le caoutchouc, l'ivoire, la gomme, en échange de marchandises européennes, puis leur apprendre à cultiver le sol et, enfin, créer, avec leur concours, des plantations de café, de cacao ou de coton. C'est ainsi que les décrets de concession autorisent, en termes généraux, l'exploitation agricole, forestière, industrielle du sol, — mais non du sous-sol, — des terres domaniales comprises dans le territoire délimité par le

___

[1]. L'art. 11 du décret dispose toutefois que des agents français d'une société, pourront en vertu d'une commission spéciale du gouverneur, exercer les attributions d'officiers de l'état civil.

décret lui-même [1]. La durée de la concession est uniformément de 30 années ; pour son étendue elle est, ainsi qu'on l'a vu, très variable. Il n'est pas accordé de monopole : l'acte de Berlin ne le permettrait pas et, d'ailleurs, le décret le stipule expressément. Il réserve, en effet, outre les droits que les tiers européens peuvent avoir déjà sur quelques parties du territoire concédé [2] et les droits des indigènes sur leurs « terrains de culture, de pâturages ou forestiers », la faculté, pour l'administration, de prélever « des parcelles d'une étendue inférieure à 5 000 hectares » qu'elle se réserve d'affermer ou de céder plus tard à des colons désireux d'entreprendre des exploitations purement agricoles [3].

Mais ces deux exceptions faites, le droit général des concessionnaires, ou mieux de la société, — car le ou les concessionnaires sont dans l'obligation de se substituer une société anonyme [4], — est entier.

---

1. Décret, art. 1er. Cahier des charges, art. 1er. — Le droit d'exploiter les mines est seul excepté. On a pensé qu'il serait imprudent de l'accorder. Tandis qu'il est possible de prévoir, du moins très approximativement, la richesse du sol, on ne saurait rien supposer quant à celle du sous-sol. — Le gouvernement se réserve ainsi de faire des richesses minières que l'on pourra découvrir, l'objet de concessions spéciales.

Un décret récent (6 juillet 1899) a précisément fixé les conditions dans lesquelles sont autorisées l'exploration, la recherche et l'exploitation des mines dans les colonies et les pays de protectorat de l'Afrique continentale, autres que l'Algérie et la Tunisie.

2. D. art. 1er et 10.

3. C. des Ch., art. 2.

4. D., art. 2. — C'est en conformité de cette disposition que le *Journal officiel* publie, le même jour, deux actes à propos de

On a pris soin de donner, autant que possible, à chaque société, un territoire délimité par les reliefs mêmes du sol, formant en quelque sorte une unité géographique, afin d'éviter la concurrence entre les concessionnaires, et, d'autre part, il sera interdit aux colons parcellaires « d'exploiter directement ou d'acheter aux indigènes en vue du commerce les produits végétaux ou les dépouilles d'animaux [1]. » C'est dans ces conditions, suffisamment larges et assez voisines du monopole, que les sociétés peuvent exercer pendant 30 ans leurs droits d'exploitation. D'autre part, si ces concessions ne comportent pas l'appropriation du sol, qui, à l'expiration de la période trentenaire, doit être remis au Domaine, le cahier des charges dispose (art. 8) que les sociétés se verront attribuer en toute propriété sous le régime de « l'act Torrens », « les terres occupées au moins sur un dixième de leur surface par des constructions ; les terres plantées sur le vingtième au moins de leur surface en cultures riches, telles que cacao, café, caoutchouc, vanille, indigo, tabac, etc... ; les terres cultivées sur le dixième au moins de leur surface en cultures vivrières, telles que riz, mil, manioc, etc... » ; les pâturages sur lesquels seront entretenus des bes-

chaque concession : d'abord un décret, rédigé suivant la formule « typo », portant concession d'un territoire déterminé à M. X..., ainsi que le cahier des charges « typo » annexé ; ensuite un arrêté, dont la date est généralement de deux ou trois mois postérieure, autorisant « la substitution de la Société dite de . . . . . . à M. X... pour l'exécution du décret de concession ».

1. C. des Ch., art. 2.

tiaux à l'élève et à l'engrais; les parties de forêts dans lesquelles le caoutchouc aura été récolté régulièrement. Enfin, la domestication et l'entretien de l'éléphant donneront également lieu à l'attribution de certaines étendues de terre.

Ce sont là des dispositions très heureuses, et l'on se félicite tout d'abord que l'administration n'ait point cédé aux conseils qui lui étaient donnés de différents côtés de réclamer aux concessionnaires l'exécution de travaux publics, afin de leur faire payer en routes, chemins de fer ou ports les avantages qui leur étaient accordés. Mais, la satisfaction est de courte durée, car on ne tarde pas à trouver dans les articles 11 et suivants du cahier des charges l'obligation, pour les sociétés, d'entretenir en service sur les cours d'eau navigables qui traversent le territoire concédé ou qui le relient au Stanley Pool, un ou plusieurs bateaux à vapeur du « grand » ou du « petit » modèle, et d'effectuer, au moins tous les six mois, à des époques fixées par le gouverneur général et suivant un tarif déterminé, les transports de l'État et de la colonie. Cette obligation d'assurer un service régulier de navigation à vapeur n'équivaut-elle pas, au moins, à l'obligation d'ouvrir une route? N'est-il pas évident, d'autre part, que l'établissement d'un service public incombe à l'État ou à la colonie et non à des sociétés privées? Il en a, d'ailleurs, été jugé ainsi dans toutes nos colonies et, à titre d'exemple, on rappellera qu'en Indo-Chine, ce sont des compagnies spéciales, subventionnées par le budget local, qui assurent le service de la navigation sur le Mékong et le Song-Koï. Il devrait en être de même au Congo. Et ce n'est point seulement, — il importe de le noter au passage, — la juste appréciation des choses qui le conseille, mais aussi « l'intérêt » bien entendu de la colonie. Les sociétés concessionnaires d'un service de navigation fluviale étant assurées, pendant un certain temps, de bénéfices déterminées sont amenées à créer sur place des installations propres à la réparation, au montage, voire à la construction de leurs bâtiments. Elles dotent ainsi la colonie d'une industrie nouvelle. C'est ce que l'on observe en Cochinchine et au Tonkin. Plus tard, l'administration, en renouvelant leur contrat, peut leur imposer, — ceci peut également être observé en Indo-Chine, — la charge de certains travaux dans le but d'améliorer la navigation. Ces diverses considérations, si intéressantes, ont été oubliées ou négligées au Congo. La colonie est pauvre, et d'autre part, le ministre n'ose s'adresser aux Chambres. Il sait, — et ceci confirme ce que nous avons écrit plus haut, — que son budget est trop lourd, que le Parlement ne saurait ouvrir de nouveaux crédits. Ainsi, parce que l'administration coloniale fait des dépenses inutiles à la Réunion, aux Antilles et ailleurs, elle n'est pas en mesure d'en supporter une qui est indispensable au Congo. On a donc décidé, dans les bureaux du Pavillon de Flore, que ce seraient les concessionnaires qui paieraient. Une semblable obligation, si elle est maintenue et si l'administration ne se décide pas à confier l'entreprise de la navigation à une société spéciale, subventionnée à cet effet, peut être très lourde. Il est même permis de se demander si la commission et le ministre ont essayé de la chiffrer[1].

Cette obligation est loin d'être la seule. En voici, d'abord, une seconde : « La société, est-il dit à l'art. 12 du décret, paiera les frais d'installation et d'entretien des agents de l'administration et de la force armée que le gouverneur fera installer, sur sa demande, dans ceux de ses établissements qui seraient trop éloignés des postes chargés de la police générale

[1]. Voici, à titre d'exemple, une Société dont la concession s'étend sur un territoire de 55 000 kilomètres carrés. Son capital obligatoire n'est que de 3 millions.

Elle doit mettre en service sur le Congo, l'Oubanghi et sur l'affluent de ce fleuve dont la vallée lui a été concédée, un vapeur « grand modèle » et deux « petit modèle ». Le premier coûte, en France, environ 85 000 francs. Son transport en mer jusqu'à Madali, en chemin de fer de Madali à N'Dolo, sur le lac de la rive belge à la rive française, puis le montage à Brazzaville représentent 54 000 francs. Total : 139 000 francs. Les seconds coûtent en France 50 000 chaque et reviendront au Congo à 86 000 francs. Total pour les deux : 172 000 francs. Il est donc nécessaire de prévoir pour ces trois navires une première dépense approximative de 311 000 francs.

Il convient, ensuite, de compter 3 capitaines, 3 pilotes blancs, 36 à 45 noirs (l'équipage doit être assez nombreux, car il faut chaque soir « faire du bois » sur la rive pour le lendemain). C'est au total, solde et nourriture, une dépense de 30 à 35 000 francs par an.

Il faut prévoir, enfin, les dépenses d'entretien et de réparation qui peuvent représenter approximativement 20 pour 100 de la valeur; les dépenses en matières consommables, telles que les graisses pour les machines; puis encore l'amortissement du prix du navire lui-même et cet amortissement doit se faire en dix années, car la durée des navires au Congo ne dépasse guère ce temps.

du territoire. » Le gouvernement voudrait-t-il mettre à la charge des compagnies une partie des dépenses d'administration et d'occupation ? Malgré cette incidente « sur sa demande », on peut le craindre; ce pourrait être grave. A côté de cette charge financière indéterminée il en est de précises : la société ne doit pas seulement verser un cautionnement ; elle doit aussi « concourir à l'établissement des postes de douane rendus nécessaires par ses opérations [1] »; verser, quelle que soit la situation de ses affaires, bonne ou mauvaise, des redevances fixes annuelles qui augmentent progressivement ; enfin, abandonner à la colonie 15 pour 100 de ses revenus [2]. Il convient encore de noter qu'elle est tenue de soumettre sa « gestion financière » à un délégué du ministre des Colonies. « Ce délégué, dit l'art. 23 du cahier des charges, aura les mêmes pouvoirs que ceux attribués aux commissaires des comptes par le premier alinéa de l'art. 33 de la loi du 24 juillet 1867 [3]. Il devra être

---

1. C. des Ch., art. 19.

2. D., art. 6. — Afin de poursuivre l'exemple donné plus haut, nous dirons que la Société que nous avons envisagée tout à l'heure doit acquitter les charges suivantes : cautionnement, 60 000 francs; contribution aux postes de douane, 80 000 francs ; redevances annuelles : *a* pendant les 5 premières années, 25 000 francs ; *b* pendant les 5 suivantes, 35 000 francs ; *c* pendant les 20 dernières années, 50 000 francs. — On peut, certes, observer que ce redevances sont peu élevées, en égard à l'étendue du domaines concédé, mais il ne faut point oublier que les compagnies étant constituées avec un très faible capital, tout leur est « dépense » et « charge ».

3. Voici ce texte : « Pendant le trimestre qui précède l'époque fixée par les statuts pour la réunion de l'assemblée générale,

convoqué à toutes les assemblées des actionnaires. »
N'est-ce pas là une disposition beaucoup trop « administrative » et qui semble une menace? Jusqu'où le
délégué du ministre prétendra-t-il porter son droit de
contrôle? Quelles discussions pourront naître de ses
exigences?

La commission des concessions, observera-t-on
peut-être, s'est inspirée en tout ceci de certaines stipu-
lations qui figurent dans la convention entre l'État
Libre et la Compagnie de Katanga ou dans la concession donnée, par le gouvernement impérial allemand,
à la Société du Sud-Kameroun. Cela n'est pas exact.
En effet, la commission n'a pas seulement addi-
tionné et aggravé les obligations qu'elle a rencontrées
dans les deux textes [1], elle en a imaginé de nouvelles : on n'exige des sociétés congolaises et alle-

---

les commissaires ont droit, toutes les fois qu'ils le jugent convenable, dans l'intérêt social, de prendre communication des
livres et d'examiner les opérations de la société. »

1. La Société du Katanga doit avoir « deux embarcations à
vapeur »; elle doit remettre à l'État 10 pour 100 de chacune
des catégories d'actions et de parts qui seront « créées »; enfin,
« le gouvernement aura le droit de nommer auprès d'elle un
commissaire délégué qui jouira des droits attribués aux membres du Conseil d'Administration, mais avec voix consulta-
tive. »
La Société du Kameroun est tenue de verser au fisc de la colonie « 10 pour 100 du bénéfice net annuel » après que les
actions et le fonds de réserve auront été servis; « un commissaire institué par le Chancelier de l'Empire est autorisé à prendre part à toutes les délibérations de la direction et à toutes les
assemblées générales », « à prendre connaissance des livres et
des écritures »; mais, d'autre part, aucune obligation n'est imposée à la dite Société en matière de travaux publics ou de navigation.

mandes ni redevances annuelles fixes, — quel que soit l'état de leurs affaires — ni contributions aux postes de douanes, et cependant leurs privilèges sont plus larges que ceux accordés aux compagnies françaises : la société du Katanga par exemple a « la concession pendant 99 ans de l'exploitation du sous-sol dans les terrains concédés », la société du Kameroun dont la « durée est illimitée » a reçu les terres qui lui ont été concédées « à titre de propriété. » Il y a lieu, d'ailleurs, de retenir cette règle générale que l'État du Congo et l'Allemagne n'ont pas de cahier des charges « type » imposé en bloc à tous les concessionnaires : les clauses de chaque contrat sont débattues, adoptées d'un commun accord ; le concessionnaire est vis-à-vis du concédant, dans les termes d'un locataire vis-à-vis d'un bailleur, ou d'un acheteur vis-à-vis d'un vendeur. Ce système est infiniment plus souple que le nôtre.

La commission et le ministre ont voulu plus encore que ce que nous avons indiqué jusqu'ici : après les obligations financières directement onéreuses, ils en ont prévu d'autres, qui affectent spécialement l'exploitation commerciale, et dont ils sont entièrement responsables car ils ne les ont point trouvées dans les contrats de concessions accordés aux sociétés étrangères. En voici trois, choisies entre plusieurs : 1° Les terres mises en valeur par la société deviennent, on l'a vu, son entière propriété; mais, — comment ne pas apporter un « mais »? — « elle ne pourra vendre ou affermer ces terres qu'à des personnes agréées par le gouverneur[1] ». N'est-il pas évident que l'on crée là, dans le désir sans doute d'écarter les acquéreurs ou les locataires étrangers, un « droit nouveau » qui limite sensiblement le droit ordinaire du propriétaire? — 2° « Le représentant de la société dans la colonie devra être agréé par le ministre, qui pourra, après avis du gouverneur, exiger son remplacement pour un motif d'intérêt public, la société entendue[2]. » 3° « A partir de la sixième année de la concession, tous les agents non indigènes de la société dans la colonie seront français; toutefois, la société pourra exceptionnellement, lorsque l'intérêt de son exploitation l'exigera, employer des étrangers, sous la condition qu'ils seront munis individuellement d'une autorisation du gouverneur; cette autorisation ne sera valable que pour une année; elle pourra être renouvelée[3]. »

Si la première de ces deux dernières dispositions, bien qu'elle soit de nature à autoriser des abus de pouvoir, peut se défendre, que dire de l'autre? Les agents habitués au commerce africain, les chefs de culture tropicale sont-ils si nombreux dans notre pays qu'il soit sage d'interdire aux concessionnaires d'aller chercher des collaborateurs au Congo belge, aux Indes, à Java, au Brésil? Imagine-t-on, d'autre part, qu'un homme du métier, un spécialiste, payé peut-être 15 000, 20 000, ou 25 000 francs par an

1. D., art. 7.
2. D., art. 11.
3. D., art. 11.

consente à s'engager vis-à-vis d'une société qui peut être mise dans l'obligation de se séparer de lui au bout d'une année? Enfin, on s'est déjà demandé, si la France pouvait, sans méconnaître l'acte de Berlin, limiter sur ses territoires le droit des étrangers dans l'exercice de leur profession [1].

Mais il est impossible de relever ici dans leurs détails, — et les détails ne sont pas sans importance, — toutes les obligations imaginées par la commission. Il faudrait revenir sur les charges résultant de l'établissement d'un service de navigation et qui ne tiennent pas moins de 7 articles du cahier des charges ; il faudrait relever l'obligation faite aux concessionnaires « de planter et de maintenir jusqu'à la fin de la concession, en remplacement de ceux qui viendraient à disparaître pour une cause quelconque, au moins 150 nouveaux pieds de plantes à caoutchouc par tonne de caoutchouc produite par la concession [2] » ; il faudrait encore demander tout ce qui peut s'entendre derrière les nombreuses clauses de déchéance prévues à l'article 31 du cahier des charges.

Certes, quelques-unes des dispositions que l'on

1. L'art. 5 de l'Acte général de Berlin porte : « Toute puissance qui exerce ou exercera des droits de souveraineté dans les territoires sus-visés, ne pourra y concéder ni monopole, ni privilège d'aucune espèce en matière commerciale. — Les étrangers y jouiront indistinctement, pour la protection de leurs personnes et de leurs biens, l'acquisition et la transmission de leurs propriétés mobilières et immobilières, et pour l'*exercice des professions* du même traitement et des mêmes droits que les nationaux. »

2. C. des Ch., art. 6.

vient de critiquer pourraient être défendues si nous avions la certitude que le ministère des Colonies regardera toujours les compagnies avec bienveillance, qu'il ne cessera pas de souhaiter leur réussite et de s'y employer. Ces vues étaient celles de M. Guillain[1]; mais le souvenir des actes de plusieurs des ministres passés n'est point perdu. On a vu MM. Chautemps et Guieysse annuler des concessions, régulièrement accordées, parce que tel était leur bon plaisir. Dès lors, on ne peut constater sans inquiétude que les actes du mois de mars 1899 contiennent plus de vingt dispositions qui permettent de contrarier la marche d'une société, de l'entraver, et même de l'*étrangler*.

1. A la date du 24 mai 1899, M. Guillain adressait au Commissaire général du gouvernement au Congo des instructions fort sages sur les conditions dans lesquelles devaient être appliqués les actes passés entre l'administration et les concessionnaires congolais. « Il ne faut pas, disait-il notamment, que dans l'exécution des conventions intervenues, les deux parties contractantes apportent une méfiance réciproque, ni surtout un sentiment inexplicable de rivalité secrète toujours prêt à se manifester par une attitude inquiète, tracassière et processive. Vous devrez considérer, en ce qui vous concerne, que non seulement le succès des exploitations projetées intéresse au plus haut degré l'avenir de la colonie, mais encore qu'il doit avoir en France un écho retentissant, et que cette répercussion, mieux que toute œuvre de propagande, peut contribuer au développement général de notre empire colonial. Il importe que l'administration ne néglige rien pour faciliter cette réussite, » qu'elle donne « aux entreprises toutes les facilités compatibles avec les intérêts publics dont elle a la garde, en traitant les agents de ces entreprises comme des collaborateurs qu'elle a le devoir d'aider dans leur tâche... »

Il y a malheureusement contradiction absolue entre les actes signés par M. Guillain, qui sont et demeurent « la loi » et ces instructions qui demain seront oubliées, et qui surtout ne lient personne.

Les multiples obligations qu'ils imposent ont, d'ailleurs, le très grave inconvénient de mettre en perpétuel contact sur la terre d'Afrique, c'est-à-dire sous un climat chaud, énervant, où les moindres froissements font naître des querelles, où l'isolement, le manque de contrôle font perdre parfois la juste mesure, des hommes déjà prêts aux contestations puisqu'ils ont une nature d'esprit très différente : les colons et les fonctionnaires. Encore ne sont-ils pas placés les uns et les autres sur le pied d'égalité : les premiers demeurent sous la dépendance des seconds. Le négociant africain a l'esprit d'entreprise, il est hardi, audacieux ; il s'est expatrié pour laisser les sentiers battus ; le nouveau, l'inconnu, l'attirent, — et aussi le désir de faire fortune. Qu'il ait engagé ses propres capitaux ou qu'il soit seulement intéressé dans l'entreprise, son but est le même : réussir, gagner de l'argent. Peut-être même usera-t-il à certains jours de procédés insuffisamment scrupuleux : il est loin de l'Europe, pense-t-il ; ce n'est pas avec ses semblables mais avec des noirs qu'il trafique ; les « traitants », d'ailleurs, le volent assez souvent ; puis son avoir est engagé et c'est en peu d'années qu'il veut faire fortune, car le climat est dur, la vie difficile ! Le fonctionnaire, tout au contraire, a rarement l'esprit d'initiative. C'est le jeune homme qui à vingt ans, n'ayant point de capitaux, a dédaigné d'offrir ses services à une maison de commerce ou de se créer une situation personnelle par ses propres forces. Il a cherché une carrière toute faite ; s'il a consenti à

l'expatriation c'est à la condition qu'elle lui donne
l'entrée dans une carrière honorable, simple, bien
réglée, sûre et sans risques, au bout de laquelle est
la retraite... Certes, le fonctionnaire colonial ne manque ni d'intelligence, ni de courage et plusieurs
administrateurs ont dans ces dernières années accompli, au prix des plus grands dangers, des voyages
d'exploration dont la France peut s'enorgueillir.
Mais, sans tenter d'établir, ce qui n'est pas possible,
qui sert le mieux son pays, le fonctionnaire en administrant, ou le colon en exploitant un pays neuf, il est
certain qu'ils ont l'un et l'autre une conception très
différente de la vie et partant, qu'ils demeureront, à
moins d'un vigoureux effort, dans un état d'esprit très
opposé. Le fonctionnaire qui pour 10 000, 15 000 francs
représente la France dans l'Ogowé, ou le Congo, ou le
M'bomou comprend mal, souvent, que dans le même
temps, le négociant, son voisin, gagne, — du moins il
en juge ainsi, — au commerce de caoutchouc ou de
l'ivoire, 20 000, 30 000 francs et plus, ou que de loin-
tains capitalistes reçoivent des dividendes de 8 ou de 10
pour 100. D'autre part, le négociant jugera qu'il est
persécuté, entravé, si on le rappelle, sans souci parfois
des difficultés qu'il rencontre, des nécessités auxquelles
il doit pourvoir, à l'observation de certaines règles, —
les eût-il même un jour acceptées. « Je n'y comprends
rien, nous disait un touriste revenant de Madagascar;
les fonctionnaires se plaignent des colons et les colons
des fonctionnaires. » Et cependant il ne s'agissait pas
dans la grande île de colons concessionnaires !

L'idéal d'une bonne légalisation coloniale étant de séparer, avec une netteté parfaite, le domaine du fonctionnaire et celui du particulier, d'éviter même les régimes de complaisance qui peuvent engendrer les récriminations et les persécutions, nous aurions souhaité que les contrats de concession fussent moins riches d'obligations, de charges et d'occasions de contrôle. Il ne nous aurait pas déplu, en revanche, d'y rencontrer une formule semblable à celle qui figure à la fin de toutes les chartes anglaises : « Nous voulons, ordonnons et déclarons que notre présente charte sera acceptée et interprétée dans le sens le plus favorable et avantageux et pour le meilleur profit de la compagnie aussi bien dans les cours de notre Royaume Uni, de nos colonies et possessions que dans nos tribunaux fonctionnant en pays étranger, quelles que puissent être les omissions, obscurités, ambiguités ou imperfections qu'on croirait rencontrer dans cette charte. » On ne peut opposer, sans quelque amertume, ces dispositions bienveillantes aux articles 15 du décret et 31 du cahier des charges qui menacent de la procédure de déchéance la société concessionnaire qui aura manqué à quelqu'une de ses multiples obligations[1].

1. Art. 15 du décret : « Faute par la société concessionnaire d'avoir rempli les diverses obligations qui lui sont imposées par le présent décret, ou celles des prescriptions du cahier des charges qui n'ont pas pour sanction le retrait total ou partiel de la concession, elle encourra la déchéance qui sera décidée par décret, après mise en demeure par le ministre des Colonies, la commission des concessions coloniales entendue, sauf recours au Conseil d'Etat par la voix du contentieux. »

Il faut le dire nettement, l'œuvre est imparfaite. M. Trouillot a eu le tort, lorsqu'il a constitué la commission des concessions, de ne pas associer aux fonctionnaires qu'il y appelait, des hommes connaissant spécialement les affaires coloniales, des négociants africains dont l'expérience eût été précieuse et qui, sans aucun doute, auraient tempéré l'esprit de réglementation de leurs collègues[1]. D'autre part, on a peine à comprendre comment M. Guillain, qui est ingénieur, a signé un décret et un cahier des charges contenant de si nombreuses clauses vagues, illimitées, menaçantes. Il sait, cependant, que depuis longtemps l'administration des ponts et chaussées a exclu des cahiers des charges des entrepreneurs métropolitains toutes les conditions protestatives ; qu'elle a la préoccupation de soustraire ceux-ci au pouvoir discrétionnaire de l'État, de supprimer les clauses arbitraires de déchéance. Devait-on être moins libéral aux colonies qu'en France, surtout lorsqu'il s'agit d'une œuvre autrement difficile et compliquée qu'un travail public ?

Fonctionnaires et ministre semblent être partis

---

1. Cette erreur est maintenant réparée, du moins en partie. Le ministre des Colonies, M. Decrais, à la demande du président de la commission lui-même, a modifié la composition de celle-ci en y faisant entrer « huit délégués permanents des Chambres de commerce   mbres de ces compagnies ». (Décret du 13 novembre 1899.)

L'intention est bonne ; mais pourquoi se refuse-t-on à introduire dans cette commission, à l'heure où elle va discuter et fixer le type des concessions à instituer dans différentes colonies, de véritables « spécialistes coloniaux » et notamment des négociants africains ?

d'une opinion très répandue, mais tout à fait inexacte :
à savoir que l'octroi d'une concession à un ou plusieurs capitalistes est une insigne faveur, un magnifique cadeau et que l'État ne saurait le faire payer
trop cher. M. Chautemps avait dit un jour à la tribune, non sans quelque émotion : « La compagnie
du haut Ogowé (concession Daumas) comprend
11 millions d'hectares, soit la cinquième partie de la
France ! » — « C'est de la folie ! » avaient crié ceux
qui pensent... ou feignent de penser qu'il n'y a pas
un grand écart de valeur entre un million d'hectares
prélevés dans le Congo et un million d'hectares prélevés dans l'Ile de France. M. Lavertujon, auquel il
faut toujours revenir, a répondu dans son rapport en
matière de boutade : « Au lieu de nous écrier : c'est
de la folie ! plus volontiers nous nous réjouirions en
disant : quel débarras ! et quelle chance ! » — « Dans
le haut Ogowé, a observé à son tour M. de Lanessan,
une semblable concession représente, pour celui à
qui elle est faite, une charge telle qu'il est permis de
se demander si ce n'est pas le concessionnaire qui
fait une folie en la sollicitant. »

Veut-on envisager un instant les difficultés et les
risques de toute nature auxquels s'exposent les « fa-
vorisés » qui ont obtenu des concessions au Congo ?
Tout d'abord, leur domaine, même s'il est voisin de
la côte ou du Stanley Pool, est lointain et d'approche
difficile ; au delà du Pool, sur la Likouala aux
herbes, la Sangha, l'Oubanghi, le M'bomou, c'est
l'inconnu, l'inexploré, presque l'inaccessible, — et

les concessionnaires devront tout d'abord dresser une carte sommaire de la région, faire l'inventaire de ses richesses. Partout le climat est brûlant, malsain, fiévreux. Sur la côte, comme dans l'intérieur, les sociétés doivent être servies par un personnel spécial ; il convient qu'elles emploient des agents propres au commerce africain, instruits de ses difficultés ; ceux-ci, en raison des qualités déprimantes du climat, réclament, outre des salaires plus élevés qu'en Europe et une participation, une nourriture substantielle, variée, un logement confortable, des soins médicaux fréquents, enfin des voyages en France très onéreux. Puis, les relations commerciales se noueront-elles toujours facilement dans ces pays neufs ? Ici, les noirs se soucient peu de commercer : ils sont sans besoins, et dès lors ils ne chercheront pas, — du moins aux premiers temps, — à échanger les produits du sol contre les cotonnades ou la quincaillerie ; plus loin, le pays est pauvre, sans ressources, les populations sont rares et misérables ; ailleurs, les tribus sont hostiles, anthropophages même...

Cependant la période difficile des débuts est franchie : le pays est exploré, on connaît ses richesses, des rapports commerciaux se sont établis, les indigènes portent le caoutchouc aux factoreries nouvellement fondées. Mais la difficulté des transports demeure : ils sont lents et coûteux. Croit-on que les factoreries congolaises renouvelleront 52 fois par an leurs approvisionnements comme certains comptoirs du *Louvre* et du *Bon-Marché* ? Les sociétés établies à la côte de Guinée ne remuant leur capital que deux ou trois fois par an, au plus, il n'est pas téméraire de penser que les concessionnaires de l'Oubanghi le remueront une fois à peine, ceux du M'bomou moins encore. L'Oubanghi, d'ailleurs, n'est navigable que pendant 6 à 7 mois de l'année ; il ne peut porter que des vapeurs de faible tonnage ; plusieurs de ses affluents, ainsi que certains des affluents du Congo, encombrés d'herbes et de roches, sont presque innavigables ; il convient donc de prévoir des transbordements, des porteurs, des pagayeurs, puis des échouages, des pertes, des vols. On évalue aujourd'hui que le transport d'une tonne du Pool à Banghi peut revenir à 1 000 francs. Dire que ces risques sont les seuls qu'une société doive faire rentrer dans ses prévisions, ce serait négliger en Europe, la baisse des produits importés que peut provoquer une active concurrence ; en Afrique, les guerres de tribus à tribus qui arrêtent le commerce, l'incendie d'une factorerie, la perte d'un navire, l'expédition militaire que nécessite tout à coup l'état du pays et pour laquelle le gouverneur réquisitionnera les porteurs et les bateaux.

Lorsqu'après quelques années la compagnie aura enfin assuré l'exploitation commerciale régulière du pays, et qu'ayant distribué des dividendes à ses actionnaires, elle pourra émettre des obligations avec chance de succès[1], le moment viendra pour elle de

1. L'art. 4 du décret dispose : 1° qu'aucune émission d'obligation ne pourra avoir lieu avant que les trois quarts du capital

planter le café, le cacao, le caoutchouc, d'exploiter les forêts, peut-être de faire venir du bétail et des machines. Dans ces entreprises nouvelles, elle rencontrera de nouvelles difficultés, même dans le cas où un jardin d'essai lui aura fourni les plants, indiqué les meilleures espèces, communiqué les observations acquises par l'expérience. C'est ainsi que les directeurs de la société apprendront les soins que réclament les plantations et combien est difficile d'engager des noirs, d'obtenir d'eux un travail suivi ; ils verront encore quels mécomptes peut donner le transport des animaux ou des machines dans des pays malsains où les voies de communications fluviales sont insuffisantes[1].

Si l'on veut bien réfléchir aux risques, aux aléas multiples que nous venons de rappeler, il est impossible de ne pas convenir qu'il est excessif d'exiger des compagnies concessionnaires qu'elles supportent les frais, les charges, les responsabilités d'un service de navigation ; qu'elles paient des contributions pour la police, pour la douane et des redevances pour

action aient été versés et affectés à l'objet de la concession ; — 2° qu'il ne pourra être émis d'obligations pour une somme supérieure au double du montant du capital action.

1. M. de Lanessan cite, à ce sujet, dans son ouvrage : *Principes de colonisation* (Alcan, éditeur), un fait que nous relevons à titre d'exemple : En 1894, un colon français obtint, sur sa demande, afin d'éviter les frais onéreux des bateaux des Messageries, l'autorisation d'expédier au Tonkin, sur un transport de l'État, douze vaches et taureaux des Charentes. Quinze jours après leur arrivée, tous ces animaux étaient morts. — Ce fut pour le colon une perte de 8 à 10 000 francs.

l'occupation du sol lors même qu'elles seraient en perte. Il faut aussi songer que, par la faute de la commission et des ministres, ces compagnies sont constituées à un capital beaucoup trop faible, presque insuffisant même pour assurer l'exploitation commerciale restreinte du pays ! [1]

On objectera certainement que le tableau ici tracé est sombre, que le succès des Belges au Congo, l'empressement avec lequel ils ont engagé des capitaux dans les sociétés françaises, témoignent qu'il y a lieu d'espérer des gros bénéfices plutôt que de craindre des pertes. Pareille objection ne doit pas être négligée. Si nous avons insisté sur les risques auxquels sont exposées les sociétés africaines, c'est afin de montrer qu'une concession n'était point un magnifique cadeau, mais nous ne songeons à contester ni la richesse générale du bassin du Congo, ni la hausse des valeurs congolaises, et nous avons déjà dit que la plupart des sociétés belges distribuent à leurs actionnaires de gros dividendes. Il convient, toutefois, d'accompagner ces constatations de quelques remarques. Les Belges sont arrivés les premiers au Congo. Il y avait partout à ce moment, comme en réserve dans le pays, d'immenses quantités d'ivoire, de gomme, de caoutchouc; il était donc particulière-

1. Il convient de se rappeler sur ce sujet que nous ne pouvons traiter aussi longuement qu'il conviendrait, sans étendre encore ce travail, les notes 1 de la page 178 et 2 de la page 179 ainsi que ce qui est dit au texte de la page 190 sur les difficultés et les lenteurs des échanges au Congo.

ment facile de réaliser alors d'abondantes moissons. Les agents du gouvernement de l'État Libre, — cela aussi doit être noté, — n'ont jamais cessé de prêter un concours très actif, — trop actif pourrait-on dire, — aux négociants. Les nôtres agiront-ils de même? Il est, en tous les cas, des choses que, très heureusement d'ailleurs, ils ne feront jamais. Les journaux anglais dénoncent plusieurs fois par an des faits coupables qui se passent au Congo. Quelques-uns paraissent malheureusement exacts : ici, des troupes sont envoyées contre une tribu qui ne fournit pas aux traitants le nombre de billes de caoutchouc qu'on exige d'elle; ailleurs, les chefs sont fusillés ou mutilés parce qu'ils ne livrent pas tout l'ivoire qu'on attend d'eux; partout les travailleurs noirs engagés pour 7 ans, sont traités comme des esclaves. A lire ces tristes récits on vient à se souvenir de l'histoire du nègre échappé de la plantation de M. Vanderdendur qui, amputé d'un pied et d'une main, dit à Candide : « C'est à ce prix que vous mangez du sucre en Europe. »

D'autre part, il faudrait demander si toutes les sociétés congolaises, placées dans ces conditions spéciales, ont certainement réussi, si toutes réussiront. Des exemples sont là, en effet, qui témoignent que de riches sociétés ont échoué en terre d'Afrique. La compagnie anglaise de l'Afrique orientale était ruinée lorsqu'on a racheté son privilège; plusieurs sociétés allemandes, grandes et moyennes, végètent en ce moment qui ont perdu une ou deux fois leur capital;

différentes compagnies françaises, ayant ou n'ayant point de concessions, ont disparu après quelques années de vie. Ainsi, une société établie dans la Guinée française, a liquidé après avoir perdu 2 millions et alors qu'elle avait distribué 5 pour 100 de dividende pendant 3 ans ; une autre société installée dans la même région, — qui est riche cependant, — a mangé 7 à 8 millions ; une compagnie qui est à Madagascar depuis plus de dix ans et y possède des domaines considérables, n'a pas réalisé encore des bénéfices proportionnés à ses débours ; des sociétés aujourd'hui prospères, — c'est-à-dire donnant 8 ou 9 pour 100 de leur capital, ce qui n'est pas un dividende exagéré pour les affaires africaines, — n'ont pendant longtemps rien ou presque rien distribué à leurs actionnaires.

« Certes il y a eu des échecs, et il y en aura encore, répondra-t-on ; mais observez l'empressement avec lequel sont venus les capitalistes français lorsqu'ils ont été informés que le Congo allait être distribué : en quelques mois 100 millions de francs se sont offerts. La demande dépassait l'offre, le concédant était en droit de faire ses conditions. » Peut-être conviendrait-il d'objecter que le décret et le cahier des charges ont paru cependant effrayer les vieux négociants africains. Plusieurs maisons ou sociétés qui sont riches et jouissent d'un large crédit, qui ont des agents possédant l'expérience du commerce en pays noir, ne se sont point mises sur les rangs. On cite, d'autre part, certains groupes qui, après avoir poussé

leurs négociations assez avant avec l'administration
des Colonies, se sont retirés sur le refus qui leur a été
fait de modifier quelques-unes des dispositions du
cahier des charges type. C'est ainsi qu'à l'exception
de quatre ou cinq négociants déjà installés dans
l'Ogowé ou le Congo, et qui étaient en quelque
sorte obligés de demander en concession les territoires sur lesquels ils étaient établis ou situés dans
leur rayon d'action, on ne compte guère parmi les
nouveaux concessionnaires que des banquiers, des
commissionnaires en marchandises, des industriels
ou encore des négociants qui jusqu'alors ne faisaient
pas d'affaires en Afrique.

Il est assurément très heureux que de « nouveaux
venus » consentent à s'engager dans les entreprises
congolaises, mais leur inexpérience n'est-elle pas une
raison de plus pour qu'on ne les enserre pas dans de
trop nombreuses prescriptions ?

Demander à un concessionnaire africain de représenter un groupe parfaitement honorable ; de constituer un capital en rapport avec l'étendue des terres
dont il réclame l'attribution ; lui imposer le respect des
droits des tiers établis avant lui, ainsi que ceux des indigènes ; s'assurer enfin, par un haut contrôle, qu'il use
de ses droits sans en abuser, qu'il ne ruine pas les pays
dont l'exploitation lui a été confiée, n'est-ce pas suffisant ? « Si les compagnies privilégiées sont possibles,
a écrit M. Lavertujon, il ne faut pas seulement les
souhaiter, il faut les susciter, leur faire un pont d'or. »

A ne payer aucune redevance, aucune contribution

aux charges, le concessionnaire aura des chances plus nombreuses de succès. Peut-être réalisera-t-il en peu d'années de gros bénéfices ; peut-être fera-t-il fortune ! Où serait le mal ? S'il nous était donné de voir, dans ces 10, 15 ou 20 prochaines années, quelques centaines ou mieux quelques milliers de concessionnaires, de participants ou d'actionnaires s'enrichir dans les affaires congolaises, ne devrions-nous pas, à tous les points de vue, nous en réjouir ? Le succès aurait ainsi récompensé les hommes entreprenants et d'initiative ; leur fortune serait à nos possessions une nouvelle réclame ; — il y aurait des « oncles d'Afrique » ! — elle convaincrait les incrédules, déterminerait les hésitants, et ainsi s'établirait un courant de colons et de capitaux ; enfin, l'œuvre même des heureux pionniers, malgré ses imperfections ou ses abus, aurait donné une valeur à des terres qui n'en ont point aujourd'hui.

Qu'on ne l'oublie pas : ce que l'on doit désirer avant tout, à l'heure présente, c'est la réussite des concessionnaires qui, les premiers, ont eu confiance. Il importe peu, au fond, que la colonie du Gabon-Congo perçoive quelques centaines de milliers de francs en contributions ou en redevances ; mais il importe beaucoup que les sociétés concessionnaires réunissent, distribuent de gros dividendes. Si, par malheur, elles végétaient ou disparaissaient après avoir perdu leur capital, la confiance dans les affaires coloniales, si lente à venir, si mesurée encore, s'en fuirait pour bien longtemps !

Dès lors, le premier devoir de l'administration est de se préoccuper, avant toute chose, de la réussite des sociétés congolaises. Elle favorisera un pareil résultat en renonçant à certaines clauses du cahier des charges ; en ne cessant pas de l'appliquer, sous les différents ministères qui se succèderont, dans un esprit très libéral ; enfin, en constituant sans retard une grande compagnie de navigation sur le Congo et ses affluents afin de décharger les concessionnaires des obligations qui leur incombent quant aux transports [1].

V. — DES COMPAGNIES PRIVILÉGIÉES AU SOUDAN FRANÇAIS

Si nous n'avons pas hésité à formuler toutes nos critiques, ce n'est pas seulement dans le but de montrer qu'il serait sage d'améliorer les contrats signés avec les sociétés du Congo, c'est aussi parce qu'il importe de songer dès maintenant à l'avenir, — de préparer l'œuvre de demain. Pour avoir distribué les

1. Depuis quelques mois les directeurs de plusieurs sociétés congolaises se préoccupent de créer une Société spéciale de « Messageries fluviales » qui assumerait toutes les obligations imposées aux différents concessionnaires en matière de navigation.

L'idée est fort heureuse, et, de toute manière, il faut souhaiter qu'elle aboutisse. Cependant une question demeure : comment sera constitué le capital de cette société ? Avec de « l'argent nouveau » ou de « l'argent ancien » ? S'il est fait avec de « l'argent ancien », c'est-à-dire par des « contributions » des sociétés, prélevées sur leur capital actuel, l'obligation de navigation ne cessera pas d'être, pour ces sociétés, la lourde charge que nous dénonçons. Il conviendrait donc que cette « Compagnie des messageries fluviales » fût créée avec de « l'argent nouveau » et obtînt, sous une forme ou sous une autre, une garantie d'intérêt de la colonie du Gabon-Congo.

territoires du Congo, le ministre des Colonies n'a pas fini sa tâche. Il est, en effet, dans la grande île de Madagascar, dans « l'interland » du Dahomey, de la Côte-d'Or, de la Guinée, dans les immensités du Soudan, des territoires qui pourraient être peu à peu concédés à de nouvelles Compagnies privilégiées [1].

Dès maintenant la commission des concessions a repris ses travaux. Il n'est pas utile, toutefois, qu'elle se hâte, car il serait imprudent, pour diverses raisons,

---

[1]. Il n'existe encore dans ces immenses territoires, bien peu exploités jusqu'ici, que cinq compagnies privilégiées : la Compagnie de la Cazamance, celle de Kong (concession Verdier), celle de l'Ouémé-Dahomey (décret du 17 septembre 1899), la Compagnie coloniale et des mines d'or de Suberbieville et de la côte Ouest de Madagascar, enfin, la Société franco-malgache de Bavatoubé (décret du 9 juillet 1899).

La Compagnie coloniale et des mines d'or de Madagascar est plus riche qu'aucune compagnie congolaise, puisque son capital est de 15 millions. Le décret qui la concerne est du 28 mars 1899, mais ses origines sont plus anciennes, son fondateur M. Suberbie ayant obtenu du gouvernement hova plusieurs concessions par traités passés de 1886 à 1893. Cette antériorité de droits, ainsi que les services rendus au corps expéditionnaire de Madagascar en 1895, ont même permis à la Compagnie d'obtenir du gouvernement français des privilèges plus étendus que ceux donnés aux sociétés congolaises.

C'est ainsi que les droits d'exploitation sur les territoires concédés (territoires des bassins de la Betsiboka, de l'Ikopa, etc...) l'ont été pour une durée de 50 ans, et que le concessionnaire jouira jusqu'au 31 décembre 1909 d'un privilège pour l'obtention de permis de recherches ou d'exploitation dans les terrains d'alluvion compris dans son périmètre. D'autre part, la Compagnie s'engage à procéder à ses frais « à l'extension du port privé » d'Amboanio qu'elle a précédemment établi. Elle est, en revanche, autorisée à percevoir des droits d'entrée et autres dans ce port.

Sauf les articles relatifs à ces dispositions particulières, le décret et le cahier des charges sont rédigés dans le même esprit que les actes arrêtés pour les sociétés congolaises.

de distribuer la majeure partie de nos terres concessibles en deux ou trois années. Si quelques-uns des capitalistes qui frappent en ce moment à la porte du ministre des Colonies pour obtenir des concessions au Soudan étaient éconduits, peut-être songeraient-ils à porter leurs fonds aux sociétés congolaises, dont le capital est si faible, et ce serait un grand bien. D'autre part, il convient d'observer les débuts de ces premières sociétés; il portera sans doute, pour le concédant comme pour les concessionnaires, d'utiles enseignements. Il est désirable, aussi, que la commission s'instruise encore afin de mieux faire dans l'avenir; elle gagnerait à s'inspirer des règles suivies à l'étranger, à entendre l'avis des hommes compétents. La tâche qui lui incombe est précisément grosse de difficultés nouvelles. Sans prétendre les relever toutes, nous indiquerons celles qui s'imposent d'abord aux esprits attentifs.

Le Congo français était un pays neuf, inconnu, inexploré, où, peut-on dire, aucune maison de commerce n'était établie; les populations très primitives qui l'habitent n'avaient encore noué avec les Européens aucune relation d'échanges. Toutes nos possessions africaines ne sont pas, fort heureusement, dans une situation aussi attardée. Dès lors, on conçoit que l'attribution de territoires considérables, et d'une sorte de monopole commercial, dans des pays connus, explorés, fréquentés régulièrement par des négociants, où, en un mot, l'initiative individuelle s'est manifestée, ne saurait être consentie avec la même facilité qu'au Congo. Nous prendrons, à titre d'exemple, l'Afrique occidentale.

De nombreux capitalistes, sollicitent, à l'heure présente, des concessions étendues au Soudan. Ils font valoir que si d'importantes maisons, françaises ou étrangères, sont établies sur les côtes, du Sénégal au Dahomey, l'arrière-pays est toujours libre, inexploité; que l'initiative individuelle sera longtemps impuissante à mettre en valeur les millions d'hectares que représentent ces terres nouvelles. Résumer aussi brièvement la question ce serait négliger de la faire voir sous tous ses aspects. S'il est vrai, en effet, que les négociants établis au Sénégal, en Guinée, à la Côte d'Ivoire, au Dahomey n'ont pas encore installé des comptoirs fort avant dans les terres, — sauf toutefois certaines exceptions, — et qu'ils attendent pour le faire la construction des routes et des voies ferrées, on ne saurait conclure que leur rayon d'action ne dépasse jamais 50 ou 100 kilomètres dans l'intérieur. Leur force d'attraction est quelquefois beaucoup plus grande. Les noirs de l'Afrique occidentale comprennent les avantages du commerce; ils sont, chaque jour, plus désireux d'échanger les produits de leur sol contre les articles européens; aussi organisent-ils tous les ans, à des époques régulières, au centre de la vallée du Niger, à 500 ou 600 kilomètres de la côte, de grosses caravanes qui portent aux factoreries de Conacry, de Grand-Bassam ou d'Assinie, les produits riches du pays et notamment le caoutchouc. Serait-il possible, dans de pareilles conditions, d'interrompre demain le libre trafic de ces caravanes? de signifier aux indigènes de telle ou telle région qu'ils devront, à l'avenir, réserver la vente de leur récolte à la société privilégiée qui aurait obtenu en concession les territoires sur lesquels ils habitent? De semblables mesures mécontenteraient justement les populations; elles pourraient même engendrer des troubles. Voudrait-on, d'ailleurs, enlever leurs clients aux sociétés actuellement établies? leur retirer le bénéfice du mouvement commercial qu'elles ont fait naître? Ce serait gravement léser leurs intérêts et bien mal récompenser leurs efforts; ce serait aussi provoquer de justes réclamations. L'initiative individuelle a fait dans l'Afrique occidentale une œuvre très appréciable; ses progrès sont constants, bien que l'extrême insuffisance des moyens de transport soit partout un gros obstacle au développement des affaires. A la Côte-d'Ivoire, le mouvement commercial s'est élevé, en sept années, de 5 700 000 francs à 12 millions; en Guinée, les échanges, qui ne représentaient que 7 millions 1/2 en 1891, ont atteint 16 800 000 francs en 1898.

Cependant, on ne saurait prétendre que le capital représenté par l'ensemble des maisons françaises et étrangères, fût-il évalué à 100 millions[1], est suffisant pour assurer la mise en valeur de territoires aussi étendus dans un temps raisonnable. Il y a donc place

1. F. Bohn. — *Rapport adressé au Président de la commission des concessions.* Imprimerie Marseillaise.

en Afrique occidentale, pour des sociétés nouvelles et il ne serait pas impossible d'indiquer sur une carte à côté des régions dès maintenant exploitées, « prises », les régions inexploitées et « libres ». D'autre part, est-il besoin de dire que les actes de concession peuvent être très différemment rédigés, suivant les circonstances et les milieux ? Ici, il sera possible d'accorder à une compagnie des privilèges d'exploitation et de culture étendus; ailleurs, le privilège d'exploitation sera limité à un seul produit; plus loin, on ne concèdera que des mines; dans une autre région, les capitalistes recevront des terres pour les mettre en culture, mais sans privilèges commerciaux. Peut-être aussi pourrait-on réaliser au Dahomey une combinaison assez voisine de celle qui a échoué à Madagascar, c'est-à-dire obtenir d'une importante société la construction d'un chemin de fer en échange de terres données en toute propriété. Le ministère a été saisi déjà de propositions de ce genre.

Mais nous en avons assez dit. On voit maintenant la question sous ses divers aspects; on se rend compte qu'il n'est pas impossible de concilier au Soudan les droits de l'initiative privée avec l'octroi à de riches compagnies de certains privilèges, dans le but de hâter le développement des régions nouvelles. Les demandes présentées à l'administration des colonies exigeront un consciencieux examen, de véritables enquêtes; la Commission des concessions devra apporter dans la rédaction de ses projets beaucoup d'ingéniosité et de variété.

CHAPITRE IV

LE CRÉDIT ET LES BANQUES

I. — De la nécessité des établissements de crédit aux colonies. — Les « petits » comme les « gros » colons ont besoin de crédit. — Le crédit à l'agriculture. — Crédit « de campagne » et crédit « à long terme ». — Le crédit ne se commande pas. — Confiance que doit inspirer l'emprunteur.

II. — La Banque de l'Algérie. — Comment elle a fait en 1880 et dans les années suivantes le prêt à l'agriculture. — Ses imprudences et ses fautes. — La crise de la Banque et la crise agricole dans la colonie. — Depuis huit ans la Banque est rentrée dans l'observation de ses statuts. — Situation présente. — Responsabilité des directeurs de la Banque et des ministres des finances. — Le prochain renouvellement du privilège de la Banque. — Principales positions du projet gouvernemental récemment déposé.

La Crédit foncier et agricole d'Algérie. — Conditions spéciales de son institution. — Il prête à des taux trop élevés. — Le chiffre de ses prêts est médiocre. — Il convient de réformer cette institution dans l'intérêt des agriculteurs algériens.

La Compagnie algérienne.

Importance des prêts hypothécaires consentis à l'agriculture dans la colonie par les rentiers de France et d'Algérie.

Avenir du crédit agricole dans la colonie. — Institutions nouvelles que l'on peut concevoir.

III. — Situation difficile des colonies sucrières à l'époque où ont été instituées les Banques coloniales. — Services qu'ont rendu ces établissements. — Intensité de la crise sucrière aux Antilles et à la Réunion. — Elle n'excuse pas les fautes commises par les Banques. — Prêts anti-statuaires sur récoltes. — Autres opérations blamables. — On s'efforce aujourd'hui de réparer le mal. — Situation présente. — Analyse du nouveau projet portant renouvellement du privilège des Banques.

Le Crédit foncier colonial. — Services qu'il a rendus. — Sa déconfiture. — Ses causes. — Mesures qu'il convient de prendre pour assurer à nouveau le crédit immobilier aux planteurs. — Institutions locales à l'exemple de l'Angleterre. — La responsabilité des ministres dans le contrôle des établis-sements de crédit.

IV. — La Banque de l'Indo-Chine. — Son rôle ; sa situation. — Services qu'elle est appelée à rendre. — Du renouvelle-ment de son privilège.

V. — Le crédit à la terre n'est pas encore organisé en Tunisie. — Timidité du gouvernement en cette circonstance. — Me-sures à prendre dans l'intérêt de la colonisation : une loi sur les hypothèques privilé   .. ; désignation d'un établissement chargé de consentir les prêts.

VI. — Il convient de fonder une grande Banque « d'outre-mer ». — Aucune banque n'existe pour fournir à notre em-pire colonial les capitaux dont il a besoin. — Mouvement qui se produit en faveur de nos colonies. — Il y a lieu d'en pro-fiter. — Timidité des ministres. — Rôle que pourrait jouer la Banque d'outre-mer. — Appel aux grands établissements financiers et à l'administration coloniale.

I. — LE CRÉDIT, OUTIL ESSENTIEL DE LA COLONISATION

Il est, à propos des « capitaux aux colonies », une dernière question que l'on ne saurait passer sous silence : celle du crédit et des banques.

Nous avons montré plus haut que les colonies devaient se procurer par des emprunts les sommes nécessaires à l'exécution des travaux publics indis-pensables à la mise en valeur des pays neufs ; nous avons ensuite réclamé l'adoption, par le gouverne-ment, d'un système de larges concessions territo-riales qui aurait pour conséquence d'intéresser d'autres capitaux à l'établissement des premières rela-tions commerciales avec des régions jusqu'ici inexplorées et inexploitées. Cela ne suffirait point encore pour assurer l'entier développement de nos établissements d'outre-mer, l'œuvre de la colonisation. Il y a pour les capitaux d'autres emplois; il est d'autres besoins auxquels ils doivent pourvoir.

Le « petit », le « moyen » et le « gros » colon, — qu'ils se livrent au commerce, à l'agriculture ou à l'industrie, — se trouvent également dans la nécessité de faire appel au crédit. Les colons ne sont pas des millionnaires; leur pécule, leur « fortune » même ne saurait suffire à tout. Lorsque l'on songe à l'importance qu'ont les institutions de crédit dans les vieux et riches pays, quels services elles rendent chaque jour, quelle part elles tiennent dans la vie économique des nations, on conçoit l'importance plus considérable encore qu'elles ont dans un pays neuf, sur une terre nue où tout est à faire, où toutes les activités, toutes les intelligences réclament à la fois des capitaux pour créer dans leur ensemble, — et presque en un jour, — les entreprises qui sont, en Europe, le fruit du travail et de l'épargne accumulés de plusieurs générations. Le crédit est donc un des outils essentiels de la colonisation.

La France, on l'a vu, n'envoie dans ses possessions que de rares colons, et beaucoup, parmi eux, ne possèdent que de maigres ressources. Ils arrivent en Algérie avec 6 ou 8000 francs; en Nouvelle-Calédonie avec une dizaine de mille francs ou moins. L'administration leur donne en concession une terre que, le plus souvent, il faut d'abord défricher. Ils doivent ensuite construire une maison d'habitation, acheter des instruments et des animaux de culture, planter, puis attendre les résultats de leurs labeurs. Dès lors, si un malheur arrive, si la première récolte est mauvaise ou même médiocre, voici l'avenir du « petit » colon compromis. Il est, on en conviendra, en bien mauvaise posture pour trouver du crédit. Quelle surface présente-t-il? que vaut son champ? Les « moyens » et les « gros » colons engagent leurs entreprises dans des conditions plus favorables; mais ce serait une erreur de penser qu'eux, du moins, sont en état de se suffire à eux-mêmes : en effet, qu'ils soient installés en Afrique ou en Asie, qu'ils fassent du blé, du bétail, de la vigne, des palmeraies, du coton, du thé, du café, ils devront, à une heure donnée, s'adresser à autrui. Ne faut-il pas compter, d'une part, avec les pertes, les mécomptes ; d'une autre, avec l'importance des résultats espérés, l'ambition de faire grand, l'entraînement? Pense-t-on que le colon algérien qui aura vu périr sa vigne, voudra attendre plusieurs années avant de la replanter? Certainement non; il voudra faire vite. Croit-on que le colon tonkinois, qui aura obtenu une concession de certaine importance, consentira, vu son faible capital, à n'en mettre tout d'abord en valeur qu'une médiocre partie? Non encore; il donnera en métayage plusieurs centaines d'hectares, fournira à ses métayers des semences, des instruments de culture; puis, en même temps, sur d'autres terrains, il défrichera, plantera lui-même, construira des bâtiments et des hangars...

Ainsi, l'un et l'autre chercheront bientôt, soit un capital d'immobilisation, soit un capital de roulement. Dans nos vieilles colonies, enfin, le planteur, le propriétaire d'un grand domaine sucrier ne saurait vivre sans crédit ; qu'il ait acheté sa propriété ou qu'il la tienne d'héritage, il est généralement dans l'obligation de faire des emprunts à plus ou moins longue échéance.

On le voit, la même question se pose partout : le détaillant, le petit industriel ont, comme en France, besoin de crédit, mais le crédit commercial à court terme, de 3 à 4 mois, leur suffit, tandis que l'agriculteur, — et l'agriculture est le premier âge de la colonisation, — réclame, soit le « crédit à long terme » de 20 ou 30 ans, soit le « crédit de campagne » qui peut être de 9 mois ou d'une année. Dans ces deux cas ce sera le crédit à l'agriculture, — à la terre, et l'on envisage immédiatement les difficultés du problème. En France, où le rendement des terres est connu, où par conséquent elles possèdent une valeur certaine, le cultivateur qui n'est pas sans ressources, qui tient de son père un petit bien, qui par sa famille, l'ancienneté de sa résidence, offre au prêteur des « sécurités particulières à la personne », éprouve, même dans ces conditions, des difficultés à trouver, à un taux raisonnable, les avances « de campagne » dont il a besoin. On cherche encore dans beaucoup de régions quels systèmes il convient d'adopter pour faciliter le crédit. Combien ces difficultés ne seront-elles pas accrues aux colonies ? Ici, la terre vient à

peine d'être défrichée, on est à la période des
essais et l'on ignore quelles récoltes il est permis
d'espérer ; là, le rendement du sol est très incertain
et varie suivant les années, ou bien encore les prix
de vente sont exposés à de grandes et subites variations ; ailleurs, des cataclysmes se produisent parfois
qui stérilisent en une heure les longs labeurs et rui-
nent les plus légitimes espérances ; enfin, le plus souvent, la terre n'a en quelque sorte pas de valeur certaine, soit parce que ses produits sont chaque jour
menacés de baisse, soit par suite de l'abondance des
espaces disponibles. Dans de pareilles conditions quelle
est la valeur, quelle est la sûreté du gage offert au
prêteur?

Il convient de rappeler, en dernier lieu, que le crédit ne se commande pas : il se mérite et se con-
quiert. Dans les pays neufs, au temps des premières
expériences, aucune banque ne consentira à exposer
les fonds de ses actionnaires dans des prêts à la
terre ; les colons ne pourront compter que sur leurs
relations personnelles pour se procurer auprès de
parents ou d'amis, — devenant des associés, des
intéressés, — les fonds dont ils auront besoin. Plus
tard, si l'établissement est libre dans ses mouve-
ments, il ne fera crédit qu'aux emprunteurs lui
inspirant pleine confiance et dans la seule mesure
qu'il jugera prudente ; si, au contraire, il est influencé
par le gouvernement dont il peut dépendre, — et
cela faussera toutes les conditions normales, — il
consentira peut-être à ce que l'on exigera de lui,

14

mais il s'exposera à faire des opérations désastreuses. Alors, les autorités qui auront pesé sur ses déterminations verront leur responsabilité engagée ; elles auront créé à l'État des embarras politiques, ruiné les actionnaires des banques et déchaîné des crises financières et agricoles d'une extrême gravité.

Tels sont les termes du problème, assurément délicat et complexe. Déjà, l'on a compris, sachant et le peu d'initiative des capitalistes français et les risques à courir, qu'il n'existe, à l'heure présente, dans nos établissements d'outre-mer que de très rares banques privées. Les seuls établissements de crédit que l'on y rencontre, peut-on dire, ont été fondés grâce à l'intervention de l'État ou sur son initiative, et n'ont trouvé des actionnaires qu'en raison des privilèges qui leur étaient consentis.

Il en est autrement dans les colonies britanniques, parce que les capitalistes anglais sont plus hardis, plus entreprenants que les nôtres, plus ingénieux aussi quant à l'organisation du crédit sous ses formes multiples. Toutefois, il ne faut point oublier que les possessions de nos voisins, plus anciennes, plus riches, plus cultivées que les nôtres, offrent généralement pour ces raisons mêmes, une sécurité plus grande aux capitalistes. Si, d'ailleurs, en Australie et dans l'Inde, l'argent est plus abondant qu'en Algérie et en Indo-Chine, nos colonies sucrières sont dotées depuis un demi-siècle d'institutions spéciales de crédit qui n'ont point leur équivalent aux Antilles anglaises ou à Maurice.

Voyons donc comment est organisé aujourd'hui le crédit dans nos colonies, comment il faut envisager l'avenir, enfin, les désiderata dont il convient de poursuivre la réalisation.

II. — LES ÉTABLISSEMENTS DE CRÉDIT DE L'ALGÉRIE

En Algérie, l'argent, jusqu'aux environ de 1878, fut peu abondant. Il n'existait à cette époque dans la colonie que la Banque officielle ; et celle-ci, s'enfermant dans les limites fixées par ses statuts, escomptait le papier commercial, mais ne prêtait aucune aide aux colons, propriétaires ruraux[1]. Le Crédit foncier et agricole d'Algérie n'était pas fondé. L'argent était rare, et partant fort cher. Cette situation pesait d'autant plus sur la colonie que, d'une part, l'administration avait, dans les années précédentes, concédé à titre gratuit d'importants espaces à plusieurs milliers d'émigrants légers de ressources, et que, d'autre part, beaucoup de propriétaires, ne possédant pas un capital suffisant pour mener à bien leurs entreprises, désiraient planter de la vigne dont ils espéraient de gros profits. Les bras ne manquaient pas, mais l'argent faisait défaut. Les capitaux de France ne

1. La Banque de l'Algérie est une banque d'émission, d'escompte et de dépôts. Elle a été créée par la loi du 4 août 1851 ; une loi de 1880 a renouvelé son privilège. Son capital est de 20 millions ; ses billets ont cours légal dans toute la colonie ; elle ne doit exiger, pour escompter le papier commercial, que deux signatures et non trois comme la Banque de France.

venaient pas encore dans ce pays d'Algérie peu connu, et les banquiers ou usuriers locaux ne craignaient pas de réclamer un intérêt de 10, 15, 20 pour 100, peut être même davantage.

Telle était la situation lorsque les Chambres eurent à discuter le renouvellement du privilège de la Banque. On lui demanda « de seconder l'agriculture et la colonisation dans la plus large mesure; » elle le promit. C'est ainsi que, jusque-là « banque d'émission et d'escompte », elle se fit au lendemain de la loi de 1880, — et sans y être nullement autorisée par ses statuts, — « banque de crédit foncier. » Certes, elle ne consentit pas le prêt direct à l'agriculture ; mais elle accepta, soit des banquiers, soit surtout des Comptoirs d'escompte locaux[1], du papier à 90 jours dont l'origine agricole lui était connue. Ce fut alors une règle pour la Banque, — et non une exception, — d'autoriser le renouvellement presque indéfini de ces billets agricoles. Elle se bornait à stipuler le paiement de l'intérêt à 5 pour 100 des sommes

1. Les « Comptoirs d'escompte locaux » ont été pour la plupart fondés à l'instigation de la Banque. C'étaient de petites sociétés, à faible capital, formées entre les principaux propriétaires d'une région dans l'unique but d'apposer sur les billets émis par les « commerçants » ou les « agriculteurs » du pays la seconde signature réclamée par la Banque, puis de présenter ces valeurs à son escompte. — En fait, les administrateurs des Comptoirs, préoccupés beaucoup plus de s'assurer des avantages personnels ou de gros dividendes que de venir en aide aux petits cultivateurs du pays, ont vendu fort cher la signature sociale, sans se préoccuper en aucune manière de la solvabilité des émetteurs des billets.

prêtées, remettant à des époques éloignées les rem-
boursements partiels et gradués. C'était faire le prêt
à long terme ; c'était substituer à un portefeuille commercial solide et à court terme, — le seul qu'elle
dut posséder comme banque d'émission, — un portefeuille agricole incertain et à longue échéance.
Ainsi, de pareilles opérations n'étaient pas seulement
irrégulières et anti-statuaires ; elles étaient des plus
dangereuses. Il faut ajouter que la Banque ne con-
serva aucune mesure : prêter à l'agriculture disait-on,
encourager la colonisation n'était-ce pas à la fois, développer les affaires de l'établissement et enrichir la colonie ? De fait, alors que les statistiques de 1880
n'avaient recensé que 17 700 hectares de vigne, celles
de 1883 accusèrent 46 200 hectares ; celles de 1886,
79 000 ; celles de 1890, 98 600. Mais, la foi irréfléchie
en l'avenir et surtout les amitiés, les influences politiques, les complaisances coupables, arrachèrent chaque année à la Banque des ouvertures de crédit de
moins en moins justifiées. Au bout de peu d'années,
la débacle commença. Tandis que, pour éviter une
catastrophe, la Banque réduisait considérablement
ses escomptes à partir de 1886, au grand détriment
du commerce, des procès scandaleux s'ouvraient
devant les tribunaux. Derrière les Comptoirs locaux
incapables de faire honneur à leur signature, on décou-
vrit des colons ne possédant pas le moindre capital[1].

---

1. Nous avons traité en détail toutes les questions relatives à
la Banque et aux Comptoirs locaux dans notre *France en
Algérie*.

Alors, dans les trois provinces, des emprunteurs, pour se libérer vis-à-vis de la Banque, vendirent à vil prix des domaines, où des sommes importantes avaient été englouties ; de gros débiteurs, qui après avoir obtenu sur hypothèque, un dernier prêt, « — celui « qui devait les sauver ! » — refusèrent le paiement de leur dette et cessèrent même d'en acquitter les intérêts. La Banque, dans ce dernier cas, se vit dans l'obligation de saisir son gage, d'en exiger la vente. Souvent, les acheteurs faisant défaut, on lui adjugea ce gage pour une somme moindre que celle qu'elle avait prêtée. Ainsi elle devint propriétaire de vignobles et se trouva, — elle, banque d'émission et d'escompte, — dans la nécessité de poursuivre leur constitution et de les exploiter. Son domaine figura dans ses écritures pour une somme de 10 millions.

Trois chiffres montreront jusqu'à quel point la situation s'était aggravée : en 1892, la Banque avait dans ses caisses pour une valeur de 25 400 000 francs de papier agricole ; la même année ses réserves étaient tombées à 9 145 000 francs ; deux ans plus tard, sa dette envers le Trésor atteignait 75 452 000 francs.

Par l'excessive dilatation du crédit comme par son brusque resserrement les agissements de la Banque ont été en grande partie la cause de la crise qui a éprouvé la propriété algérienne. Les progrès du phylloxera et quelques mauvaises récoltes n'auraient pas suffi à lui donner sa gravité. De même qu'en ouvrant tout à coup à la colonisation des crédits importants, disproportionnés, la Banque avait provoqué une hausse subite des terrains ; de même en fermant ses guichets, en contraignant ses emprunteurs à des ventes précipitées, en procédant à des exécutions sommaires, elle amena une baisse très sensible des domaines agricoles.

L'administration de la Banque avait compris l'étendue de ses fautes, mais elle n'osait réagir ; elle continuait même à distribuer des dividendes que ne justifiait pas l'état réel de ses affaires[1]. Fort heureusement le ministre des Finances s'émut enfin. C'était bien tard ! Chargé par les statuts de nommer le gouverneur de la Banque, d'autoriser la répartition des dividendes, comment avait-il pu, pendant une douzaine d'années, négliger ses devoirs de contrôleur ?

Depuis 1892, la Banque de l'Algérie a dû, sur ses instructions, refuser l'escompte de tout nouveau papier agricole et poursuivre, en même temps, dans la mesure du possible, le remboursement graduel des immobilisations qu'elle a consenties. Elle a dû aussi inscrire à son compte « Réserve » la meilleure part de ses bénéfices, afin d'être en état de faire face aux pertes que devaient entraîner les liquidations à prévoir. Ce compte atteignait il y a quelques mois (exercice 1898-99) 19 millions et demi ; mais, les actionnaires qui recevaient, en 1882-83, 100 francs de dividende et dont le titre valait à cette époque

<hr>

[1]. De 1885-86 à 1889-90 : 80 francs par an ; — puis : 1890-91, 70 francs ; 1891-92, 60 francs ; 1892-93, 50 francs.

2 235 francs (cours moyen), ne reçoivent plus depuis plusieurs années que 15 francs et leur titre, tombé en octobre 1897 jusqu'à 450 francs, ne valait encore au 31 décembre 1899 que 920 francs.

En présence des faits que nous venons de rappeler on comprendra que le gouvernement se soit refusé depuis 1897 jusqu'à ce jour, à renouveler le privilège de la Banque. Elle ne vit donc que de prorogations successives [1]. Fort heureusement cet état de choses anormal est à la veille de prendre fin. Le travail de liquidation intérieure poursuivi par la Banque, l'accumulation de ses réserves et surtout la vente, qu'elle vient de réaliser, de son domaine agricole [2], l'ont enfin rétablie, pour employer le mot du ministre des finances, dans une situation « saine et liquide. » C'est ainsi que M. Caillaux a pu présenter tout récemment aux Chambres un projet de loi prorogeant pour vingt ans son privilège [3].

Un examen complet de ce projet ne saurait trouver place ici. Il suffira de montrer l'esprit dans

1. Une loi du 8 juillet 1899 a prorogé, en dernier lieu, le privilège de la Banque jusqu'au 31 octobre 1900.

2. Le bilan de la Banque de l'Algérie au 3 janvier 1900 permet de constater les effets de cette vente : le domaine qui figurait à l'actif pour 10 336 000 francs a été remplacé par le compte courant de la Société qui vient de l'acquérir pour 3 750 000 francs et par le solde du prix de vente à encaisser en février, soit 3 millions. Parallèlement la réserve immobilière extraordinaire, spécialement destinée à l'amortissement du domaine et qui était forte de 3 700 000 francs, a subi un prélèvement de 2 320 855 francs ; le solde de cette réserve a été ensuite ajouté à la provision pour risques divers.

3. Déposé à la séance du 6 février 1900.

lequel il a été conçu, ainsi que les modifications
aux statuts actuels qu'a inspiré au ministre l'expérience du passé. Tout d'abord, il refuse très nettement
d'autoriser la Banque, comme il était sollicité de le
faire par les colons, à consentir des « prêts de campagne [1] »; il lui interdit toute opération agricole;
elle ne pourra escompter que le papier commercial.
« Après les graves mécomptes que le crédit agricole
a causés à la Banque de l'Algérie, dit l'exposé des
motifs, mécomptes qui ont compromis son fonctionnement et ont pu même faire douter, pendant
quelque temps, de la possibilité de renouveler son
privilège, nous ne pouvions songer à autoriser, dans
le nouveau projet, des opérations aussi dangereuses
pour un institut d'émission et aussi incompatibles
avec ses obligations fondamentales. » Toutefois,
M. Caillaux désirant favoriser la création en Algérie
d'institutions de crédit agricole, a demandé à la
Banque une avance de 3 millions et une redevance
annuelle qui seront employées à cet effet. Une semblable stipulation a été insérée, d'ailleurs, on ne
l'ignore pas, au profit des agriculteurs métropolitains,

1. Nous ne saurions dépouiller ici les discussions, assez con-
fuses d'ailleurs, des Délégations algériennes de 1898 et 1899.
Il en ressort toutefois que les délégués des colons, estimant que
l'État peut « tout » en matière de crédit, voudraient, soit qu'il
pressât sur la Banque pour lui faire escompter et renouveler indéfiniment le papier agricole, soit qu'il fît à la Banque une
obligation d'ouvrir des « crédits de campagne », soit encore
qu'il créât « une Banque centrale ayant pour but les prêts à
l'agriculture dont le capital serait formé au moyen d'obligations
garanties par l'État ou le Gouvernement général de l'Algérie. »

dans la loi du 17 novembre 1897, portant prorogation du privilège de la Banque de France. Il est, à notre avis, dans la convention présentée par le ministre des finances, une modification plus importante. Nous voulons parler de celle qui transporte à Paris le siège social de la Banque de l'Algérie dans le but de soustraire celle-ci « aux influences locales qui ont été pour beaucoup dans ses anciennes erreurs. » Cette mesure, on le sent, aura les plus heureuses conséquences, et pour la Banque et pour la colonie, en rendant plus indépendants le directeur et le conseil d'administration. Faut-il pareillement louer une autre disposition nouvelle d'après laquelle les distributions d'intérêts et de dividendes pourront être faites sans l'approbation du ministre? Nous hésitons à le penser. Il est vrai qu'elle augmente la responsabilité des administrateurs et du directeur, qui ne devant plus être couverts à l'avenir, comme ils le sont aujourd'hui, par la décision du ministre, pèseront davantage leurs résolutions ; il est également exact que le ministère des finances a bien légèrement approuvé, pendant une dizaine d'années, des distributions injustifiées ; mais la Banque de l'Algérie a commis de telles fautes qu'il est peut-être imprudent de renoncer à un sérieux moyen de contrôle.

Il n'y a pas lieu d'analyser à cette place les concessions obtenues en faveur du commerce et du public ; cependant, il convient de signaler que l'article 4 du projet de loi de prorogation dispose que la Banque pourra être autorisée « à créer des établissements et à émettre des billets payables au porteur et à vue dans les colonies et protectorats français d'Afrique. » On a voulu ici répondre aux vœux légitimes des colons tunisiens qui sollicitent depuis longtemps l'installation de la Banque d'Algérie dans la Régence.

À l'heure même où la Banque consentait, en violation de ses statuts, des prêts à l'agriculture, un établissement spécial de prêts fonciers à long terme s'installait dans notre colonie.

Le Crédit foncier et agricole d'Algérie, — fondé le 30 novembre 1880 au capital de 60 millions, depuis ramené à 30, dont 15 seulement sont versés, — est une société anonyme ordinaire, n'ayant aucune attache directe ou indirecte avec le gouvernement. Elle se présente, en revanche, comme une « filiale » du Crédit foncier de France. Ce dernier établissement tenait depuis vingt ans, de deux décrets de 1860, le privilège de consentir dans notre colonie africaine des prêts hypothécaires dans les mêmes conditions et avec les mêmes privilèges qu'en France. Mais il en usait peu et les Algériens s'en plaignaient. C'est alors qu'il fut amené à confier à un organe spécial les attributions dont il ne voulait point assumer la charge. Ainsi naquit le Foncier d'Algérie. Les rapports créés entre les deux établissements sont les suivants : le Foncier d'Algérie jouit dans notre colonie des privilèges que le Foncier de France y tient des décrets de 1860 ; il s'est obligé, en retour :

1° à emprunter aux guichets du Crédit foncier les sommes qu'il prêtera en Algérie ; 2° à garantir, avec son propre capital, le Foncier contre tous les risques auxquels lui-même serait exposé s'il prêtait directement aux colons. Le Foncier d'Algérie est donc intermédiaire et « ducroire ». Si l'on ajoute que le Crédit foncier prête à la société filiale l'argent dont elle a besoin à un taux supérieur à celui auquel il se l'est procuré ; qu'il demande, en outre, une part des bénéfices réalisés sur chaque opération, — part qui s'ajoute au propre bénéfice que se réserve légitimement le Foncier d'Algérie, — on juge que les conditions faites aux emprunteurs sont, au total, très lourdes.

C'est ainsi que, dans les années qui ont suivi son institution, le Foncier d'Algérie réclamait en moyenne pour un prêt de 30 ans en première hypothèque : à la ville, un intérêt de 6 pour 100 ; à la campagne de 6 fr. 50 ou 7 francs. Il fallait naturellement ajouter à ces sommes, outre les frais de notaire et d'actes, les annuités, assez rapides d'amortissement. L'ensemble de ces conditions était fort onéreux. Aujourd'hui le Foncier, tenant compte de la baisse du loyer de l'argent, ne réclame plus qu'un intérêt de 5 pour 100 à la ville et 6 pour 100 à la campagne. Ses affaires cependant se développent peu, soit parce qu'il ne consent le plus souvent ses prêts que jusqu'à concurrence de la moitié de la valeur estimée des propriétés, soit parce que ses liens trop étroits avec le Foncier de France, qui examine et discute chacune de ses opérations, en font une lourde machine.

Voici, d'ailleurs, quelques chiffres : depuis sa fondation jusqu'au 31 décembre 1898, le Foncier d'Algérie n'a réalisé dans toute la colonie que pour 105 millions de prêts hypothécaires faits en participation avec le Crédit foncier de France [1] et si l'on s'attache spécialement aux derniers exercices, on observe que les prêts varient entre 2 385 000 francs, — chiffres de 1890, — et 4 millions et demi, chiffres de 1898 [2]. Ce sont là, il faut en convenir, des résultats bien médiocres.

Quel remède peut être apporté à la situation présente ? Il n'est pas douteux que le colon emprunteur a pour premier souci la modération des intérêts stipulés et leur rapport avec les revenus qu'il peut raisonnablement espérer de son bien. La solution qui, tout d'abord, se présente à l'esprit est donc la rupture des liens existant entre le Foncier de France et le Foncier d'Algérie. « Si le Foncier d'Algérie, dit-on, obtenait du gouvernement le droit de s'adresser directement au public pour se procurer les sommes dont il a besoin, s'il recevait la faculté d'émettre des valeurs à lots comme le Foncier de France, s'il obtenait, en un mot, tous les privilèges

---

1. Les prêts faits par l'établissement avec son propre capital (les statuts les autorisent) sont insignifiants.

Les prêts en participation du Foncier d'Algérie aux départements et aux communes se sont élevés, dans le même temps, à 71 millions et demi.

2. En 1898, 3 560 000 francs de prêts à long terme ; 500 000 francs de prêts à court terme ; 334 000 francs d'ouvertures de crédit.

conférés par le décret du 28 février 1852 et la loi du 10 juin 1853 aux Sociétés de Crédit foncier, il pourrait offrir à ses emprunteurs des conditions plus favorables. Le Foncier de France, lorsque l'argent est abondant, place ses obligations au taux de 4 et même 3 fr. 75 pour 100, — amortissement et lots compris, — pourquoi le Foncier d'Algérie, doté d'une personnalité propre, ne jouirait-il pas du même crédit ? » Cette opinion est discutable ; le crédit des sociétés à obligations est long à s'établir ; le Foncier de France existe depuis un demi-siècle ; il a fait de nombreux appels au public ; il a tenu ses engagements ; partout il est connu, et les petits rentiers lui font confiance. Ceux-ci souscriraient-ils avec le même empressement aux émissions d'un établissement nouveau dont le centre d'opération serait non la France, mais l'Algérie..., une colonie? Ne réclameraient-ils pas un prix plus élevé de leurs capitaux?

Dès lors, l'indépendance du Foncier d'Algérie n'offrirait aucun avantage ; les agriculteurs de notre colonie ne paieraient pas moins cher les capitaux qu'ils devraient emprunter. Aussi semble-t-il qu'il y a lieu de maintenir le lien existant entre les deux établissements. Le Foncier d'Algérie continuerait à passer par les guichets du Foncier de France, mais celui-ci lui ferait des conditions plus avantageuses qu'aujourd'hui. Le traité qui lie les deux établissements vient à expiration dans quelques mois. Il ne serait pas impossible qu'à l'occasion de son renouvellement, le Foncier de France, — que la « garantie » du Foncier d'Algérie met déjà à l'abri de toute perte, — consentit à ne réclamer à l'avenir qu'une commission extrêmement minime pour ses prêts. En même temps, il devrait laisser à l'établissement algérien plus d'initiative et de liberté qu'il n'en a maintenant dans la direction de ses opérations elles-mêmes [1].

Le Foncier d'Algérie n'est pas, fort heureusement, le seul établissement de prêts fonciers qui soit à la disposition des agriculteurs de notre colonie. A côté de lui est la Société algérienne [2]. Celle-ci, en même temps qu'elle loue ou exploite son domaine et se livre à toutes les opérations de banque, fait des prêts à long terme sur hypothèque et surtout des « prêts de campagne » sur nantissement. Les uns et les autres représentaient, au 30 septembre 1899, près de 3 millions et demi.

1. Il convient de noter ici que, contrairement à ce que peut faire prévoir son titre, le Crédit foncier et agricole d'Algérie n'est pas seulement un établissement de prêts fonciers. Il fait aussi toutes les opérations de banque, notamment l'escompte, les prêts sur titres et connaissements de marchandises.

Nous rappellerons à cette occasion que la Banque et le Foncier ne sont point les seuls établissements auxquels peuvent s'adresser les négociants et les industriels : des succursales du Crédit Lyonnais établies dans les principales villes escomptent les effets commerciaux ; huit « magasins généraux » font le prêt sur marchandises.

2. La Société algérienne est aujourd'hui une société libre n'ayant aucune attache gouvernementale, mais on sait qu'elle est l'héritière de la « Société Générale algérienne » fondée en 1865 avec le concours de l'État. C'est de cette dernière qu'elle tient son magnifique domaine de 100 000 hectares.

Nous avons raconté l'histoire de la Société Générale algérienne dans notre *Algérie*.

Mais il y a mieux : l'Algérie a un dernier prêteur, et qui n'est pas le moindre : ce sont les particuliers. Depuis quelques années, en effet, de nombreux capitalistes métropolitains consentent, soit directement, soit par l'intermédiaire des notaires, des prêts importants sur les immeubles urbains et ruraux contre première hypothèque. A côté des prêteurs de France sont les prêteurs algériens, gros ou moyens capitalistes très disposés à employer leur argent dans des placements hypothécaires. Les uns et les autres font une sérieuse concurrence au Foncier d'Algérie, dont nous avons dit les conditions trop dures. Pour ces diverses raisons les capitaux sont aujourd'hui moins chers dans notre colonie qu'il y a une dizaine d'années. Nombre de prêts fonciers se font, dans les villes à 4 fr. 75 ou 5 pour 100, — dans les campagnes entre 5 francs, 5 fr. 50 et 6 francs. Ce sont là des taux raisonnables dans un pays neuf où les situations sont moins assises, les fortunes moins solides, les risques plus importants que dans la métropole. Au total, les dernières statistiques, — elles remontent à 1895, — évaluent que les prêts hypothécaires consentis aux seules propriétés rurales, soit par les sociétés, soit par les particuliers, représentent une somme de 450 millions. C'est un gros chiffre, lorsqu'on le compare à l'importance des propriétés des colons[1] ; mais, s'il accuse pour l'Algérie une situa-

1. La superficie des propriétés rurales possédées par les Européens vers la même époque (en 1896) était de 1 382 000 hectares contre 6 755 000 possédés par les indigènes.

tion assez lourde, il montre, d'autre part, que le crédit à la terre commence à y être assuré.

Il n'est pas douteux que dans l'avenir ce crédit s'affirmera davantage, à mesure que les propriétés algériennes se développeront, acquerreront une valeur plus certaine, offriront aux prêteurs des gages plus sûrs. Les formes de crédit se multiplieront et cela sans qu'il soit nécessaire, contrairement à ce que semblent croire les colons, de faire appel à l'intervention directe de l'État[1].

M. Leroy-Beaulieu a très bien indiqué qu'en matière de prêt à long terme, on se trouverait bien de recourir à un procédé en usage chez les Anglo-Saxons : la commandite agricole. C'est là un des modes naturels du concours que peuvent prêter les capitalistes métropolitains aux propriétaires algériens[2]. D'autre part,

Quelques indigènes riches, présentant une surface certaine, obtiennent des sociétés de crédit des prêts hypothécaires, mais cela ne peut être retenu que comme une exception.

1. Voir la note 1 de la page 217.

2. « Bien des particuliers en France seraient disposés à s'intéresser aux affaires algériennes, écrit M. Leroy-Beaulieu, si les capitaux qu'ils fournissaient comme participation à des propriétaires déjà maîtres de leurs terres devaient rapporter un intérêt fixe de 4 pour 100, prélevé avant tout bénéfice, et en outre entrer dans la participation aux bénéfices proportionnellement au capital avancé. Ainsi, je suppose qu'un propriétaire ait une terre de 100 000 francs et qu'il lui faille 60 000 francs par surcroît pour la mettre en état : il trouverait un prêteur métropolitain qui lui avancerait ces 60 000 francs sur première hypothèque, moyennant un intérêt privilégié de 4 pour 100 ou 2 400 francs ; une fois cet intérêt payé, le propriétaire prélèverait l'intérêt de 4 pour 100 de son propre capital, soit 4 000 francs, et l'excédent des bénéfices serait partagé proportionnellement entre le commanditaire et l'emprunteur ; le premier ne serait

le crédit « à court terme » ou « de campagne » n'est pas moins nécessaire aux colons que le crédit « à long terme », et ce besoin, suivant les régions, les cultures ou les industries agricoles, peut donner naissance à des institutions locales de caractère différent. On a fait remarquer avec raison que, pour faire le crédit avec sécurité, les banques agricoles doivent être installées aussi près que possible de l'agriculteur; qu'elles doivent être des banques locales. Placés ainsi à côté des emprunteurs, leurs directeurs, peuvent se procurer sur eux les renseignements les plus précis et jauger exactement leur crédit. Dès lors, on voit les services que pourraient rendre : ici, les Comptoirs d'escompte locaux, réorganisés et soustraits, — s'il est possible, — aux influences politiques; ailleurs, les sociétés de crédit agricole prévues par la loi du 5 novembre 1894 ; plus loin, le warrantage des produits agricoles imaginé par la loi du 18 juillet 1898 ; enfin, les caisses régionales de crédit agricole mutuel, qui pourront être créées à l'imitation de celles prévues en France par la loi du 31 mars 1899 et recevoir, à titre d'avance, la somme de 3 millions que la Banque de l'Algérie s'engage, dans la nouvelle convention, à mettre à la disposition du gouvernement.

donc privilégié que pour un intérêt modique et pour le remboursement de son avance, en cas de vente ou d'insolvabilité. » *L'Algérie et la Tunisie.* Guillaumin, éditeur.

III. — LES BANQUES COLONIALES ET LE CRÉDIT FONCIER COLONIAL

L'histoire des Banques coloniales de la Martinique, de la Guadeloupe et de la Réunion rappelle, par certains côtés, celle de la Banque de l'Algérie. Il est vrai, qu'à la différence de cette dernière elles sont autorisées par leurs statuts à consentir des prêts agricoles; mais, comme la Banque de l'Algérie, les Banques coloniales, cédant à différentes considérations ainsi qu'à des influences extérieures, ont fait sans prudence et sans mesure le prêt à la terre de telle façon qu'elles ont gravement compromis leur situation. Enfin, le gouvernement est responsable de leur mauvaise gestion, comme il l'est pour les fautes de la Banque de l'Algérie[1].

Les trois banques sucrières ont été instituées par les lois du 30 avril 1849 et du 11 juillet 1851, au moment où les planteurs traversaient la crise très grave résultant de l'abolition de l'esclavage. Leur privilège, inscrit dans la loi même ou dans les statuts annexés, est double : elles sont, d'une part, banques d'émission et d'escompte ; de l'autre, banques

---

1. Il y a cinq Banques coloniales, et non trois, car on ne doit point oublier les Banques de la Guyane et du Sénégal, fondées à la même époque et sur les mêmes bases. Mais ces deux établissements ne pratiquant pas le prêt à l'agriculture et se bornant aux opérations ordinaires des banques d'émission et d'escompte, il n'y a pas lieu d'en parler ici.

agricoles. En cette dernière qualité, elles sont autorisées à consentir des prêts sur marchandises d'exportation ou d'importation remises en nantissement,
ainsi que des prêts à quatre mois sur récoltes pendantes données en gages. Des facilités spéciales leur
sont assurées quant à la réalisation des gages au cas
de non paiement des emprunteurs[1].

Les Banques coloniales, — il importe de le dire tout
d'abord, — ont rendu les plus grands services : grâce
à elles, la production de nos colonies est remontée en
dix ans au-dessus des chiffres de 1848 ; grâce à elles
également, les producteurs de sucre payent depuis
50 ans les capitaux dont ils ont besoin pour chaque
campagne beaucoup moins cher qu'ils ne les payaient
autrefois aux « commissionnaires » locaux ou aux
négociants des ports métropolitains, qui étaient leurs
prêteurs ordinaires. Il convient, en outre, d'ajouter
pour excuser dans une certaine mesure les fautes
commises, que les Banques ont rencontré, soit dans
les conditions spéciales du milieu où elles opéraient,
soit dans l'intensité et la prolongation de la crise
économique qu'elles ont traversée des difficultés toutes
spéciales. Le planteur, — et l'on ne saurait entrer
ici dans les détails ou les nuances qui différencient
chacune des trois îles, — est généralement entre-
prenant, audacieux en affaires jusqu'à la témérité ;

1. Le privilège des Banques a été renouvelé en 1874. — Le
capital de la Banque de la Martinique est de 3 millions ; celui
de celle de la Guadeloupe d'égale somme ; celui de la Banque
de la Réunion qui était de 4 millions a été récemment réduit à 3.

mais il n'a pas l'esprit d'économie, il met dans l'avenir une trop grande confiance, il possède rarement un fonds de roulement. Ce sont là les raisons pour lesquelles en 1850, après une période très heureuse, la plupart des propriétés étaient lourdement hypothéquées, comme elles le sont aujourd'hui après une longue période de crise.

D'autre part, les gros bénéfices autrefois donnés par la culture de la canne, autant que les primes accordées par les lois métropolitaines, — toujours rédigées, depuis le commencement du siècle, dans le but de favoriser l'importation des sucres coloniaux en France, — ont eu pour conséquence de faire abandonner graduellement la culture des denrées tropicales. Les propriétaires d' « habitations » ont négligé de tenir compte des différentes natures du sol : ils ont planté des cannes dans des terrains qui ne convenaient pas ; ils ont oublié les dangers de la monoculture. Aussi ont-ils été atteints, aux Antilles comme à la Réunion, lorsque la baisse des sucres est survenue. Elle a été considérable : les 100 kilogs de sucre blanc, qui valaient 77 fr. 78 en 1892 (cours moyen de l'année) ont été cotés en 1899, 31 fr. 89. La baisse, ainsi qu'on le pense, n'a pas été interrompue ; il y a eu des reprises, des époques de hausse, puis des effondrements : en 1876 les prix sont de 65 fr. 62, — en 77 de 75 fr. 10, — en 82 de 64 fr. 08, — en 84 de 45 fr. 95, — en

1. Chiffres établis par la Chambre syndicale du commerce des sucres.

86 de 35 fr. 73, — en 89 de 45 fr. 99, — en 92 de 38 fr. 64; — en 95 de 28 fr. 62¹... Il est facile, en constatant de pareils écarts, — écarts que l'on pourrait presque relever entre les mois comme on les relève entre les années, — de juger les difficultés au milieu desquelles se débattaient les planteurs, les mécomptes auxquels ils étaient exposés. La canne met quinze ou dix-huit mois à mûrir; elle exige des engrais, des soins incessants, la présence d'un nombreux personnel, l'entretien d'un coûteux matériel, et pendant cette longue « campagne » les cours ne cessent d'osciller. Dans de semblables conditions comment un planteur, pris dans l'engrenage, peut-il établir à l'avance, sans de grandes difficultés, un budget sérieux?

Mais si les différents aléas que nous rappellons ici expliquent les sollicitations auxquelles les banques devaient être en butte, ils disent non moins clairement la prudence avec laquelle ces mêmes banques auraient dû conduire leurs opérations agricoles et commerciales. Or elles ont malheureusement suivi la voie contraire. Aussi n'est-il pas douteux que c'est à leurs prêts et autres opérations anti-statuaires, — fautes que le gouvernement a connues et tolérées, — bien plus qu'à la crise sucrière elle-même, qu'il faut attribuer la déplorable situation qu'elles ont connue.

A la tête de chaque banque est un directeur que le ministre nomme et peut révoquer, que le gouverneur a le droit de suspendre; ce directeur a des pouvoirs d'administration très étendus; le trésorier payeur de la colonie, administrateur de droit, et un censeur désigné par le ministre, sont à ses côtés ; d'autre part, aucune répartition de dividende ne saurait être faite sans l'approbation du gouverneur ; la Banque peut être vérifiée par des inspecteurs spécialement délégués par le ministre des Colonies ; enfin, à Paris une Commission de surveillance peut provoquer de la part du gouvernement « telles mesures de vérification et de contrôle qui lui paraissent convenables. » Voici le droit tel qu'il est écrit dans la loi et les statuts. Mais, en fait, pendant de nombreuses années, — particulièrement depuis 1874 à la Réunion et 1884 aux Antilles, — et jusqu'à ces derniers exercices, les ministres, les gouverneurs, les censeurs se sont comme désintéressés de la gestion des Banques. La crise sucrière et d'autres difficultés commandaient la prudence et la fermeté ; ils en ont manqué. Dès lors, des influences locales, politiques et de famille ont pu tout obtenir de la faiblesse et quelquefois de l'inexpérience des directeurs.

Il est facile d'en juger. Les Banques sont autorisées, aux termes des actes en vigueur, à prêter le tiers de la valeur présumée de la récolte sur des cannes ayant douze à quatorze mois d'âge et qui doivent être coupées quatre mois plus tard[1]. Ainsi

---

1. Ces prêts ont été généralement consentis dans ces dernières années au taux de 5 pour 100. — Pour le taux de l'escompte du papier commercial, il est actuellement, — ce qui témoigne de la chèreté de l'argent, — de 6 pour 100 à la Guadeloupe, 7 pour 100 à la Martinique, 8 pour 100 à la Réunion.

elles ne doivent consentir d'avances que pour 120 jours, et ces avances ne sauraient dépasser le tiers des sommes espérées par l'emprunteur. Si l'on songe que, d'un autre côté, les Banques acquièrent, du fait de leur prêt, un privilège sur la récolte entière, il semble que, dans de semblables conditions, elles ne sauraient être exposées à des pertes appréciables, même dans le cas d'un fléchissement immédiat et considérable des cours. Seulement, les choses ont été singulièrement modifiées dans la pratique. En premier lieu, pour légitimer les prêts exagérés que réclament souvent les planteurs, les experts des Banques ont évalué les récoltes pendantes bien au-dessus de leur valeur ; puis les directeurs, afin d'assurer un capital de roulement à des planteurs qui n'en avaient pas, ont pris l'habitude d'autoriser le renouvellement des billets souscrits à quatre mois. Le crédit à quatre mois est ainsi devenu le crédit à huit mois. Ce n'est pas tout. Une irrégularité plus grande a été commise : on a vu les directeurs, à l'abri de considérations diverses, abandonner le gage certain sur lequel ces prêts à huit mois avaient été faits, libérer les sucres sur lesquels ils avaient privilège et consentir au transport de leur créance immédiatement exigible sur la récolte de l'année suivante, sans songer qu'un cyclone, une longue sécheresse ou une nouvelle baisse des cours pouvait compromettre la rentrée des sommes prêtées. Faut-il ajouter que cette « libération » n'était pas toujours la dernière faveur qu'obtenait le planteur ; que parfois, il arrachait à la Banque un nouveau prêt sur cette même « récolte prochaine », — déjà grevée ?

A ces nombreuses fautes il convient d'ajouter une grave imprudence, que les statuts, d'ailleurs, autorisent : le prêt sur les marchandises jusqu'à concurrence de leur pleine valeur. Souvent les Banques, — notamment à la Réunion, — ont consenti des prêts sur marchandises sans se réserver aucune marge ; souvent aussi, à l'échéance, elles ont accepté le renouvellement des billets souscrits, augmentés des frais et des intérêts échus. Lorsque, plus tard, les marchandises avariées ou dépréciées étaient vendues à vil prix, l'établissement prêteur demeurait en perte, n'ayant plus contre son débiteur ruiné qu'un recours illusoire.

On a vu encore les Banques accepter à l'escompte des valeurs de complaisance, dites « effets de circulation », ouvrir des crédits à des maisons de commerce ou des sociétés d'une solidité douteuse. Ces maisons venaient-elles à disparaître ? Les Banques étaient atteintes par leur désastre. Un exemple célèbre est celui de la Banque de la Réunion, contrainte en quelque sorte par le Conseil général de la colonie en 1892 d'escompter environ 3 millions de valeurs au « Crédit agricole et commercial » qui ferma ses guichets le lendemain de cet encaissement[1].

---

1. Le Conseil général a dû reconnaître dans la suite qu'il avait compromis en cette circonstance la responsabilité de la colonie et il s'est engagé à verser à la Banque quinze annuités de 100 000 francs pour la couvrir de ses pertes. — Le décret approbatif de la délibération du Conseil général est du 8 juillet 1898.

Si nous ne voulions pas nous limiter à l'étude des Banques en tant qu'institutions de crédit agricole, nous devrions dire encore les pertes que leur ont fait subir les crises monétaires, les variations du change, l'obligation où elles ont été mises à certaines heures par l'administration de vendre à bas prix des traites sur France. Mais il suffit d'appeler ici l'attention sur les irrégularités et les imprudences que nous venons de relever; ce sont, d'ailleurs, les plus graves, celles qui ont eu les conséquences les plus onéreuses. Pendant vingt ans, avec des alternatives tenant aux variations du cours des sucres ou à des circonstances locales, les Banques ont épuisé leurs réserves, compromis leur capital, dépassé la limite permise des émissions de billets, — billets qui cessaient d'être gagés par des ressources précises et à brève échéance, — augmenté, hors de proportion, leur découvert au Comptoir d'escompte qui est leur correspondant en France. Partout, — et avec les intentions les meilleures, — elles ont contribué à entretenir une situation troublée. Ici, après avoir accordé du temps et des facilités à leurs débiteurs pour se libérer, elles tentaient, par des faveurs nouvelles, de soutenir des situations chancelantes et n'y parvenaient pas; ailleurs, un nouveau directeur, faisant du zèle et s'érigeant en redresseur des abus, rentrait brusquement dans les règles statutaires, exécutait des industriels sucriers ou les obligeait à vendre à bas prix pour se procurer les sommes dont ils étaient débiteurs. Les pertes supportées par les Banques, surtout à la Guadeloupe et à la Réunion, ont été fort sensibles. C'est ainsi que la Banque de la Réunion, ayant dû faire mettre en vente un domaine sur lequel elle avait prêté 1 400 000 francs, — comment, pourrait-on demander d'abord, la Banque autorisée seulement à faire des prêts gagés à 4 mois avait-elle laissé s'accumuler un pareil arriéré? — se l'est vu adjuger pour 400 000 francs.

Il serait facile d'insister sur la responsabilité encourue par les ministres, les gouverneurs et les directeurs. La mauvaise gestion des Banques a certainement aggravé la crise dont souffraient les colonies ; elle est, pour une bonne part, dans la médiocre réputation que nos îles à sucre ont en France, et qui affecte la confiance que pourraient avoir en elles nos capitalistes ; enfin, elle a durement éprouvé les actionnaires à qui pendant longtemps, grâce à des bilans peu sincères, on a distribué des dividendes non justifiés et qui n'ont aujourd'hui dans les mains que des titres dépréciés [1].

Nous n'avons rappelé ce passé que dans le but d'éclairer l'avenir. Il nous doit de justes réparations. Depuis quelques années le ministère des Colonies a consenti à voir le mal et s'est préoccupé d'y porter remède. La Commission de surveillance, dont le

---

1. La Banque de la Guadeloupe, qui prêtait sur les récoltes pour plus du tiers de leur valeur et reportait d'un exercice sur l'autre les prêts non remboursés, sans en rien dire dans ses comptes rendus, est particulièrement accusée d'avoir distribué pendant plusieurs années des dividendes fictifs. (PIERRE DENIZET, les Banques coloniales, Pedone, éditeur.) Voir plus loin la note 1 de la page 236.

contrôle ne s'exerce malheureusement qu'à *posteriori*, lui a donné son concours. C'est ainsi que les directeurs ont reçu l'ordre de rentrer prudemment dans les termes des statuts, de veiller à la sincérité des expertises, de refuser ou de réduire les crédits trop considérables, de dresser des bilans sincères. En même temps la distribution des dividendes a été presque complètement suspendue[1], les bénéfices devant être employés, soit à éteindre la dette des Banques au Comptoir d'escompte, soit à constituer des réserves qui permettent aujourd'hui de passer par profits et pertes les créances irrecouvrables, et qui assureront demain la solidité de ces établissements privilégiés[2]?

1. La Banque de la Martinique n'a servi aucun dividende en 1896, 1898 et 1899. Elle avait donné 2 pour 100 en 1897. Elle distribuait 15,10 pour 100 et 15 pour 100 en 1880 et 1881. — L'action qui valait 850 francs en 1888 est aujourd'hui à 300 francs.
La Banque de la Guadeloupe n'a servi aucun dividende en 1896, 1897, 1898 et 1899. Elle donnait 17,60 pour 100 et 14,99 pour 100 en 1880 et 1881. — L'action qui valait 685 francs en 1887 est aujourd'hui à 300 francs.
La Banque de la Réunion n'a distribué aucun dividende pendant plusieurs années, puis en 1898, le gouverneur « perdant de vue les instructions adressées à son prédécesseur » ainsi que l'a dit la Commission de surveillance dans son rapport annuel a autorisé une distribution de 2 1/2 pour 100. En 1899, la situation s'étant améliorée, un dividende de 5 pour 100 a été réparti. — L'action qui valait 550 francs en 1889 est aujourd'hui à 225 francs.
2. Nous ne pouvons reproduire ici, sous peine d'allonger cette étude, un grand nombre de faits et de chiffres. Nous en citerons quelques-uns seulement, pris entre beaucoup d'autres dans les Rapports annuels de la Commission de surveillance, qui témoigneront à la fois de la situation très grave à laquelle les Banques étaient arrivées, et des mesures qui sont prises pour rétablir leur situation :

Depuis 1897 les Banques de la Réunion et de la
Martinique sont en voie de relèvement, bien que leurs
fonds de réserve ne soient pas encore reconstitués ; la
Banque de la Guadeloupe présente des améliorations
sensibles, bien que sa situation demeure délicate. Ces
premiers symptômes ont autorisé les ministres des
Colonies et des Finances à saisir les Chambres, d'un
projet portant prorogation du privilège des Banques.
Ce privilège est venu à expiration en 1894 et depuis
cette époque les Banques coloniales vivent, — comme
la Banque de l'Algérie depuis 1897 et pour les mêmes
raisons, — sous le régime du provisoire[1]. Une telle

Le fonds de réserve de la Banque de la Martinique, qui atteignait en 1897 le chiffre de 1 271 000 francs a été ramené l'année
suivante à 633 000 francs par suite de la « mise en souffrance »
d'effets à peu près irrecouvrables. Depuis, au 30 juin 1899, il a
été réduit à 835 francs « par suite de la mise en souffrance d'effets du portefeuille constamment renouvelés depuis une dizaine
d'années et d'obligations hypothécaires à longues échéances ». —
A la même date du 30 juin 1899, la Banque avait éteint sa dette
au Comptoir et possédait à son crédit 1 156 456 francs
  Au 30 juin 1895 la Banque de la Guadeloupe était débitrice
au Comptoir d'escompte, de près de 3 millions ; au 30 juin
1898, elle avait ramené cette dette à 2 074 000 francs ; au 30 juin
1899 elle avait éteint sa dette et possédait chez son correspondant
un crédit de 1 682 903 francs. — En trois ans, la même colonie
a passé pour environ 3 200 000 francs de créances arriérées au
compte « profits et pertes ». Mais la réserve statutaire n'est pas
encore reconstituée.
  Pour la Banque de la Réunion, elle a pu dans ces dernières
années, grâce à une sage administration, réparer les erreurs
commises et passer par profits et pertes les créances irrecouvrables. Au 30 juin 1899, son fonds de réserve était de 566 400
francs et son crédit au Comptoir de 859 918 francs.
  1. Des décrets successifs ont prorogé d'année en année le
privilège des Banques. Un décret du 28 novembre 1899 est
intervenu en dernier lieu ayant effet jusqu'au 1er janvier 1901.

situation ne saurait durer plus longtemps, et d'autre part, les propriétaires sucriers, instruits par l'expérience, ont appris à établir des budgets de prévision, et réduit leurs prix de revient de telle sorte qu'il y a lieu d'espérer qu'ils n'arracheront plus aux Banques, — mieux et plus fermement dirigées, d'ailleurs, — les crédits exagérés d'autrefois.

Le projet de MM. Decrais et Caillaux s'est inspiré des enseignements du passé [1]. Il porte tout d'abord, — afin de réserver l'avenir et de mettre dès la première heure les Banques dans la nécessité de bien conduire leurs opérations si elles veulent assurer leur perpétuité, — que la nouvelle prorogation de leur privilège sera de dix années seulement, et non de vingt, comme il avait été écrit dans la loi de 1874. Il modifie ensuite plusieurs articles des statuts, et dispose notamment que les prêts sur les marchandises ne pourront excéder les trois quarts de la valeur ; que l'emprunteur sur récoltes pendantes sera tenu de couvrir la Banque du montant de la baisse dans la valeur du gage, si cette baisse atteignait 20 pour 100 au cours de l'opération ; que tous les deux ans les Banques seront, — c'est une obligation et non, comme aujourd'hui une faculté, — vérifiées par des inspecteurs désignés par le ministre. Ces mesures et quelques autres sont excellentes. Nous regrettons toutefois que l'on ait oublié de modifier la composition,

---

1. Projet déposé à la Chambre des députés à la séance du 12 janvier 1900.

et partant le rôle, de la Commission de surveillance. Cette commission comprend neuf membres, dont cinq fonctionnaires, deux « actionnaires » qui sont, en fait, d'anciens fonctionnaires et deux régents de la Banque de France ; elle n'exerce guère qu'un contrôle à *posteriori* sur les actes de gestion des directeurs. Il conviendrait, il nous semble, qu'une place plus importante fût réservée aux banquiers, ainsi qu'aux « vrais » actionnaires, dans la Commission de surveillance : le concours de ces spécialistes et de ces intéressés serait précieux pour assurer la bonne direction des affaires, — puis, ainsi fortifiée, la commission pourrait recevoir les attributions d'un haut conseil que les directeurs locaux devraient, en certaines occasions consulter obligatoirement. Ce serait là, à notre avis, une réforme très heureuse, de nature à soustraire les directeurs aux influences locales [1].

Cette réserve est la seule que nous ayons à faire. Nous louons au contraire, le gouvernement d'avoir résisté à ceux qui lui demandaient d'élargir les attributions « agricoles » des Banques, en les autorisant à faire aux planteurs des prêts « allongés », des

---

1. Nous avons dû nous tenir, dans cette analyse du projet de MM. Decrais et Caillaux, aux dispositions intéressant les Banques en tant qu'institutions de crédit agricole. Il convient toutefois de mentionner encore un article nouveau très favorable au commerce africain : la Banque du Sénégal est autorisée à étendre ses opérations à la Guinée, à la Côte d'Ivoire et au Dahomey. C'est préparer l'extension de cette Banque, si elle est bien dirigée, à toutes nos possessions de l'Afrique occidentale.

« prêts avec un délai raisonnable de payement[1]. »
Rien n'eût été plus dangereux : les prêts sur « récoltes pendantes » comportent déjà assez de risques.
Il ne faut pas confondre le « crédit de campagne »
ou « à court terme » avec le « crédit à long terme »,
qui est l'œuvre d'une institution de crédit foncier.

Cette institution existe, et précisément nous devons
dire son rôle.

La création des Banques coloniales en 1850 assurait aux planteurs le crédit à court terme ou de campagne dans des conditions satisfaisantes ; mais cela
ne suffisait pas. En effet, à cette époque, la propriété
foncière était, dans les trois îles, lourdement grevée
d'anciennes hypothèques prises généralement par des
capitalistes métropolitains, et dont le service exigeait
de grosses annuités. D'autre part, les progrès de la
culture, et plus encore ceux de l'industrie sucrière,
exigeaient que les possesseurs d'habitations fussent
mis dans la possibilité de recourir à un établissement
de crédit organisé en vue des prêts à long terme.

Pour répondre à ces nécessités évidentes, le gouvernement impérial autorisa par décrets, en 1860 et
1863, la constitution du « Crédit foncier colonial[2] ».

1. Notamment M. Léveillé dans un rapport fait à la Chambre
précédente sur la prorogation du privilège des Banques coloniales (juin 1897).
2. Décret du 24 octobre 1860 autorisant la « Société de
Crédit colonial ». Décret du 31 août 1863 autorisant cette
société à étendre le cercle de ses opérations et à prendre le titre
de « Société de Crédit foncier colonial ». Il fixe sa durée à
60 ans.

Ce nouvel établissement eut notamment pour objet : 1° de prêter sur hypothèque les sommes nécessaires à la construction de sucreries dans les colonies françaises ou au renouvellement et à l'amélioration de l'outillage ; 2° de prêter sur hypothèque aux propriétaires d'immeubles situés dans les mêmes colonies ; 3° d'acquérir et de rembourser des créances privilégiées ou hypothécaires ; 4° de créer et de négocier des obligations pour une valeur égale au montant de ses prêts[1]. Le taux de l'intérêt des sommes prêtées ne devait pas dépasser 8 pour 100 ; les prêts pouvaient être consentis pour une durée de 30 ans ; enfin, le décret de 1863 déclarait applicables aux colonies, dans l'intérêt du prêteur, le décret du 28 février 1852 sur les Sociétés de Crédit foncier et la loi du 10 juin 1853 relative à la purge des hypothèques.

Au lendemain même de la publication de ce décret, les colonies des Antilles et de la Réunion, en faveur desquelles était constitué le Crédit foncier, signèrent avec lui des conventions fixant à 10 millions pour chaque île le maximum des prêts qu'il s'engageait à consentir et lui garantissant en retour, à titre éventuel, 2 1/2 pour 100 du montant des obligations émises en représentation des prêts effectués, afin de le couvrir des pertes auxquelles ces opé-

1. Le décret de 1863 fixe à 12 millions de francs le capital action, — le capital de garantie, peut-on dire, — de la Société.

rations pouvaient l'exposer[1]. Plus tard des conventions additionnelles intervinrent entre les deux parties, en vertu desquelles le Foncier promettait de porter de 10 à 20 millions le chiffre des prêts qu'il s'obligeait d'effectuer dans chaque colonie.

Le Crédit foncier colonial ainsi organisé a rendu aux trois colonies sucrières de grands services : ses prêts ont atteint 60 millions ; les planteurs ont trouvé, grâce à lui, au taux de 8 pour 100, l'argent qu'ils payaient auparavant 10 pour 100 et plus ; ils ont pu améliorer leurs procédés de culture, et partant, élever le rendement de leurs terres ; pour les industriels, ils ont construit des sucreries, acheté les nouveaux appareils de fabrication. Cependant aujourd'hui le Foncier se trouve, sans avoir commis de lourdes fautes de gestion, dans une situation pire que celle où étaient les Banques coloniales, il y a quelques années, du fait de leurs opérations anti-statutaires. Il n'existe plus, peut-on dire même, puis-

---

1. Art. 3 de la convention du 9 août 1863 approuvé par décret du 31 du même mois : « Les colonies de la Martinique et de la Guadeloupe s'obligent, en outre, à garantir éventuellement, chaque année, à la Société de Crédit foncier colonial une somme égale à 2 1/2 pour 100 du montant des obligations émises par la Société en représentation des prêts réalisés par elle dans la colonie... Elle sera affectée, par préférence aux ressources de la Société, et à titre de subvention éventuelle, à couvrir, dans la double limite ci-dessus spécifiée, les pertes que le Crédit foncier colonial pourrait avoir éprouvées dans le cours d'un exercice, soit sur le paiement des indemnités dues par chacun des emprunteurs, soit sur le remboursement du capital de chacun des prêts, après la liquidation du gage. »

La colonie de la Réunion prit les mêmes engagements dans une convention du 8 septembre 1863.

qu'il a été mis en liquidation judiciaire en 1892 et que, depuis lors, il vit sous le régime concordataire qui lui a été accordé par ses créanciers.

Sa direction est-elle exempte de tous reproches? Ce serait trop s'avancer. Elle n'a pas tenu suffisamment compte de la situation très obérée dans laquelle se trouvaient beaucoup des propriétaires qui se présentaient à ses guichets[1]; elle a prêté avec trop de facilité, et aussi de trop grosses sommes, aux mêmes emprunteurs; elle n'a point fait assez large la part des risques auxquels est exposée la monoculture; quelquefois aussi, les experts l'ont fait consentir à des prêts exagérés; enfin, elle n'a pas toujours résisté aux influences ou aux sollicitations. Mais il ne paraît pas qu'il faille insister sur ces erreurs, car les inspecteurs chargés à différentes reprises par les ministres des Finances et des Colonies de vérifier les opérations du Crédit foncier ont le plus souvent conclu qu'il ne fallait pas accuser l'imprudence ou l'imprévoyance des prêteurs, mais plutôt les désastres imprévus qui sont venus fondre sur les emprunteurs et les

1. Le gouverneur de la Réunion écrivait au ministre des Colonies en 1886 dans un rapport sur la situation du Crédit foncier et de la Banque: « Du temps où la culture de la canne était rémunératrice, on réalisait les bénéfices obtenus et on partait pour la France vivre des rentes que l'on avait acquises. On vendait sa propriété à un individu vivant ou venu dans le pays presque sans capitaux, et qui tirait de la terre: 1° l'intérêt du prix de vente de la propriété; 2° de quoi vivre, — et l'on vivait largement!; 3° de quoi se constituer une fortune à son tour. La terre se transmettait ainsi toujours grevée d'une hypothèque à peu près égale à la valeur exagérée qu'on lui donnait et qui depuis a considérablement baissée. »

ont mis hors d'état de se libérer[1]. La vérité est, en effet, que le Foncier devait subir le contre-coup direct de la crise, si longue et si grave, qui a pesé sur l'industrie sucrière. On a vu plus haut l'importance de la baisse des sucres ; il faut ajouter la maladie des cannes, les sécheresses, les cyclones. Il convient aussi de noter qu'une partie des prêts du Crédit foncier a servi à rembourser l'ancienne dette hypothécaire ; que les fonds versés par lui à ses emprunteurs sont allés souvent en France, au lieu d'être employés sur les plantations. Enfin, les ventes forcées auxquelles l'établissement a dû faire procéder ont eu encore pour conséquence l'avilissement de la propriété. Le Crédit foncier s'est trouvé dans une situation beaucoup plus défavorable que celle des Banques. Celles-ci prêtaient sur des récoltes qui, même en temps de grande baisse, ne cessaient pas de trouver acheteur ; le Foncier, au contraire, prêtait sur des terres qui perdaient leur valeur propre, puisque la denrée qu'elles produisaient était soumise à d'incessants aléas. Chaque année la baisse des propriétés s'accentuait. Ils devenaient de plus en plus rares ceux qui étaient disposés à mettre leurs fonds dans la culture sucrière. Continuer, malgré la baisse persistante des sucres, l'exploitation de son domaine, c'était obéir à la fatalité, demeurer dans l'engrenage ; mais acheter une propriété, c'était s'y engager... Il faudrait encore

---

1. Notamment le rapport de M. Adam inspecteur des services administratifs et financiers des Colonies (1887).

ajouter, en faveur du Crédit foncier, qu'il n'avait pas
la ressource de se livrer, comme les Banques, à l'escompte du papier commercial et à certaines autres
opérations qui, en procurant à celles-ci des bénéfices,
leur ont permis de couvrir les pertes occasionnées par
les opérations agricoles.

Dans de pareilles conditions, le Foncier, dont les
actionnaires n'ont jamais connu les gros dividendes,
même à la période des débuts, s'est trouvé au bout
de peu d'années réduit à une situation singulièrement grave pour un établissement de prêts. Il a dû
accorder d'abord des délais et des facilités à ses emprunteurs ; puis, certains d'entre eux n'étant plus en
état de payer leurs annuités, il s'est vu dans la nécessité, pour sauvegarder l'intérêt de ses obligataires,
de poursuivre la vente de ses gages, — gages dont
la valeur avait en peu d'années diminué dans une
énorme proportion. A la Guadeloupe, à la Réunion,
il est arrivé souvent que, faute d'enchérisseur, la Société a été déclarée adjudicataire en subissant une
perte considérable sur ses créances. Dans la première
de ces îles, elle est devenue propriétaire de 58 habitations comprenant 4 usines, et dans la seconde
de 36 habitations comprenant 7 usines[1]. Ainsi le
Crédit foncier, établissement de prêts, se transformait

---

1. A la Martinique le Crédit foncier ne possède qu'une seule
habitation sans usine.

Au total il avait prêté sur les divers immeubles des 3 colonies qui sont aujourd'hui dans ses mains 19 780 000 francs ; il
lui restait dû au moment des expropriations 18 437 000 francs ;
ces immeubles lui ont été adjugés pour 6 745 000 francs.

malgré lui en une Société foncière d'exploitation, si bien que le gouvernement devait lui reconnaître, par une modification de ses statuts, tous les pouvoirs d'administration d'un propriétaire[1]. Ainsi encore, les pertes qu'il subissait le mettaient dans l'obligation de recourir à la garantie coloniale, garantie qui, pensait-on lors de la signature des contrats de 1863, ne fonctionnerait qu'exceptionnellement. De ce fait les colonies de la Réunion et de la Guadeloupe ont eu à payer des sommes considérables qui ont été cependant insuffisantes pour assurer le service des obligations[2]. On pourrait ajouter que les conseils coloniaux ne se sont pas soumis sans résistance à la loi des contrats et qu'ils ont soutenu contre l'établissement prêteur vingt procès qu'il a généralement gagnés devant le Conseil d'État.

Aujourd'hui, le Foncier ne consent plus que de rares prêts à court terme. Son administration se préoccupe surtout de faire rentrer les prêts en cours, d'obtenir des colonies le versement des « garanties » dont elles sont encore débitrices, enfin, de gérer un gros domaine dont la valeur totale est évaluée à 23 ou 24 millions et qui, bien dirigé, donne des profits fort appréciables.

Il ne peut être question en présence d'une pareille

---

1. Décrets des 28 octobre 1872 et 31 mars 1873.
2. Les versements effectués par les colonies au titre de leur garantie se sont élevés jusqu'ici en principal à : Réunion, 5 637 000 francs ; Guadeloupe, 2 221 000 francs ; Martinique, 469 000 francs.

transformation de « renflouer » le Crédit foncier
colonial. Le but que doivent poursuivre les conseils
coloniaux et le gouvernement, — et ils sont depuis
longtemps sollicités à cet effet par les intéressés, —
est d'aider à la constitution d'un ou plusieurs établissements de crédit à long terme. Les propriétaires de
domaines agricoles réclament des capitaux pour améliorer leurs procédés d'exploitation, augmenter le
rendement à l'hectare des champs de cannes[1]; ils
veulent aussi, — pour éviter le danger de la monoculture, dont ils sont aujourd'hui convaincus, — planter,
suivant les régions et la qualité des terres, le café,
la vanille, le thé, les fleurs à essence. La place ne
leur manque point. Quant aux industriels sucriers,
ils se préoccupent d'améliorer leur outillage de fabrication et même d'élever des raffineries. Pourquoi,
en effet, les Antilles et la Réunion ne raffineraient-
elles pas leurs sucres et continueraient-elles à demeurer dépendantes des raffineries des ports métropolitains? Il ne faut pas considérer les vieilles colonies
comme ruinées, mais il importe que les capitalistes
métropolitains viennent à leur aide à des conditions
raisonnables.

Le meilleur moyen d'atteindre le but désiré est
peut-être de poursuivre la constitution d'établisse-

---

1. A titre d'exemple, on citera ce fait que, sur certaines des
propriétés qu'il a dû acquérir à la Réunion, le Crédit foncier
a obtenu les résultats suivants : le poids moyen des cannes
récoltées à l'hectare variait en 1880, 1881 et 1882 entre 26, 27
et 29 000 kilogrammes; dix ans plus tard, en 1891, 1992 et 1893
il atteignait 40, 45 et 50 000 kilogrammes.

ments locaux de prêts fonciers. L'île anglaise de Sainte-Lucie, qui voulait assurer chez elle le prêt à la terre, peut être donnée en exemple. En 1896, elle a prévu l'établissement d'une compagnie au capital d'au moins 100000 livres en vue de consentir aux propriétaires fonciers des prêts de 20 ans à un taux n'excédant pas 6 pour 100. En même temps, elle a garanti à la compagnie, dans certaines conditions, un intérêt de 3 pour 100, et pour se créer les ressources correspondantes à cette charge, elle a établi une taxe spéciale de 3 pences par acre (arpent) sur les propriétés rurales. Nos colonies sucrières pourraient procéder de même. Il serait bon, en outre, d'autoriser les nouvelles sociétés à joindre à leurs opérations foncières les opérations de banque : il y aurait là pour elles une source très appréciable de bénéfices. Or il n'est pas douteux que des financiers sérieux réclameront aux colonies des garanties et des facultés les mettant à l'abri des risques que comportent toujours les prêts à la terre. Les planteurs, les industriels n'hésitent pas à le reconnaître ; ils déplorent même que la mauvaise gestion des Conseils généraux ait fourni jusqu'ici une raison très plausible aux établissements métropolitains pour se refuser à des opérations foncières insuffisamment assurées[1]. Ce fait, il importe de le noter, doit être

1. La Chambre d'agriculture de Pointe à Pitre (Guadeloupe) a fait parvenir au ministre des Colonies, dans le courant de 1899, un rapport où on lit : « Toutes les fois que nous nous sommes adressés à des sociétés financières, à des établissements de crédit pour obtenir des capitaux qui permettraient de créer des exploitations agricoles, industrielles, ou d'augmenter celles

ajouté à ceux que nous avons produits pour réclamer la réforme radicale et complète des budgets coloniaux.

L'histoire des graves mécomptes survenus à la Banque de l'Algérie, aux Banques coloniales et au Crédit foncier est plein d'enseignements, dont, il faut l'espérer, profitera l'avenir. Elle montre d'abord que le crédit à l'agriculture, — crédit à long ou à court terme, — est aux colonies, ainsi que nous l'avons dit, chose particulièrement délicate; puis, que le crédit ne se commande pas, qu'un établissement prêteur doit demeurer libre dans la direction de ses opérations et décider seul, s'il veut ou non faire confiance; enfin, il convient de retenir que, si l'État doit respecter cette liberté, il doit, en revanche, exercer avec grand soin ses droits de contrôle. Céder à des sollicitations, fermer les yeux, laisser faire, attendre ou « remettre au lendemain », ce sont là des fautes graves. D'autre part, c'est un devoir étroit pour les ministres de confier la direction des établissements privilégiés, suivant les termes dont se servait

qui existent déjà, on nous a demandé : « Quelle garantie pourrait offrir la colonie ? » Et quand nous avons parlé des garanties que peuvent offrir nos principales sources budgétaires, on nous a répondu presque invariablement : « Il n'est pas possible de compter sur les *données* de vos impôts! Qui les vote, en effet? Le Conseil général. De par la législation qui vous régit, votre Conseil général est un petit parlement sans contrôle, sans pouvoir pondérateur, dont la mobilité est liée aux caprices du suffrage universel, qui peut détruire aujourd'hui ce qu'il a fait hier, et rétablir demain ce qu'il a supprimé aujourd'hui; de sorte qu'il n'existe pas de base fixe sur laquelle on puisse tabler une convention. »

le rapporteur de la loi de 1851 sur les Banques coloniales, à des hommes « d'une capacité spéciale, d'une
fermeté, d'une droiture à la hauteur de leur délicate
et difficile mission. » Ceux-ci connaissent seuls les
principes d'après lesquels doivent être dirigés les
établissements de crédit ; ils savent combien il est
important d'aller avec prudence et de diviser les risques ; ils savent encore qu'une banque doit être, en
quelque sorte, chaque jour, du moins autant qu'il
est pratiquement possible, en état de liquider toutes
ses affaires sans entamer son capital. Trop souvent
les ministres ont été imprudents dans leurs choix :
un ancien préfet, un ancien trésorier général, un
ancien député n'ont point les qualités et les connaissances techniques qu'il faut à un directeur. La « capacité spéciale », et souvent aussi « la fermeté », leur
manquent.

Le gouvernement sollicite des Chambres le renouvellement du privilège de la Banque de l'Algérie et des
Banques coloniales ; il se préoccupe de soustraire
ces établissements aux influences locales et de fortifier ses droits de contrôle. Cela est bien. Toutes les
rédactions ne serviraient de rien, cependant, si les
ministres de l'avenir ne comprenaient pas mieux que
les ministres du passé, qu'à mal exercer leurs droits,
ou plus exactement *leurs devoirs* de nomination et
de contrôle, ils engagent gravement leur responsabilité et peuvent préparer des crises fort dangereuses.

IV. — LA BANQUE DE L'INDO-CHINE

Après les établissements privilégiés dont on vient d'étudier le fonctionnement, il en est un encore dont il convient de parler. Si la Caisse agricole de Tahiti, — très bizarrement constituée et qui n'a pas une véritable personnalité financière, — peut être négligée [1], il n'est pas possible d'oublier la Banque de l'Indo-Chine. Le prêt à l'agriculture ne constitue pour elle, à la vérité, qu'une opération tout à fait secondaire, mais, — outre qu'elle rend de très appréciables services dans les colonies où elle est installée et qu'elle est la grande banque française d'Extrême Orient, — elle a été fondée et elle fonctionne dans des conditions particulières, fort heureuses, qui la différencient des autres établissements coloniaux de crédit et assurent sa bonne direction.

1. La Caisse agricole de Tahiti a été instituée par un arrêté de l'autorité locale du 30 juillet 1863 dans le but d'acheter des terrains, de faciliter l'établissement des colons, d'encourager l'agriculture. Ses ressources ont été assurées par le budget local. Aujourd'hui cette Caisse, réorganisée en dernier lieu par deux arrêtés du Gouverneur en date du 21 décembre 1895 et du 18 septembre 1899 est un « établissement de crédit public dépendant du service local, fonctionnant sous sa surveillance et sa garantie. » Elle a le droit d'émettre des « bons de caisse », qui ont cours légal, et ses principales opérations sont les suivantes : acquisitions de terrains pour l'établissement des colons ; prêts sur récoltes données en nantissement et sur hypothèques, escompte des billets à ordre, etc...

Le fonctionnement de la Caisse agricole et son administration prêteraient, si on voulait s'y arrêter, à de très nombreuses critiques.

La Banque de l'Indo-Chine, « banque d'émission, de prêt et d'escompte », tient ses privilèges des décrets des 21 janvier 1875 et 20 février 1888[1]. Elle a été fondée par trois des principaux établissements de crédit de Paris, le Comptoir d'Escompte, le Crédit Industriel et Commercial, la Banque de Paris et des Pays-Bas, auxquels la Société Générale et le Crédit Lyonnais se sont joints dans la suite. De ce fait, son conseil d'administration, qui siège à Paris, est composé non de fonctionnaires, mais de banquiers, hommes de « capacité spéciale », indépendants des préoccupations politiques et des influences locales. Cette indépendance ne soustrait d'ailleurs, en aucune façon, la Banque au contrôle gouvernemental. Les décrets et les statuts disposent que les directeurs, nommés par le conseil d'administration, sont soumis à l'agrément du ministre des Colonies ; que celui-ci désigne un commissaire du gouvernement et des censeurs ; qu'aucune répartition de dividendes ne peut être faite sans son autorisation ; qu'il a le droit de faire procéder aux vérifications des registres, des caisses, des opérations ; enfin, l'établissement est soumis au contrôle de la Commission de surveillance des Banques coloniales.

Le capital nominal de la Banque de l'Indo-Chine est de 12 millions ; 3 seulement sont versés, qui constituent avec plus de 2 millions de réserves le

---

1. Ce dernier décret étend le rayon d'action de la Banque de l'Indo-Chine et proroge son privilège jusqu'en 1905.

capital de garantie de sa circulation fiduciaire. Celle-
ci dépasse 25 millions. La Banque a des succursales
et des agences dans les quatre provinces de l'Union
Indo-Chinoise, puis à Bangkok, à Hong-Kong, à
Changhai, à Pondichéry, à Nouméa. Ses principales
opérations sont l'escompte à 120 jours du papier commercial ; le prêt sur marchandises d'importation et
d'exportation remises en nantissement, la création,
la négociation, l'escompte ou l'achat de traites sur
les colonies, la métropole, l'étranger[1]. Les prêts
agricoles ne lui sont pas interdits. Elle est au contraire, expressément autorisée, comme les Banques
coloniales, à prêter le tiers de la valeur présumée sur
récoltes pendantes ; mais elle s'est toujours refusée
aux opérations de cette nature. Cette réserve est com-
préhensible, car la Banque de l'Indo-Chine se trouve
dans des conditions très différentes de celles des
Banques des Antilles et de la Réunion. Ces dernières
ont devant elles plusieurs milliers de propriétaires,
poursuivant l'exploitation régulière de domaines dont
le rendement est depuis longtemps connu, et dont
les récoltes certaines offrent, malgré la variation des
cours, un gage réel aux prêteurs, tandis que la
Banque de l'Indo-Chine est seulement en présence
de quelques dizaines de colons qui ont obtenu gratuitement une concession sur laquelle ils essayent des
cultures nouvelles. La période des essais, des expé-

---

[1]. Elle a donné en 1898 un dividende de 25 francs par
action.

riences   grands aléas est longue, et pendant cette période une banque ne saurait sagement consentir des opérations de prêts hypothécaires. Les colons ne peuvent donc compter, après leurs ressources personnelles, que sur l'aide de parents, d'amis, d'associés leur faisant confiance et consentant à courir avec eux tous les risques inhérents à une entreprise nouvelle. Telle est aujourd'hui, notamment, la situation au Tonkin où l'on compte plus de colons qu'en Cochinchine[1]. Plus tard, lorsque les domaines en voie de création seront constitués et en plein rendement, lorsque le thé, le café indo-chinois auront sur le marché une valeur certaine, la Banque pourra sans imprudence faire le prêt sur récoltes pendantes. Elle se borne aujourd'hui, — fait qui semblerait bizarre, si on ne l'expliquait, — à faire aux indigènes « le crédit à la terre » qu'elle refuse aux colons. Ce n'est point, dans ce cas à l'individu qu'elle prête, mais au village, et sur la garantie de l'administration. Ce système qui a donné de très bons résultats en Cochinchine a été introduit il y a deux ans en Annam et au Tonkin. La Banque prête aux communes indigènes, représentant les propriétaires emprunteurs, les sommes nécessaires à ceux-ci pour assurer l'appropriation de leurs champs, la culture et la récolte du

---

1. Le gouvernement général a toutefois imaginé, — mais ceci n'est pas le « crédit », — d'accorder aux colons, planteurs ou éleveurs, des subventions ou encouragements non remboursables. Un crédit de 50 000 piastres est, à cet effet, inscrit chaque année au budget local du Tonkin.

riz. Ces prêts sont consentis au taux de 8 pour 100
dont 2 pour 100 sont « ristournés » au Protectorat
pour se couvrir de sa garantie. Le développement des
prêts, qui est subordonné, en partie du moins, au
concours plus ou moins actif des résidents, peut donner un grand essor à l'agriculture par le fait qu'elle
soustraira les paysans tonkinois aux usuriers chinois
qui réclament ordinairement un intérêt de 3 pour 100
par mois [1].

L'importance des intérêts français engagés en
Indo-Chine et en Chine, — on sait la part que nos
capitalistes prennent à la construction des chemins
de fer du Céleste-Empire, — fait un devoir aux ministres des Finances et des Colonies de se préoccuper
dès maintenant d'éventualités assez prochaines d'ailleurs. Le privilège de la Banque de l'Indo-Chine
expire en 1905, mais il est possible de le renouveler

---

[1]. La mention du système de prêt aux indigènes imaginé en
Indo-Chine est une occasion de rappeler qu'il y a vingt-cinq ou
trente ans, et particulièrement depuis 1886, les administrateurs
des communes algériennes ont fondé, très heureusement sur
divers points de notre colonie des « Sociétés indigènes de pré-
voyance, de secours et de prêts mutuels », qui rendent de très
grands services.

Le principe est généralement le suivant : les *djemâa* prélèvent,
sur la récolte des gens aisés, une petite part dont elles forment
une réserve destinée à secourir les nécessiteux pendant l'hiver et
aussi à prêter du grain pour ensemencer à ceux qui n'en ont
pas. Ces derniers, la récolte faite, rendent la quantité qui leur
a été prêtée, plus un nombre déterminé de litres pour assurer
les frais de garde des « silos » et compenser les pertes. — D'a-
près les statistiques de 1898 on comptait en Algérie 78 « Sociétés » ayant 250 000 adhérents et dont l'actif, tant en argent
qu'en grains, représentait une somme totale de 7 millions.

avant cette époque pour le bien des deux parties. Cet établissement est déjà la grande banque française de l'Extrême-Orient; sa direction a été fort heureuse. Pourquoi, dans de pareilles conditions, ne pas le fortifier encore? Pourquoi ne pas élargir ses attributions? On pourrait, d'une part, lui faire l'obligation de fonder en Chine un certain nombre de succursales; d'une autre, lui donner la faculté de prendre dans ce pays et en Indo-Chine une participation limitée dans les affaires industrielles. On pourrait encore lui demander, à l'imitation de ce qui a été fait avec la Banque de France et la Banque de l'Algérie, de mettre à la disposition du gouvernement une avance de quelques centaines de mille francs et une redevance annuelle, en vue de faciliter l'organisation et le fonctionnement d'une institution de crédit agricole en Indo-Chine.

V. — LE CRÉDIT IMMOBILIER EN TUNISIE

Si l'on comprend qu'il ne soit pas immédiatement possible d'instituer en Indo-Chine le crédit à l'agriculture en faveur des colons, on ne s'explique pas, en revanche, qu'il n'ait point été créé en Tunisie depuis longtemps. Voici dix-huit ans que la France est établie dans ce pays; on savait dès le premier jour ses terres fertiles, ses populations douces et laborieuses; l'expérience acquise en Algérie disait les cultures à entreprendre, les résultats qu'on pourrait espérer. C'était, d'un

autre côté, l'opinion générale, que les « moyens » et
les « gros » colons devaient être sollicités, encouragés,
que la Tunisie était un champ ouvert à la « colonisation française ». Mais, chez nous, les ministres ont
peur des « financiers » et des « affaires » : aussi ont-
ils préféré s'abstenir et se sont-ils refusés à la signature de tout contrat dans la crainte d'engager leur
responsabilité. C'est ainsi qu'à l'heure présente, l'agriculteur qui veut planter la vigne ou l'olivier doit,
comme au lendemain de la conquête, chercher ses
capitaux en France ; il sait qu'il ne trouvera aucun
crédit dans le pays même. La Banque de Tunisie, puis,
à côté d'elle le Foncier d'Algérie, la Société algérienne
et le Comptoir d'Escompte, qui ont fondé des agences,
escomptent les effets commerciaux et font toutes les
opérations ordinaires des banques ; mais ces établissements se refusent à aider l'agriculture. La vérité
est, d'ailleurs, qu'ils ne le pourraient pas. On croit
communément que l'introduction du système de l'*Act
Torrens* dans la Régence a eu pour conséquence la
mobilisation du sol et, partant, qu'il a facilité la
transmission des titres de propriété au grand profit
des prêteurs hypothécaires qui ne seraient pas exactement remboursés par leurs emprunteurs. Rien n'est
moins exact. La loi foncière tunisienne[1] a très heureusement résolu les questions relatives à la délimi-
tation du sol, à la certitude de la propriété; elle a

[1]. Loi du 1er juillet 1885 complétée par la loi du 15 mars
1892.

également supprimé les privilèges et hypothèques occultes, mais elle n'a pas innové en ce qui concerne les droits du créancier hypothécaire. Le prêteur, non payé à l'échéance, est donc obligé de poursuivre son débiteur devant les tribunaux suivant les formes ordinaires et deux ou trois années peuvent s'écouler, — au cas où le jugement du tribunal de première instance est frappé d'appel devant la cour d'Alger, — avant que le créancier soit mis en possession du domaine sur lequel il a pris inscription. Comment, dans de pareilles conditions, un établissement de crédit pourrait-il s'aventurer à consentir des prêts agricoles qui constituent déjà en eux-mêmes une opération délicate? Depuis longtemps le ministère des Affaires étrangères et la Résidence générale sont invités à modifier cette législation; chaque année les instances sont plus vives et les personnes compétentes évaluent que, dès maintenant, les colons tunisiens, ainsi que les indigènes qui ont fait immatriculer leur terres, ont besoin pour hâter la mise en valeur de leurs domaines d'une vingtaine de millions que garantiraient largement leurs propriétés.

On assure que la question va enfin aboutir. Le résident général soumettrait à la signature du bey une loi introduisant dans la Régence les dispositions du décret du 28 février 1852, qui donne en France aux Sociétés de Crédit foncier le droit de poursuivre par une procédure rapide la vente du gage hypothécaire en cas de non paiement à l'échéance.

Une pareille mesure cependant ne suffirait point.

Si l'on veut fonder le crédit hypothécaire en Tunisie, aux conditions du décret de 1852 et de la loi du 10 juin 1853, il convient de remettre les privilèges créés par ces actes à un établissement déterminé. En France, le décret du 28 février 1852 a été suivi des décrets des 30 juillet et 10 décembre de la même année, instituant le Crédit foncier de France. Il est donc indispensable que le ministre des Affaires étrangères, aidé de son collègue des finances, accorde à une société de crédit le privilège de faire le prêt foncier dans la Régence. A cette occasion, différentes questions se poseront que les ministres devront résoudre. Il s'agira tout d'abord de savoir comment l'établissement privilégié se procurera, aux meilleures conditions possibles, les sommes qu'il devra fournir à ses emprunteurs. Fera-t-il directement appel au public? Ne s'adressera-t-il pas plutôt, comme le Foncier d'Algérie, au Crédit foncier de France? Nous avons déjà fait connaître nos préférences en traitant du Crédit foncier d'Algérie.

VI. — NÉCESSITÉ DE LA FONDATION D'UNE GRANDE BANQUE COLONIALE

Nous n'exprimerions pas notre pensée entière sur ce sujet si important des « capitaux aux colonies » et du « crédit aux colons », si nous nous bornions à réclamer l'amélioration de la législation foncière tunisienne et la réforme plus ou moins complète des établissements privilégiés qui existent aujourd'hui.

Jusqu'ici nous avons restreint notre étude aux conditions dans lesquelles est assuré le crédit à l'agriculture. C'est d'ailleurs la question la plus urgente, car les intérêts du commerce et de l'industrie semblent suffisamment servis à l'heure actuelle. La Banque de la Guyane, la Banque du Sénégal dont le privilège sera prochainement étendu, la Banque de l'Indo-Chine avec ses succursales, la Caisse agricole de Tahiti ne cessent d'étendre leurs affaires et le moment n'est pas encore venu de créer au Gabon-Congo ou à Madagascar des banques privilégiées d'émission et d'escompte. Mais il est une autre question que nous ne saurions passer sous silence. Il importe, dans l'intérêt du développement général de nos colonies que le gouvernement se préoccupe, sans retard, de la fondation d'un établissement nouveau, dont l'utilité est certaine, qui déjà devrait exister et que nous appellerons ici, pour lui donner un nom, « la Banque d'Outre-Mer ».

Il est une constatation qui s'impose : depuis moins de vingt ans, le gouvernement de la République a augmenté notre domaine de la Tunisie, du Tonkin, de l'Annam, du Soudan, du Dahomey, du Congo, de Madagascar ; dans le même temps, l'opinion a paru prendre quelque conscience des destinées coloniales de la France, tandis que des esprits curieux et entreprenants s'informaient de la valeur des anciennes colonies et des nouvelles, envisageaient les profits que les émigrants et les capitalistes pourraient retirer de leur exploitation. Cependant aucune Banque, aucun établissement de crédit n'a été fondé pour fournir à cet empire les capitaux indispensables à sa mise en valeur. La création de la Banque de l'Indo-Chine remonte à 1875 ; celle du Crédit foncier d'Algérie, — organisé d'ailleurs en dehors de l'intervention gouvernementale, — à 1880. Depuis, rien n'a été fait, ni même tenté.

Les ministres, les administrateurs, s'imaginent-ils qu'il soit possible à de rares colons, possesseurs d'un faible pécule, et à quelques hommes hardis, disposés à engager leur fortune dans des entreprises nouvelles, de transformer, seuls et sans aide, des pays neufs, barbares et incultes en des provinces riches et commerçantes ? Dans les discours, à la fin des banquets officiels, on aime à dire : « La colonisation est l'avenir de notre pays. Jeunes gens, toutes les carrières sont encombrées en France : allez aux colonies. » Mais on n'apporte aucun encouragement, aucun concours effectif à l'initiative individuelle. Bien plus ! elle est quelquefois entravée. Or, nous l'avons dit à plusieurs reprises, l'œuvre coloniale est trop considérable, trop lourde comme « mise en train » pour que l'initiative privée, abandonnée à ses propres forces, parvienne à la bien engager, et surtout dans un délai assez court. Les esprits sérieux, les « coloniaux », savent que, dès maintenant, des centaines d'entreprises peuvent être fondées dans nos provinces africaines et asiatiques, puis aussi en Calédonie, à Tahiti, en Guyane. Ils observent, d'ailleurs, le mouvement très décidé qui s'est produit en faveur de nos colonies depuis une dizaine d'années : l'École des mines de Saint-Étienne, l'École des contre-maîtres d'Alais, plusieurs écoles d'agriculture dirigent sur nos possessions nombre d'anciens élèves ; cinq à six Chambres de commerce se sont réunies pour organiser, il y a trois ans, une importante mission d'étude, dite « mission lyonnaise » qui a visité l'Extrême-Orient ; des particuliers commencent à envoyer dans nos colonies leurs enfants et leurs capitaux ; ils forment des projets, constituent des sociétés d'étude ; déjà les villes de Lyon, Marseille, Roubaix, Bordeaux, le Havre, Paris, ont engagé avec confiance des sommes importantes dans des entreprises de tout genre en Algérie-Tunisie, à Madagascar, en Indo-Chine, au Congo. Mais pour que ce mouvement continue, pour qu'il s'accentue, pour que cette « mise en train » soit le point de départ d'une large période d'activité et de profits, il est indispensable qu'une grosse institution de crédit soit fondée, assez forte pour soutenir les sociétés coloniales qui, le plus souvent, ne disposent pas d'un capital suffisant, et aussi pour assurer aux hommes intelligents et actifs, hardis et entreprenants les capitaux dont ils ont besoin.

Tel serait le rôle de la « Banque d'Outre-Mer ».

Dans notre pensée, elle devrait être fondée sur les bases, — élargies, — qui ont été adoptées pour la Banque de l'Indo-Chine, c'est-à-dire par tous les grands établissements de crédit de Paris, par toutes les maisons de banque réunies dans une pensée commune. Instituée sous de pareils auspices, recommandée par ses patrons à leur clientèle, assurée de l'appui moral des principales Chambres de Commerce, la nouvelle Banque réunirait sans peine un capital de 30 à 40 millions : car, dès le premier jour, la « Banque d'Outre-Mer » doit être riche. Elle aurait deux objets principaux : d'une part, — et ce serait le moindre malgré son importance, — elle pourrait soit placer les emprunts publics des colonies, soit leur consentir directement des prêts ou des ouvertures de crédit pour une durée de peu d'années ; d'une autre, elle prêterait largement son concours aux entreprises agricoles, forestières, minières, industrielles, commerciales, de travaux publics ou de navigation engagées dans les colonies. Ici le champ serait très vaste et cependant il est facile d'en déterminer les lignes générales : la Banque d'Outre-Mer, faisant un choix parmi les affaires qui lui seraient apportées, étudierait celles qui lui paraîtraient mériter attention ; elle participerait à leur fondation, elle les soutiendrait ; elle créerait des « filiales » ; d'un autre côté, — et sans négliger naturellement de s'assurer des garanties, — elle ouvrirait des crédits aux commerçants, aux planteurs, aux industriels, aux entrepreneurs de travaux publics, aux sociétés d'exploitation. On juge les services considérables que rendrait une institution fondée en vue de ces opérations ; et pour prendre un seul exemple, on voit le précieux concours qu'elle pourrait donner aux nouvelles sociétés congolaises qui abordent vaillamment, mais avec de trop faibles capitaux, une belle œuvre coloniale. Sagement dirigée par des hommes compétents, tenue hors des influences locales et des considérations de personne, se refusant aux spéculations pour ne s'intéresser qu'aux affaires saines et sages, la Banque d'Outre-Mer poursuivrait un but national. Elle prendrait en peu d'années dans le pays une grande influence morale. Alors elle ne contribuerait pas seulement à la mise en valeur des colonies par ses interventions directes, ses participations, ses ouvertures de crédit, mais encore en faisant paraître aux capitalistes timides, ou hésitants, — car il faut toujours en revenir à eux, — que les entreprises coloniales sont, dans l'état actuel du monde, suivant le mot de Stuart Mill, une des meilleures affaires dans lesquelles on peut engager les capitaux d'un vieux et riche pays.

Quel sera le rôle du gouvernement vis-à-vis d'un semblable établissement de crédit ?

On ne doit solliciter pour lui aucun privilège, et notamment on ne demandera pas qu'il reçoive le droit d'émission dans une ou plusieurs de nos colonies. D'un autre côté, on ne saurait consentir à ce que son directeur soit à la nomination du ministre ; son indépendance en souffrirait, et la Banque d'Outre-Mer, — qui, de même que toute société ou maison de banque, fera des affaires, courra des risques, — ne doit engager en rien la responsabilité de l'État. Ainsi, elle doit être absolument libre. Mais, hélas ! une institution riche et puissante, telle que celle que nous concevons, patronnée, soutenue par toutes les grandes banques, ne saurait en France arriver à la vie sans l'aide gouvernementale. Si les directeurs de certaines sociétés de crédit semblent disposés à prendre part à la fondation d'un établissement colonial, d'autres sont hésitants ; les affaires « françaises » ou « étrangères » suffisent à leur activité ; ils craignent le nouveau ; l'inconnu les effraye. D'ailleurs, quelle serait l'attitude de l'*Administration* à l'égard de l'établissement qu'ils auraient créé ? Elle est trop puissante aux colonies, elle peut faire trop de mal pour que l'on ne se préoccupe pas de son attitude. Il importe donc, pour ces différentes raisons, que l'initiative vienne de l'administration même. Il faut qu'un ministre des colonies, — jouissant d'une autorité personnelle, — réunisse les directeurs des grandes maisons de banque, et réclame leur concours. C'est à lui qu'il appartiendra de vaincre les hésitations, de résoudre les difficultés, d'assurer l'entente commune. Il serait bon d'ailleurs, qu'un membre du gouvernement prît un jour l'engagement moral devant ceux qui représentent l'épargne française, qui la conseillent et la dirigent, de regarder favorablement les entreprises coloniales et de leur prêter partout son bienveillant appui. Une semblable attitude donnerait à tous la confiance nécessaire, effacerait de fâcheux souvenirs[1].

1. La Belgique qui, sous l'heureuse impulsion de son roi, — servi d'ailleurs par quelques hommes de premier ordre, — poursuit depuis moins de quinze ans la mise en valeur du bassin du Congo, nous a déjà donné l'exemple de l'institution d'une

Le vœu que nous exprimons ici doit être d'ailleurs, complété, précisé :

Il est temps que l'administration coloniale prenne contact, ouvertement et sans fausse honte, avec les hommes d'affaires et les banquiers. Le ministre des Colonies ne doit pas seulement nommer des fonctionnaires ou des magistrats, assurer la relève des troupes ou suivre, avec son collègue des Affaires étrangères, des négociations diplomatiques ; il doit encore, surtout à l'heure présente, se préoccuper d'assurer l'outillage économique de nos possessions, de favoriser par toutes les mesures en son pouvoir leur mise en valeur. Et seuls, les capitalistes peuvent assurer cette mise en valeur. Dès lors le devoir des ministres, des gouverneurs, est de signer des contrats de travaux publics, de fonder des banques, d'accorder des concessions. La crainte des campagnes de presse, des accusations de concussion, a eu trop longtemps pour conséquence l'absolue passivité des ministres et des fonctionnaires, leur horreur de toute entreprise. Les capitalistes ne sont assurément ni des saints ni des missionnaires ; ils cherchent à gagner, ils prétendent

grande banque pour le développement des intérêts coloniaux. Un groupe important et riche, dont fait partie le colonel Thys, a fondé au capital de 32 500 000 francs « la Compagnie internationale pour le commerce et l'industrie », dont le programme est des plus étendus, et qui a notamment pour objet « de créer, reprendre ou développer toutes les entreprises commerciales, financières, industrielles, agricoles ou forestières, principalement à l'étranger » ; de poursuivre l'octroi et l'exploitation de concessions ; de participer à la fondation des sociétés commerciales, industrielles, agricoles, forestières, etc.

réaliser des bénéfices. Mais les fournisseurs du ministère de la guerre livrent-ils des vêtements et des vivres par seul patriotisme? les avocats, les médecins, ne réclament-ils pas d'honoraires? les rentiers portent-ils leurs fonds au Trésor sans réclamer un intérêt? Il est temps que dans les Chambres, au ministère des Colonies, dans la presse, on se persuade de cette vérité que toute entreprise qui doit contribuer à la fortune de la nation mérite d'être considérée comme légitime; qu'il est du devoir des forces représentatives de la collectivité, — gouvernement, administration, parlement, journaux, — de l'encourager et de la soutenir; que les commerçants, les colons, les banquiers font une œuvre utile à la grandeur de la France et qu'il est désirable qu'ils y trouvent leur profit, pour que d'autres les imitent et que de proche en proche tous les sacrifices du pays en hommes et en argent soient justifiés et fécondés par la mise en valeur de notre domaine colonial.

CHAPITRE V

LE RÉGIME DOUANIER DES COLONIES

Le régime douanier de nos colonies entrave leur développement.
— L'état d'esprit protectionniste. — Les contradictions du
régime douanier colonial.
I. — Union douanière entre la France et l'Algérie. — Régime
de demi-faveur accordé en France aux produits tunisiens. —
Régime de faveur accordé aux produits français dans la Régence.
II. — Liberté douanière accordée aux colonies par le sénatus-
consulte de 1866. — Œuvre de réaction accomplie par la loi
de 1892. — Le tarif métropolitain protège les importations
françaises dans nos colonies contre la concurrence étrangère.
— Rares exceptions apportées à cette règle. — Sa gravité. —
Les résultats : augmentation des ventes, mais renchérissement
de la vie aux colonies et mécontentement général. — Difficultés avec l'Angleterre. — Le tarif de Madagascar. — Notre
politique douanière est en opposition avec les idées libérales
partout admises en Europe.
III. — Nous ne pouvons prétendre devenir les fournisseurs exclusifs de nos colonies. — Infériorité de nos industriels sur
les marchés d'Afrique et d'Asie. — Ses causes. — Supériorité
de l'industrie anglaise. — Elle approvisionne le monde de
fils et de tissus de coton de qualité grossière. — La clientèle
de la France est constituée par les peuples « civilisés » plus que
par les noirs et les jaunes. — Raisons pour lesquelles il continuera probablement d'en être ainsi. — Les cotonniers français ont à craindre, outre la concurrence anglaise, celle des
pays asiatiques. — Développement industriel de l'Extrême-
Orient. — Avenir de l'Indo-Chine. — Les tarifs protecteurs
accordés aux cotonniers français sont un leurre.
La France peut cependant espérer développer ses ventes dans

ses possessions. — Les colonies toutefois sont moins un débouché « direct » qu'un débouché « indirect » pour nos
industriels. — Elles sont de nouveaux marchés ouverts à l'activité commerciale des nations. — La théorie d'Adam Smith.
— Sa justification par les chiffres du commerce entre la
France et l'Angleterre.

II faut renoncer au système protecteur! — Avantages de la
liberté.

IV. — Nous n'accordons pas aux produits coloniaux les avantages du « pacte colonial ». — Injustice du traitement qui
leur ... ᵗservé. — Les cafés de Calédonie. — Les seuls produits aa. ᵗ ᵗn franchise sont les matières premières et les
riz. — Co...nnation du système de la loi de 1892. — Pourquoi il faut lui substituer celui de l'exemption.

V. — Les protectionnistes veulent entraver le développement
industriel de nos colonies. — Opinions exprimées par MM.
Méline et d'Estournelles. — Observations présentées en faveur
de la liberté agricole et industrielle de nos colonies. — Avenir
industriel de nos colonies. — Primes et encouragements
qu'il convient d'accorder à l'industrie coloniale. — Exemples
donnés par les colonies anglaises. — Le « péril jaune » n'est
pas à craindre.

VI. — Les musées coloniaux d'Angleterre et de Hollande. —
Service qu'ils rendent aux commerçants et aux industriels en
relations avec les colonies. — Insuffisance de notre « Office
colonial ». — Un Musée Colonial serait un précieux instrument de propagande coloniale.

On a fait observer depuis bien longtemps combien
les contradictions sont fréquentes, même chez les
esprits réfléchis, soucieux de ne pas manquer aux
règles de la logique, dans le développement d'une
idée ou la construction d'un système. Les exemples
sont nombreux de ces contradictions parfois cho-
quantes. Il en est une précisément que l'on rencontre
dans l'étude des questions relatives à la mise en valeur
de notre domaine d'outre-mer.

Un grand nombre de députés ou de sénateurs partisans de la « politique coloniale » et, ce qui est

plus, de nombreux « coloniaux » qui réclament comme nous-même, l'adoption de toutes les mesures propres à favoriser l'émigration des hommes et des capitaux, se trouvent cependant d'accord pour refuser à nos possessions la liberté commerciale, c'est-à-dire la jouissance d'un droit particulièrement propre à hâter le développement de leurs affaires. N'est-ce point là une étrange contradiction? L'État, venant en aide aux colonies, encourageant les initiatives privées, favorisera l'établissement des colons, la création des jardins d'essai, la construction des travaux publics; il donnera des concessions à des compagnies commerciales et d'exploitation; il réorganisera les banques ou prendra part à leur constitution; puis, en même temps il imposera à ses colonies un régime douanier absolument contraire à leur intérêt le plus certain. Il est vrai que, depuis dix ans, nous voyons des députés qui ont voté un jour des millions pour l'amélioration des ports, adopter le lendemain des droits de douane qui auront pour conséquence de restreindre l'activité de ces ports. Tel est « l'état d'esprit protectionniste ». C'est ainsi que le régime douanier que la loi de 1892 a imposé à nos colonies, — l'Algérie et la Tunisie exceptées, — sera pour les générations à venir un sujet d'étonnement.

On sait que, d'après la doctrine, deux systèmes sont en présence en matière de douane coloniale : celui du monopole et celui de la liberté.

Dans le premier, les colonies sont obligées d'assurer un traitement privilégié aux marchandises métropolitaines et, en revanche, la métropole accorde un régime de faveur aux produits coloniaux. C'est le « pacte colonial » modernisé.

Dans le second, les colonies sont libres de s'approvisionner où il leur plait ; elles n'assurent aucune protection aux marchandises métropolitaines, et par contre, la mère patrie ne doit à leurs produits aucun régime de faveur. C'est le système anglais.

Le législateur français n'a pas fait son choix. Mais là n'est pas le reproche que nous lui adressons, car ni l'un ni l'autre de ces systèmes ne saurait être considéré comme un « bloc » qu'il faut accepter dans son entier. Les principes, pour être respectés, n'exigent pas d'être appliqués avec une intransigeance absolue : l'état économique de notre pays, celui de nos colonies ont leurs exigences, dont il faut tenir compte. Ce que nous reprochons au Parlement c'est d'avoir imaginé une combinaison profondément injuste et irrationnelle : d'une part, en effet, dans le désir de favoriser l'industrie nationale, il a mis nos possessions dans l'obligation d'imposer aux marchandises étrangères des taxes très élevées, afin de réserver, dans une large proportion, leur marché aux importations métropolitaines ; — d'une autre, il s'est refusé à leur accorder un régime de réciprocité qui, cependant, n'aurait lésé en rien les intérêts des agriculteurs et des industriels métropolitains. Ainsi, les colons obligés de payer fort cher, du fait des droits protecteurs, les produits dont ils ont besoin n'ont pas le bénéfice d'importer en franchise dans nos

ports les cafés, les cacaos, les vanilles et autres denrées coloniales qui sont, après les matières premières,
leur principale production.

« On aura de la peine à croire, a-t-il été dit,
qu'un peuple qui passe pour spirituel se soit donné
la peine d'acquérir un empire colonial pour le soumettre à un régime aussi manifestement absurde. »

I. — RÉGIME DOUANIER DE L'ALGÉRIE ET DE LA TUNISIE

Avant d'aborder l'examen de ce régime irrationnel
qui soulève les plus vives critiques, il convient d'étudier la situation réservée à nos possessions de l'Afrique
du Nord. Elle est spéciale, en effet, et constitue une
exception au système de 1892.

La loi du 17 juillet 1867 a établi entre la France
et l'Algérie une complète union douanière ; les produits naturels ou fabriqués de la colonie, sans exception, sont exempts de tous droits à leur entrée dans
les ports métropolitains et, en retour, les marchandises françaises importées en Algérie y pénètrent en
franchise. Depuis lors, l'article 10 de la loi du
29 décembre 1884 a décidé que les produits étrangers introduits dans la colonie seraient soumis aux
mêmes droits que s'ils étaient importés en France[1].

1. On sait quel est, à l'heure présente, notre régime douanier :
Jusqu'au 1er février 1892, la France avait deux tarifs : Le
« tarif général », — le plus élevé, — auquel étaient soumis les
produits et marchandises originaires des pays n'ayant pas de

Le régime douanier tunisien est d'une moins grande simplicité. D'une part, en effet, les protectionnistes, désireux de protéger l'agriculture et l'industrie françaises contre la concurrence des produits de la Régence, se sont refusés à leur accorder une entière franchise à l'importation; d'une autre, la Tunisie étant un « protectorat » et non une « colonie »,

traité de commerce avec la République; — le « tarif conventionnel », sensiblement moins élevé, dont bénéficiaient les importations des pays liés avec le nôtre par des traités.

Ce système des traités synallagmatiques de commerce a été condamné par la majorité protectionniste des Chambres, lorsqu'elle a voté la loi du 11 janvier 1892, qui a été mise en vigueur dès le 1er février suivant. Elle a décidé que la France, afin de demeurer « maîtresse de ses tarifs », ne conclurait plus de traités de commerce avec tarifs annexés. Ceci est *le principe* sur lequel repose le système. Toutefois, nous possédons encore deux tarifs : l'un, le « tarif général », appelé couramment « tarif maximum », dont l'exagération est telle qu'on peut le dire prohibitif; l'autre, le « tarif minimum », dont les taxes sont, en général, supérieures à celles de l'ancien « tarif général ».

Le « tarif maximum » est appliqué aux nations qui n'ont pas avec la France un « arrangement commercial », — arrangement temporaire et toujours révocable qui remplace les anciens traités; — le « tarif minimum » à celles qui en ont un, ou qui, pour prendre les termes plus généraux de la loi, font bénéficier les marchandises françaises d'avantages corrélatifs et leur appliquent leurs tarifs les plus réduits.

L'Algérie, ainsi que nos autres colonies et les pays de protectorat, à l'exception de la Tunisie, sont compris dans les arrangements commerciaux, de telle sorte, ainsi qu'on le verra d'ailleurs plus loin avec détail (pages 276 et suiv.), que l'on peut rencontrer dans nos colonies les deux tarifs, « général » et « minimum ».

Ajoutons, pour terminer, que les principaux pays avec lesquels la France a des « arrangements commerciaux » sont la Belgique, la Hollande, la Suisse, l'Italie, l'Espagne et qu'en outre, l'Angleterre, en vertu de la loi du 27 février 1882, l'Allemagne, en vertu de l'article 11 du traité de Francfort, bénéficient de notre « tarif minimum ».

les douanes beylicales subsistent et elles frappent encore à l'entrée quelques-unes de nos marchandises.

Aujourd'hui la loi du 19 juillet 1890 assure la franchise aux grains, aux bestiaux, aux huiles de provenance tunisienne, mais elle soumet les vins à un droit de 60 centimes par hectolitre et dispose que pour les autres articles, ils payeront en France « les droits les plus favorables perçus sur les produits similaires étrangers[1]. » Pour nos marchandises elles ne bénéficient en Tunisie d'un régime spécial que depuis peu. La Régence s'est, en effet, trouvée pendant plusieurs années, en vertu des traités signés par les anciens beys, dans l'obligation de soumettre les importations de la nation protectrice au même traitement que les importations de l'étranger[2]. C'est seulement le 1er janvier 1898 qu'elle a été déliée de ses engagements. Deux décrets beylicaux, datés du 2 mai de la même année, ont alors institué un régime nouveau qui assure aux marchandises françaises une situation privilégiée. Le premier

1. Cette loi, que le parti protectionniste a votée de mauvaise grâce, contient précisément une réserve qui n'est pas sans gêner parfois les importateurs tunisiens. Elle dispose que chaque année un décret du Président de la République fixera « d'après les statistiques officielles fournies par le Résident général » les quantités de céréales, vins, bestiaux ou autres produits qui bénéficieront des faveurs accordées par la loi même. C'est là, en quelque sorte, une « ouverture de crédit » faite aux producteurs tunisiens et qu'ils ne doivent pas dépasser. Si la récolte excède les prévisions, les colons doivent attendre pour exporter que la Résidence générale ait demandé à Paris et obtenu ce que l'on pourrait appeler « l'ouverture d'un crédit supplémentaire d'importation ».

2. Droits de 8 pour 100 *ad valorem*.

décret établit le tarif des droits de douane qui frapperont à l'avenir les importations des différents pays ; le second énumère les produits français et algériens qui, par faveur, seront admis en franchise des droits inscrits à ce tarif. C'est pour eux la « protection. » L'énumération est longue et comprend la plupart des articles qui intéressent notre exportation, tels les sucres, les alcools, les métaux et machines, les fils et tissus de laine et de coton, etc... On voit dès lors quelle est la situation : il n'existe point entre la Tunisie et la France une union douanière, comparable à celle établie entre l'Algérie et la métropole, mais seulement un système de concessions réciproques qui permet d'entrevoir dans l'avenir, — si du moins les protectionnistes y consentent, — la réalisation d'une véritable union.

Un même jugement peut être porté sur ces deux régimes, semblables quant au fond. L'Algérie et la Tunisie se trouvant à quelques heures de Marseille, il est juste de considérer ces pays, en matière douanière, comme un prolongement de la France continentale.

Toutefois, il est permis de regretter que le désir de protéger efficacement l'industrie française contre la concurrence étrangère n'ait souffert aucune exception. Nos provinces de l'Afrique du Nord sont des pays neufs qui ont besoin de s'outiller promptement et au meilleur marché possible. Il eût été sage d'y réduire à des taux très modérés les droits sur certains produits étrangers tels que les fers, les fontes, les aciers, les machines, les outils et ouvrages en métaux. Peut-être nos industriels eussent-ils quelque peu perdu à cette disposition, mais les colons y auraient certainement gagné[1]. D'autre part, il n'est pas possible de considérer comme une mesure défendable le droit de 60 centimes l'hectolitre qui frappe les vins tunisiens à l'importation en France. Les colons en demandent la suppression et ils ont grandement raison.

II. — RÉGIME DE FAVEUR RÉSERVÉ AUX PRODUITS FRANÇAIS DANS NOS COLONIES

Tandis que le second Empire réalisait l'union douanière entre la France et l'Algérie en considération de leur situation géographique, il donnait à toutes les colonies situées dans les mers lointaines, aux anciennes, comme aux nouvelles, la liberté commerciale. D'ailleurs, les Antilles et la Réunion dépérissaient sous le régime du « pacte colonial » qu'elles subissaient encore ; leur ruine semblait prochaine. Le sénatus-consulte du 4 juillet 1866 les sauva en leur accordant le droit de voter elles-mêmes leurs tarifs de douane, et partant de les supprimer.

Si le système de liberté des échanges fut le programme du gouvernement impérial, il n'a pas été longtemps celui de la République. Les protectionnistes n'ont pas tardé à être puissants dans les assem-

1. Les lois du 11 janvier 1851 et du 17 juillet 1867 avaient précisément, dans l'intérêt bien entendu de la colonisation, supprimé ou abaissé en Algérie les droits établis sur les produits étrangers nécessaires « aux constructions urbaines et rurales ». C'est la loi de 1884 qui a supprimé ce régime.

blées ; plus tard ils sont devenus la majorité. Alors ils ont prétendu, à la fois, élever autour de la France une muraille de Chine et contraindre les colonies à consommer les produits métropolitains, presque à l'exclusion des produits étrangers. Dès 1884 et 1885, on observe leur action[1] ; mais c'est seulement en 1892 qu'ils obtiennent l'abrogation des dispositions douanières du sénatus-consulte de 1886. Une seule préoccupation possède la majorité protectionniste : quelle est l'importance des ventes françaises dans nos possessions d'outre-mer? Or, les statistiques permettent de constater que, sous le régime de la liberté, les importations de la métropole ont diminué au bénéfice de celles de l'étranger. Les colonies sont loin de souffrir de cet état de choses ; bien au contraire ; la vie est moins chère chez elles et le commerce en progrès. Qu'importe! Il ne s'agit pas de s'inquiéter si nos possessions s'enrichissent et se développent, mais si elles sont des « débouchés » pour les producteurs métropolitains : il faut qu'elles consomment des marchandises françaises dussent-elles, par contre-coup, souffrir d'un renchérissement général. Obéissant à cette préoccupation exclusive la

---

1. La Martinique, la Guadeloupe, la Réunion, la Guyane, et plusieurs autres colonies, sont successivement *obligées de consentir* à l'établissement de tarifs protecteurs des marchandises françaises. — Un premier tarif douanier est, d'autre part, institué en Indo-Chine par la loi du 27 février 1887.

Le lecteur désireux de connaître l'histoire du régime douanier de nos colonies pourra se reporter à notre ouvrage *l'Expansion de la France*, chez Hachette.

majorité des deux Chambres vota l'article 3 de la loi du 11 janvier 1892 qui dispose, en principe, que les produits étrangers importés dans les colonies et possessions françaises, à l'exception de quelques-unes, sont soumis aux mêmes droits que s'ils étaient importés en France. Quant à concéder, du moins, aux colonies, à titre de réciprocité, et en compensation de la charge qu'on leur imposait, l'exemption de leurs produits à l'entrée en France, on sait déjà, et nous le verrons plus loin avec détails, que le Parlement ne s'en fit pas une stricte obligation[1]. Nous traiterons la question des importations des colonies en France après celle des exportations de France aux colonies.

1. L'art. 3 de la loi de 1892 a divisé les colonies et possessions françaises en deux groupes :

D'une part, sont des colonies obligées à recevoir en franchise les marchandises métropolitaines et à imposer les marchandises étrangères. Ces dernières sont alors soumises, soit aux droits portés au « tarif minimum » ou au « tarif général », suivant que leur pays d'origine bénéficie ou non en France du « tarif minimum », — soit à un régime spécial établi par un décret rendu en Conseil d'Etat, et « formant une tarification unique qui se substitue aux droits du tarif général et du tarif minimum ». — En compensation de l'obligation qui leur est faite, ces colonies voient leurs produits bénéficier dans la métropole d'une exemption soit totale, soit partielle.

D'autre part, sont les colonies libres d'imposer ou de ne point imposer les marchandises étrangères, c'est-à-dire de protéger ou de ne point protéger chez elles les marchandises françaises. — La loi leur fait payer cette liberté en leur refusant le bénéfice des « droits et immunités » accordés à l'importation aux produits du premier groupe. Elles sont donc soumises aux droits inscrits au « tarif minimum », sauf le cas d'exemptions ou détaxes qui peuvent leur être accordées, à titre de faveur, par décrets en Conseil d'Etat.

Dans le premier groupe sont la Martinique, la Guadeloupe,

Légiférer en matière de commerce colonial est chose délicate : La colonie est-elle proche de la métropole, — comme l'Algérie et la Tunisie, — et lui est-il facile de s'y approvisionner? Il n'existe point alors d'objection contre un système d'union douanière. Au contraire, la colonie est-elle lointaine et se trouve-t-elle voisine de pays étrangers, qui sont, en quelque sorte, ses fournisseurs naturels, — comme les Antilles des États-Unis, la Nouvelle-Calédonie de l'Australie, Tahiti de San Francisco? Puis, encore, est-elle peuplée de « Français », telles les Antilles, la Réunion, la Nouvelle-Calédonie? Dans ces divers cas il est difficile de taxer les colons au profit des métropolitains. Enfin, la colonie est-elle habitée par des « races vaincues » vis-à-vis desquelles les obligations sont peut-être moins étroites? Mais, en obligeant les Africains, les Malgaches, les Annamites, peuples misérables ou pauvres, à consommer des produits chers, on restreint leur faculté d'achat, si étroite déjà par elle-même, et on diminue l'intérêt qu'ils auraient à produire en vue d'échanger.

Le législateur de 1892 n'a envisagé aucune de ces considérations lorsqu'il a décidé que le tarif métro-

la Réunion, la Guyane, Saint-Pierre-Miquelon, le Gabon, Mayotte, les Comores (depuis les décrets du 23 janvier et du 23 mai 1896), Madagascar et ses dépendances (depuis la loi spéciale du 16 avril 1897), l'Indo-Chine et la Nouvelle-Calédonie. Dans le second groupe, le Sénégal, la Guinée et tous les autres territoires de la côte occidentale d'Afrique à l'exception du Gabon, puis Obock, les Établissements de l'Inde, Tahiti et ses dépendances.

politain, prohibitif ou du moins extrêmement élevé, étudié, « dosé » pour protéger l'agriculture et l'industrie métropolitaines, serait transporté dans toutes les colonies françaises, aux quatre coins du monde. Comprenant à quel point un semblable tarif était excessif, il a stipulé, à la vérité, après avoir édicté le principe, que des décrets rendus au Conseil d'État détermineraient les produits, qui, « par exception », seraient « l'objet d'une tarification spéciale ». C'était autoriser les exemptions ou les détaxes ; mais, ni l'administration qui prépare les décrets, ni le Conseil d'État qui les adopte n'ont usé de leur droit avec une véritable indépendance[1]. Ils ont craint, suivant la formule admise, « d'aller à l'encontre de la volonté du législateur. » Plusieurs fois même, cédant à la sollicitation des industriels intéressés ou de leurs représentants, ils ont modifié dans le sens de l'aggravation les taxes qu'ils avaient d'abord jugées suffisantes, — et qui l'étaient largement[2].

1. Le titre et la rédaction de ces décrets sont généralement les suivants : « Décret portant application à (ici le nom de la colonie) du tarif douanier métropolitain » ; puis, après les visas, parmi lesquels celui de la loi du 11 janvier 1892 : « Art. 1er. Les exceptions au tarif général des douanes en ce qui concerne les produits étrangers importés à........ sont fixés conformément au tableau annexé au présent décret. — Art. 2. Les taxes indiquées au susdit tableau forment une tarification unique qui se substitue aux droits du tarif général et du tarif minimum. »

2. En Indo-Chine notamment, depuis qu'une loi de 1887 a introduit le système protecteur, quatre décrets sont successivement intervenus, soit pour diminuer les détaxes d'abord accordées à certains produits étrangers, soit pour substituer à ces détaxes les droits du tarif métropolitain. (Décrets des 8 septembre 1887, 9 mai 1889, 29 novembre 1892 et 29 décembre 1898.)

On ne saurait entrer ici dans l'examen des très nombreux décrets qui sont successivement intervenus, soit pour adapter le tarif métropolitain aux colonies dans lesquelles il est obligatoirement applicable, soit pour établir dans quelques-unes de celles où il ne l'est pas un tarif spécial, ayant naturellement pour objet la protection des marchandises françaises. Il suffira, d'ailleurs, pour faire juger l'esprit et les conséquences du système, de citer un certain nombre de faits.

Aux Antilles, à la Guyane, à Saint-Pierre-Miquelon, au Gabon, à la Réunion, à Madagascar, à Mayotte, aux Comores, en Indo-Chine, en Nouvelle-Calédonie, le tarif métropolitain, applicable en principe, n'a été généralement l'objet que d'un nombre restreint d'exceptions, de telle sorte que, dans ces colonies, ce ne sont point seulement les objets manufacturés de fabrication française, tels que les cristaux, les machines, les tissus, les vêtements, les meubles, les objets en cuir ou en peaux qui sont protégés, mais aussi les denrées nécessaires à l'alimentation. En lisant leurs différents tarifs, on relève, ici et là, des droits sur les céréales, les farines, les riz, les maïs, les bœufs, le beurre, les fromages, les huiles, les viandes salées, le lait, la morue de provenance étrangère. C'est donc le renchérissement organisé de la vie de chaque jour, — du pain quotidien du blanc comme de l'homme de couleur. Aux Antilles, pour prendre un exemple, on peut évaluer que le droit de 60 francs les 100 kilos sur la

morue[1], qui protège les pêcheurs français de Terre
Neuve, représente un impôt annuel de plusieurs centaines de mille francs, peut-être d'un million, établi
sur une population pauvre, — cette charge s'ajoutant
d'ailleurs à celle que la même population supporte
du fait que les tissus anglais bon marché, dont elle
s'habillait, ont été chassés au profit des tissus français.
On sait, d'autre part, que les droits portés au tarif
métropolitain pour protéger les objets manufacturés
contre la concurrence étrangère sont énormes. Nous
rappellerons, à titre d'exemple, — envisageant les
qualités inférieures particulièrement demandées dans
nos provinces d'outre-mer, — que les fils de coton
acquittent des droits variant entre 9,25 pour 100 et
26 pour 100 au tarif général, 7,50 pour 100 et 20
pour 100 au tarif minimum ; les tissus de coton
écrus 40 pour 100 au premier tarif, 31 pour 100 au
second ; les tissus de coton blanchis 46,80 pour 100
ou 34,60 pour 100 ; les tissus de coton imprimés
25,28 pour 100 ou 19,90 pour 100 ; les tissus de
laine 24,42 pour 100 ou 16,18 pour 100 ; les outils
en fer 30 pour 100 ou 20 pour 100 ; les couteaux
communs 41,66 pour 100 ou 33,30 pour 100 ; les

---

1. Le droit de 60 francs les 100 kilogs a presque complètement arrêté les importations étrangères et les 5 430 000 kilogs
de morue que consomment les habitants de la Martinique et de
la Guadeloupe viennent de France ou de Saint-Pierre-Miquelon.
Il est certain que les pêcheurs français profitent du régime prohibitif dont ils bénéficient pour augmenter le prix de leur mar-
chandise.

articles de ménage en fer, en tôle et acier 24,30 pour 100 ou 20 pour 100[1]... etc.

La « furie protectionniste » n'a pas connu de mesure : un décret du 29 novembre 1892 avait maintenu en Guyane les droits de douane, qui frappent en France les « bois ouvrés » afin d'obliger les constructeurs de la colonie d'aller chercher jusque dans la métropole ces articles de première utilité ; un décret du 26 novembre 1892 avait maintenu en Nouvelle-Calédonie les droits du tarif métropolitain sur les sacs de jute dans le but, — qui d'ailleurs n'a jamais été atteint, — de remplacer les sacs des Indes par ceux de France, — et, les sacs de jute sont un « outil » indispensable pour les exploitants de mines. Ce n'est qu'après trois et quatre années de réclamations que les conseils locaux des colonies intéressées ont obtenu l'exemption de ces articles.

Il faut encore noter que deux des colonies dans lesquelles la loi de 1892 n'a pas été déclarée applicable, ont dû, cédant à la pression administrative, établir des tarifs spéciaux en vue de protéger les importations françaises. Ce sont le Sénégal et... Tahiti, — oui, Tahiti ! située aux antipodes, perdue dans les immensités du Pacifique et qu'aucun service régulier de navigation ne relie à la France. Au Sénégal

---

1. Ces chiffres, fournis par l'administration des douanes, sont les moyennes obtenues d'après les prix de l'année 1898.

On comprend, sans qu'il soit nécessaire d'insister, que les pourcentages varient avec le cours des marchandises elles-mêmes.

un droit presque uniforme de 7 pour 100 frappe les marchandises étrangères ; à Tahiti des droits de 13 pour 100 sont établis sur les tissus de coton, de laine, de soie, et sur beaucoup d'autres articles.

Ainsi, aux colonies comme en France, la politique protectionniste a coalisé les intérêts particuliers contre l'intérêt général [1].

Ceux-ci, d'ailleurs, se déclarent aujourd'hui, non pas complètement satisfaits, — car ils sont insatiables,

[1]. C'est une telle préoccupation au ministère des Colonies d'établir partout des droits que l'on a imaginé d'instituer en Indo-Chine, à côté des taxes douanières qui frappent les marchandises d'origine étrangère destinées à être consommées dans la colonie, des « droits de transit » que ces mêmes marchandises sont dans l'obligation d'acquitter lorsqu'elles empruntent la vallée du Song-Koi pour pénétrer au Yu-nam.

Il est pour la France et pour l'Indo-Chine du plus grand intérêt d'habituer le commerce à employer la voie du Tonkin pour entrer en rapports avec les provinces méridionales de la Chine, — et il serait d'autant plus nécessaire de lui faciliter l'emploi de cette route que ce n'est point la seule qui existe. On peut, en effet, atteindre la Chine soit par la Birmanie, soit par le Si-Kiang. D'autre part, tandis que l'Angleterre construit deux voies ferrées dans la Haute-Birmanie, le chemin de fer qui doit relier Haï-Phong à Lao-Kay n'est pas encore commencé.

Mais est-il possible de renoncer à « protéger », — ou à paraître protéger quelque part les marchandises françaises ? Le décret du 29 novembre 1892 a donc décidé que les marchandises étrangères transitant par le Tonkin, à destination de la Chine, acquitteraient un cinquième des droits inscrits au tarif des douanes, tandis que les marchandises métropolitaines jouiraient de la franchise.

Le bénéfice est nul pour le commerce français, puisque l'application intégrale du tarif douanier lui-même ne suffit pas pour arrêter les ventes étrangères dans la colonie, mais cette taxe de transit constitue une charge, une vexation, qui est de nature à inciter les négociants importateurs à emprunter les voies rivales de Bhamo et du Si-Kiang.

— mais quelque peu rassurés. Il résulte, en effet, de la comparaison des statistiques de 1890 et de 1898 que les importations des marchandises françaises dans toutes nos colonies, — l'Algérie et la Tunisie, seules exceptées, — se sont élevées de 71 millions à 131 millions. En Indo-Chine, notamment, la consommation des produits métropolitains est passée de 16 700 000 francs à 44 400 francs, alors que, dans le même temps, l'augmentation de la vente des produits étrangers, si elle n'a pas diminué, s'est accrue, du moins, dans une proportion beaucoup moindre : de 43 300 000 francs à 58 millions de francs [1].

Les protectionnistes ne se trompent-ils pas, quand ils se félicitent de ces résultats? Il ne faut point seulement, il nous semble, interroger les statistiques. A côté de « ce que l'on voit » est, suivant le mot de Bastiat, « ce que l'on ne voit pas », — ou mieux « ce que l'on ne veut pas voir ».

Le régime de 1892 a soulevé dans toutes nos colonies un mécontentement général. Partout des crises

---

1. C'est en Indo-Chine que la vente des marchandises françaises a le plus progressé. Après, il faut citer le Sénégal où nos importations sont passées de 5 800 000 francs en 1890 à 16 100 000 en 1898. Dans la même période la consommation des produits métropolitains n'a pas augmenté aux Antilles et à la Réunion; elle a été insensible à Saint-Pierre-Miquelon, assez peu importante à la côte occidentale d'Afrique. *(Statistiques coloniales).*

Au total, ainsi qu'on le verra plus loin (page 293) on observe entre les deux années 1890 et 1898 les différences suivantes :

1890 : Ventes de marchandises françaises : 71 millions ; de marchandises étrangères : 136 millions et demi.

1898 : Ventes de marchandises françaises : 131 millions; de marchandises étrangères : 145 millions et demi.

locales ont éclaté lors de l'application des nouveaux
tarifs, qui ont amené d'abord un ralentissement des
affaires et quelquefois des ruines [1]; partout aujour-
d'hui on se plaint de ce que les produits français sont
généralement plus chers que les produits similaires
étrangers, puis encore de ce que le fret entre la France
et ses colonies est plus coûteux qu'entre l'étranger et
les colonies. En Afrique, en Asie, on observe que les
droits appliqués aux marchandises anglaises ou allemandes n'empêchent pas qu'elles soient recherchées
de préférence par les indigènes; ils ont pour seule
conséquence le renchérissement des prix. Sur la côte
occidentale d'Afrique, les noirs n'hésitent pas à faire
plusieurs jours de route pour éviter nos comptoirs et
aller échanger leurs produits dans les colonies étrangères où ils trouvent les articles dont ils ont besoin à
meilleur marché que dans les nôtres. C'est en vain
que l'on a tenté, il y a environ deux ans, d'installer
des postes dans l'arrière-pays de la Côte d'Ivoire pour
diriger sur Grand-Bassam les caravanes qui venaient
échanger le caoutchouc; elles préféraient descendre
dans la colonie anglaise voisine et elles ont résisté.
Plusieurs Conseils généraux n'ont accepté les droits
protecteurs que sous la pression de l'administration
et ils les supportent impatiemment : plusieurs Cham-

[1]. La crise traversée par l'Indo-Chine a été particulièrement
sensible en 1887 lors de l'application du premier tarif protecteur.
Des négociants chinois émigrèrent; des comptoirs durent fermer.
Les importations de la Cochinchine et du Cambodge qui avaient
été de 60 millions en 1886 tombèrent à 42 en 1888.

bres de commerce protestent contre les surélévations
de droits dont on ne cesse de les menacer[1]. A la
Nouvelle-Calédonie, les colons qui sont obligés d'a-
cheter des marchandises françaises et souffrent du
renchérissement de la vie, s'irritent de ce que leurs
cafés soient imposés en France au demi-droit : « C'est
une forme de langage assez courante parmi eux que
celle-ci : ou la France, ou l'Angleterre ; ou la détaxe
du café ou le libre commerce avec l'Australie[2]. »

Il convient, certes, de ne rien exagérer, mais peut-
être faudrait-il se souvenir que ce sont les taxes
douanières excessives imposées par l'Angleterre et
l'Espagne à leurs colonies, qui ont amené, au siècle
passé, l'insurrection des treize provinces de l'Amérique du Nord et, dans celui-ci, la séparation succes-
sive de la Plata, du Chili, du Mexique, de l'Amérique
méridionale et centrale, du Pérou, puis récemment
de Cuba et des Philippines. Quelques années après
l'émancipation, un voyageur anglais entendait dire
à un paysan de la Cordilière du Mexique : « Voici
quel est mon jugement sur la révolution : auparavant
je payais neuf dollars pour la pièce d'étoffe dont ce
vêtement est fait, maintenant je ne paye plus que
deux dollars. »

Ce n'est pas seulement à l'état d'esprit des colo

1. Notamment la Chambre de commerce de Saint-Louis du
Sénégal, lorsqu'elle fut informée, il y a quelques mois, que les
cotonniers français demandaient que le droit de 0 fr. 90 par
pièce de 15 mètres, qui frappe actuellement les « guinées »
étrangères importées dans la colonie, fut porté à 1 fr. 35.

2. *Quinzaine coloniale* du 25 mai 1899.

qu'il faut prendre garde, mais encore aux difficultés internationales que soulève le système protecteur. Il atteint en particulier l'Angleterre, qui vend par tout le monde, à très bas prix, — pour quelques centimes, — des fils et des tissus de coton de qualité inférieure aux populations pauvres préférant le bon marché à la qualité.

On sait aux ministères des Affaires étrangères et des Colonies que notre politique douanière a soulevé dans ces dernières années les protestations les plus vives du gouvernement britannique. Est-il certain qu'elles n'étaient en rien justifiées? Les premières difficultés se sont élevées à propos des taxes différentielles établies dans nos territoires de la Côte-d'Ivoire d'abord en 1883, puis en 1897, malgré les engagements qui avaient été pris par les ministres français envers le cabinet de Londres. Elles n'ont pas été étrangères à la tension des rapports entre la France et l'Angleterre, pendant plusieurs mois de l'année de 1898, à propos des affaires du Soudan et du Niger. D'autres difficultés se sont produites à Madagascar. Celles-ci n'ont été révélées au public qu'au mois de janvier 1899 par la publication d'un *Blue Book*; mais elles avaient leur cause dans les décrets du 28 juillet 1897 et du 31 mai 1898 qui ont établi dans la grande île des droits de douane exagérés, prohibitifs même, sur les marchandises étrangères. Le second, notamment, surélève, sans l'avouer, les droits inscrits au « tarif maximum » métropolitain, — devenu « tarif unique », — sur les tissus de coton et les coutils. On a pensé, de l'autre côté de la Manche, que nous avions voulu arrêter brusquement l'introduction des cotonnades anglaises au profit des articles similaires métropolitains. Madagascar ayant été conquise et déclarée possession française, le gouvernement avait le droit strict d'y établir le tarif douanier qui lui convenait[1]. N'a-t-il pas cependant dépassé la mesure? L'Angleterre qui, en 1897, introduisait à l'abri du tarif malgache, égal pour toutes les nations, pour 4 032 000 francs de tissus, vit ses importations tomber en 1898 à 621 000 francs, tandis que les importations françaises correspondantes passaient de 1 200 000 francs à 6 230 000 francs. C'était pour elle une perte de 3 411 000 francs[2]. L'occasion était bonne pour dire à Londres que l'on payait cher la substitution de l'administration directe française au régime du protectorat.

Est-il possible que de pareils faits, interprétés ou commentés, ne mécontentent pas les industriels anglais et demeurent sans influence sur les relations du gouvernement britannique avec notre pays? Ne permettent-ils point d'ailleurs, à ceux qui ne nous aiment pas de répéter que tout accroissement du

1. Une loi du 6 août 1896 avait prononcé l'annexion, puis une seconde (16 avril 1897) avait placé Madagascar sous le régime douanier institué par la loi du 11 janvier 1892 (1er groupe).

2. Au total, les importations anglaises sont tombées de 4 481 000 francs, — chiffre de 1897, — à 1 047 000 francs, — chiffre de 1898. Celles de la France se sont élevées de 9 583 000 francs à 17 029 000 francs.

Les statistiques provisoires publiées pour 1899 font prévoir des résultats assez semblables.

domaine colonial français a pour conséquence la fermeture des libres marchés ouverts à l'initiative des commerçants de la Grande-Bretagne? La conséquence de notre politique est qu'aujourd'hui les diplomates du *Foreing Office*, lorsqu'ils négocient avec les agents du quai d'Orsay, se préoccupent de prévenir l'établissement de tarifs désavantageux pour leurs compatriotes dans les régions nouvelles qu'ils nous reconnaissent. C'est ainsi que les deux conventions relatives à la limitation des sphères d'influence, anglaise et française, dans le bassin du Niger et dans le Soudan oriental contiennent une disposition aux termes de laquelle les marchandises britanniques jouiront, pendant 30 années, dans ces régions du même traitement que les marchandises françaises « pour tout ce qui concerne la navigation fluviale, le commerce, le régime douanier et fiscal et les taxes de toute nature[1]. »

Nous avons contre l'Angleterre coloniale bien des griefs légitimes; en Afrique, en Asie elle a souvent méconnu nos droits, contrecarré nos efforts; mais il faut reconnaître que sur le terrain économique la politique protectionniste menace ses intérêts commerciaux. Cette politique, d'ailleurs, atteint également l'Allemagne qui exporte en Afrique des alcools, des poudres, des fusils de troque et des cotonnades. Derrière elle on pourrait citer la Belgique, la Hollande, la Suisse, l'Autriche, — toutes les nations.

1. Conventions des 14 juin 1898 et 21 mars 1899.

Pouvons-nous, d'autre part, oublier que les représentants des puissances réunis, en 1884, dans la
Conférence de Berlin ont été unanimes à reconnaître
que l'instrument de la civilisation en Afrique était le
commerce et qu'il devait être libre. Cette idée est
formulée dans tous les protocoles : le régime de la
liberté commerciale devant stimuler chez les indigènes du Congo le goût du travail, tous les négociants,
à quelque nation qu'ils appartiennent, jouiront dans
ces pays de la liberté illimitée d'acheter et de vendre.
L'article 1er de l'Acte général délimite le « bassin
conventionnel du Congo » et, pour gagner des
territoires au libre commerce, il étend ses frontières
des rives de l'océan Atlantique à celles de l'océan
Indien, englobant ainsi les territoires français et portugais du Quillou, du Loanda et du Mozambique ;
puis il déclare expressément que, dans cette immense
région, « le commerce de toutes les nations jouira
d'une complète liberté. »

Depuis cette époque le mouvement des idées n'a
pas changé. Dans les colonies anglaises et allemandes
les droits sont modérés et varient généralement entre
5 et 10 pour 100 ; ils atteignent les produits nationaux comme les produits étrangers et constituent par
conséquent des taxes fiscales bien plus que des droits
de douane. Lorsqu'il y a moins de deux ans, l'éven-
tualité du partage de la Chine a pour la première fois
été envisagé, l'Angleterre s'est immédiatement pro-
noncée pour le système de la « porte ouverte » et, à
la même époque l'Allemagne, prenant à bail la pro-

vince du Chang toung, a déclaré port franc Kiao-
tchéou (2 septembre 1898).

Ainsi notre pays, en poursuivant aux quatre coins
du monde l'application du régime protectionniste, se
met en opposition avec l'opinion générale, unanime,
en même temps qu'il provoque l'irritation de ses
propres colonies et les réclamations des nations commerçantes.

Est-il possible de ne point voir ces choses? Et, en
vue de quels résultats merveilleux, de quels bénéfices
inappréciables la France s'expose-t-elle aux dangers
d'une politique aussi égoïste?

III. — RAISONS DE L'INFÉRIORITÉ DE LA FRANCE DANS LE COMMERCE COLONIAL

Nous vendons aujourd'hui à nos colonies, — l'Algérie et la Tunisie toujours exceptées, — pour 131 millions de marchandises, mais en même temps elles en
achètent pour 145 millions et demi à l'étranger[1].
Nous ne sommes donc pas leurs fournisseurs exclusifs
et nous ne saurions prétendre à y parvenir. Les Antilles ne cesseront pas de s'approvisionner dans une
large mesure aux États-Unis; Saint-Pierre-Miquelon,
au Canada; l'Indo-Chine, en Chine; la Nouvelle-

---

1. *Statistiques coloniales de 1898.* — Toutefois les
chiffres afférents à la Guyane et à Saint-Pierre-Miquelon remontent à 1897; Mayotte et Obock n'ont publié aucun résultat.

Calédonie, en Australie; Tahiti, en Amérique[1].
D'autre part, l'Angleterre et l'Allemagne ne cesseront
pas de fabriquer à plus bas prix que la France les
cotonnades, la quincaillerie, le genièvre, la poudre,
les armes, demandés par les populations pauvres de
l'Afrique et de l'Asie. Au Soudan, à la Côte-d'Ivoire,
au Dahomey, au Gabon-Congo, les importations de
cotonnades anglaises dépassent de beaucoup les françaises[2]; en Indo-Chine, bien que les droits établis
aient ralenti les ventes étrangères et considérablement
favorisé celles des industriels de la métropole, ceux-ci
n'ont pas l'avantage : les fils et les tissus de coton de
l'Angleterre et de l'Inde l'emportent sur les articles
similaires de France[3].

1. Tableau comparatif des ventes de marchandises françaises
et de marchandises étrangères dans les colonies suivantes :

	Marchandises françaises.	Marchandises étrangères.
Antilles (1898).	19 226 000 fr.	20 883 000 fr.
Saint-Pierre-Miquelon (1897)	4 009 000 —	4 837 000 —
Indo-Chine (1898). . . .	44 415 000 —	58 928 000 —
Nouvelle-Calédonie (1898). .	5 026 800 —	4 388 000 —
Tahiti (1898).	709 000 —	2 253 000 —

2. Importations des tissus de coton :

	Tissus anglais.	Tissus français.
Au Soudan en 1898. . . .	pour 916 000 fr.	contre 141 000 —
A la Côte-d'Ivoire en 1898.	— 1 007 000 —	— 12 000 fr.
Au Dahomey en 1898. . .	— 2 718 000 —	— 14 000 —

	Fils et tissus anglais et autres étrangers.	Fils et tissus français.
Au Gabon-Congo en 1898.	pour 1 691 000 fr.	contre 205 000 —

3. Statistiques de 1898 :

Les tarifs de douane les plus élevés ne prévaudront donc point contre l'avance décidée que nos concurrents ont sur nous dans la fabrication de certains articles.

Veut-on en acquérir la certitude même? Il suffit d'étudier les conditions présentes de l'industrie des cotonnades qui, plus qu'aucune autre, alimente le commerce de l'Afrique et de l'Asie. L'Angleterre est la première manufacture de coton du monde; elle consomme annuellement en poids 1 milliard 800 millions de livres de coton brut; elle active 44 900 000 broches, alors que le continent européen tout entier n'en possède que 31 350 000, — sur lesquelles la part de la France n'est que de 4 000 000, — et les États-Unis 17 570 000. Le fabricant du Lancashire qui ne cesse de réduire au dernier degré possible ses frais de production et ses prix; qui s'ingénie chaque jour à trouver de nouveaux débouchés; qui estime, suivant l'expression de la Chambre de commerce de Manchester, « qu'il ne saurait y avoir surproduction tant qu'il existera sur la terre des foules errant toutes nues », est assuré que tout ballot de fils ou de tissus qu'il manufacture sera vendu avec profit en quelque partie de l'Afrique, de l'Asie ou de l'Océanie. Comment l'industriel de Rouen ou des Vosges, qui ne

	Provenance française	Provenance anglaise et indienne.
Fils.	54 000 fr.	9 651 000 fr.
Tissus.	8 080 000 —	2 216 000 —
	8 134 000 fr.	11 867 000 fr.

fabrique les qualités coloniales que sur commande ;
qui ne les vend que grâce à des droits protecteurs
incessamment surélevés; qui réclame de nouvelles
majorations au Sénégal et en Indo-Chine[1] ; qui s'inquiète à la pensée qu'un arrangement pourrait intervenir entre la France et l'Angleterre, mettant fin au
régime de prohibition dont il bénéficie à Madagascar, — comment ce fabricant pourrait-il jamais lutter
avec un semblable concurrent? Aujourd'hui même le
traitement de faveur qui lui est assuré dans les colonies françaises suffit-il toujours à lui assurer un bénéfice? On peut se le demander lorsque l'on sait que
les fabricants de fils et de tissus de la Normandie,
du Nord et des Vosges se sont syndiqués, à différentes
reprises, pour relever leurs prix de vente en France,
en vue de faire produire aux tarifs protecteurs qu'ils
doivent à M. Méline « tout leur effet utile ». Grâce
aux larges bénéfices qu'ils réalisaient ainsi sur le marché intérieur, ils vendaient à perte au dehors, leur
surproduction, — en Angleterre, en Belgique, en
Hollande... peut-être même aux colonies. Or, ils

---

1. On a vu plus haut (p. 256, note 1) que les cotonniers français
sollicitent une augmentation du droit perçu sur les « guinées »
étrangères importées au Sénégal. D'autre part, les industriels
de Rouen ont demandé à M. Doumer, au cours d'une réunion à
la Chambre de commerce (décembre 1898), l'augmentation des
droits sur les filés en Indo-Chine, afin d'être mis en état de lutter
contre les filatures de Bombay. Il s'agissait, il faut le remarquer, non de l'augmentation des droits portés au « tarif minimum » mais de ceux inscrits au « tarif général », car les produits des colonies britanniques ne bénéficient pas dans nos
colonies du « tarif minimum » comme les produits anglais.

ne le cachent pas, la surproduction, — conséquence fatale du développement immodéré de la production nationale provoquée par les tarifs de 1892, — menace de les ruiner s'ils ne parviennent pas à assurer son écoulement. Ainsi sont dévoilées les « combinaisons » qui représentent le fin du fin du régime protectionniste, — ainsi est avouée, du même coup, l'impossibilité dans laquelle se trouve l'industrie française de lutter contre la « camelote » anglaise et allemande.

Il serait donc sage, au lieu de poursuivre avec une persistance aveugle une politique dangereuse, de reconnaître très franchement la vérité, l'évidence : c'est que les destinées de notre pays sont autres, c'est que ses principaux marchés ne sont point en Afrique et en Asie. Tandis que l'Angleterre et l'Allemagne font l'article de pacotille à un si bas prix qu'elles défient toute concurrence de la part de la France, celle-ci fabrique des objets plus soignés, de meilleure qualité, plus chers, mais qui ne conviennent ni aux « noirs » ni aux « jaunes ». En 1898, tandis que les importations de notre pays représentaient, au commerce spécial, en poids 25 883 000 tonnes et seulement 4 472 552 000 fr. en valeur, ses exportations étaient de 7 808 000 tonnes dont la valeur atteignait 3 511 000 000 francs ; — ce qui correspond à une valeur de 172 francs par tonne importée et de 449 francs par tonne exportée. La même année, la tonne importée valait en Angleterre 290 francs, la tonne exportée

130 fr. [1]; en Allemagne, la tonne importée 148 fr., la tonne exportée 166 francs. Nos produits exportés contiennent donc, avec le moins de matière possible, le plus de valeur. Ce que la France vend principalement au dehors, peut-on dire, c'est sa marque de fabrique, c'est l'empreinte de son génie; elle fait payer l'art de ses ouvriers[2]. Dès lors ses principaux marchés sont l'Angleterre, qui lui achète pour 1 milliard 24 millions de marchandises, la Belgique pour 549, l'Allemagne pour 394, l'Algérie pour 225, les États-Unis pour 210, la Suisse pour 202; puis, après ces gros consommateurs, viennent l'Italie, l'Espagne, la Turquie, la Hollande, etc. Ce sont les pays « civilisés », les classes riches ou aisées, qui consomment nos tissus de soie et de laine, nos vins, nos ouvrages en peaux, nos articles de Paris. La première préoccupation des hommes politiques, des membres du gouvernement,

1. Le chiffre de 130 francs la tonne à l'exportation d'Angleterre paraît bien faible en regard de celui de 290 francs à l'importation. On s'explique cependant qu'il puisse en être ainsi en observant que, sur les 44 579 000 tonnes exportées, la houille figure pour 37 148 000 tonnes, d'une valeur de 453 388 000 francs, qui représente environ 12 francs la tonne!

2. Tableau des principales exportations de la France, de l'Angleterre et de l'Allemagne *en millions de francs*:

France.		Angleterre.		Allemagne.	
Tissus de soie. .	250,6	Tissus de coton. .	1 399,4	Articles en fer.	285,0
Tissus de laine.	222,8	Machines. . . .	450,7	Drogues. . .	281,1
Vins.	218,3	Houille. . . .	453,3	Sucre. . . .	266,7
Peaux	196,6	Articles en fer.	437,6	Lainages. . .	251,3
Laines. . . .	185,7	Tissus de laine.	342,4	Houille. . .	250,7
Articles de Paris.	140,4	Articles chimiques.	226,5	Cotonnades. .	226,2
Tissus de coton.	128,7	Filés de coton. .	223,0	Fer. . . .	182,1
Soies. . . .	118,9	Fer.	177,7	Machines. .	172,1
Confections. .	91,8	Filés de laine.	161,1	Soieries. . .	164,5

devrait donc être de conserver à la France ces précieux débouchés, de les élargir par des traités de commerce, et ils ne devraient pas voir sans les plus grandes inquiétudes que, depuis l'inauguration de la politique protectionniste, notre situation décline, nos ventes diminuent. — Mais ceci est un autre sujet; il ne faut point s'écarter du terrain, déjà trop vaste, assigné à notre étude.

« La France, objectera-t-on peut-être, qui a jusqu'à ce jour approvisionné les « civilisés » ne pourrait-elle pas profiter de ce qu'elle vient d'acquérir des colonies pour fonder chez elle des industries nouvelles, afin d'approvisionner aussi les Africains et les Asiatiques? La fondation de colonies importantes, en Amérique ou en Asie, n'a-t-elle contribué au développement de la grandeur manufacturière de l'Angleterre? » Certes, peut-on répondre, la fondation d'un nouvel empire colonial modifiera, dans une certaine mesure, nos conceptions industrielles et commerciales, favorisera le développement d'industries aujourd'hui peu importantes; mais il ne faut point oublier que la compétition entre les nations, la concurrence internationale en matière d'industrie et de commerce a déjà pour conséquence leur spécialisation. Il y a longtemps que la différenciation et la division du travail sont nées parmi les hommes et le perfectionnement du machinisme les ont beaucoup développées. Les nations se spécialisent à leur tour, chacune prenant une place particulière dans l'industrie humaine, chacune cultivant et fabriquant ce qu'elle est le plus apte à

produire et à meilleur marché. Lorsqu'à notre
époque, par exemple, les protectionnistes entreprennent de fonder dans notre pays l'industrie des cotonnades grossières à la faveur de tarifs douaniers établis
dans nos possessions d'Afrique et d'Asie ils paraissent faire œuvre imprudente, dangereuse, décevante.
D'une part, en effet, il semble bien, qu'à l'heure
actuelle, malgré les progrès très réels réalisés dans
leur fabrication [1], les industriels français ne peuvent
l'emporter sur les Anglais que dans les pays où ils
bénéficient d'un régime prohibitif, comme à Madagascar. D'autre part, il convient de prévoir que, d'ici
peu d'années, ils rencontreront des concurrents plus
redoutables encore : ce sont les Indiens, les Japonais,
les Chinois.

On sait la révolution qui s'est commencée en Inde
il y a plus de quarante ans. Quelques industriels et
capitalistes anglais ont alors pensé qu'il était peu
rationnel de faire traverser les océans au coton brut
récolté dans la péninsule, de l'élaborer dans le
Lancashire avec une main-d'œuvre de 5 à 6 shillings

---

1. Le cotonnier français refusait autrefois toute commande
ne rentrant pas dans le genre habituel de sa fabrication et prétendait imposer ses articles aux noirs et aux Asiatiques, au lieu
de servir leurs habitudes et leurs goûts. Depuis quelques années,
— incités précisément par les droits dont nous regrettons l'application, — les industriels des Vosges ont renoncé à ces anciens
errements. Ils se sont pliés, en toutes choses, et pour la filature,
et pour le tissage, et pour l' « apprêt », et pour le métrage, et
même pour la marque, aux exigences de leurs nouveaux clients.
Il ne semble pas que les Rouennais aient fait preuve d'autant
d'initiative.

et de le transporter à nouveau pour le rapporter, sous forme de fils ou de tissus, aux consommateurs indiens qui auraient pu le travailler eux-mêmes, sur place, à raison de quelques sous par jour. Les premières manufactures se sont élevées entre 1854 et 1860. Depuis l'industrie cotonnière n'a pas cessé de se développer. En 1897 on a recensé dans l'Inde plus de 4 millions de broches à coton et 260 000 broches à jute. Le Japon, à son tour, est entré dans la voie industrielle : en 1898, les cotonniers y possédaient 890 000 broches. Ces deux pays ne fournissent pas seulement une part de la consommation locale ; ils exportent sur la côte orientale d'Afrique, en Indo-Chine, en Chine[1]. On fabrique, en outre, dans l'empire du Soleil Levant des étoffes de laine et de soie, des parapluies, des allumettes, des machines et cent autres articles. La Chine n'est point aussi avancée que l'Inde ou le Japon ; cependant quelques manufactures sont déjà installées à Ou-tchang, à Changhaï, et l'on prévoit que cette dernière ville deviendra dans peu d'années, sous la direction d'ingénieurs européens, un grand centre industriel[2].

---

1. En 1898 :
les exportations de l'Inde en fils et tissus de coton se sont élevées à 193 300 000 francs ;
celles du Japon à 58 350 000 francs.
2. Sur toute cette question du développement industriel des pays d'Asie, — le « Péril Jaune », — le lecteur peut se reporter à notre étude parue sous ce titre même dans la *Revue politique et parlementaire* du mois de décembre 1897 ainsi que chez Challamel, éditeur. — Nous serons, d'ailleurs, ici même amené à revenir sur cette question.

Il résulte de ces chiffres et de ces faits que les progrès de l'industrie asiatique constituent une menace pour les manufacturiers du Lancashire eux-mêmes. Ils s'inquiètent, ils s'ingénient, ils redoublent d'efforts[1]. Pense-t-on que les cotonniers de Rouen et des Vosges soient, mieux que ceux de Manchester, en situation de lutter avec les ateliers asiatiques? Déjà, à l'heure présente, et, malgré la grosse protection qui leur est assurée, ce ne sont pas les filés français qui sont vendus au Tonkin, mais les filés indiens. Et l'Inde, le Japon, la Chine ne sont pas les seuls pays à redouter! Le Tonkin, l'Indo-Chine entière deviendront, en effet, d'ici peu d'années, des pays

1. Depuis quelques années, on observe dans les statistiques de l'Inde des sautes brusques et parfois contradictoires qui ont leur explication dans le désordre économique amené dans le pays par la peste, la famine, les variations du cours de la piastre. Les bonnes et les mauvaises années se succèdent. Pour cette raison, il est difficile de faire des comparaisons. Toutefois, les chiffres de 1888 et 1898, que nous allons citer, témoignent que les importations britanniques loin de croître dans ces dix dernières années se sont à peine maintenues.

En 1888, il avait été importé pour 3 581 000 dizaines de roupies de filés de coton et pour 23 924 000 de tissus;

En 1898, les importations ont légèrement fléchi : 3 493 000 dizaines de roupies de filés et 22 902 000 de tissus.

On sait, d'autre part, d'une façon certaine, que la concurrence indienne porte sur les fils et tissus écrus bon marché, de qualité inférieure, fabriqués avec du coton à court fil, — le seul que produise encore la péninsule. Les pertes des industriels métropolitains portent sur ces articles. Tout au contraire, ils développent leurs ventes de fils et de tissus, de qualité moyenne et bonne, fabriqués avec du coton à long fil venu d'Amérique. Il convient de dire aussi que les tissus blanchis, teints et imprimés d'Angleterre n'ont pas à craindre, du moins pour longtemps, la concurrence des Indes.

industriels. On y récolte le coton, on y exploite des mines de charbon ; pourquoi les colons, aidés par des capitalistes métropolitains, n'installeraient-ils pas bientôt des manufactures ? L'exemple est déjà donné : une première filature existe à Hanoï depuis quelques années ; une seconde, plus importante, et qui compte 20 000 broches, vient d'être installée à Haïphong par la « Société cotonnière indo-chinoise » ; ses produits ne tarderont pas à faire concurrence aux importations indiennes et peut-être métropolitaines[1].

Il convient encore d'envisager qu'un peu plus tard, dans cinquante ans peut-être, — car les progrès industriels vont vite à notre époque, — des filatures seront installées en Afrique même. Alors, sous la direction d'ingénieurs et de contremaîtres européens, des ouvriers noirs fabriqueront des filés et des tissus de coton au goût des populations du Soudan et du Congo[2].

1. Le territoire français de Pondichéry est aussi un centre industriel qu'il ne faut point oublier. Depuis longtemps, deux ou trois manufactures françaises y fabriquent des tissus de coton qui sont vendus au Sénégal et au Soudan sous le nom de « guinées ». D'autre part, quelques industriels métropolitains y construisent actuellement une filature de 40 000 broches qui travaillera en vue d'approvisionner l'Indo-Chine et fera concurrence sur ce marché aux filés de l'Inde anglaise.

2. De semblables prévisions entrent déjà dans l'esprit de nos administrateurs. C'est ainsi que, dans un rapport sur le commerce et l'industrie du Soudan, envoyé par le lieutenant gouverneur à l'Office colonial au mois de juillet 1899, on voit signalée, au nombre des industries que pourraient installer les Européens dans le pays, celle du coton : « Industrie du coton, filature et tissage : substituer à la « guinée » anglaise, employée par les indigènes, des cotonnades faites avec des métiers importés de France et établis dans les centres riches en coton. »

Négligeons, cependant, cette dernière prévision pour envisager la situation qui apparaîtra demain lorsque les industriels métropolitains qui, sur la foi des tarifs protecteurs, se seront organisés en vue de fournir l'Indo-Chine rencontreront la concurrence active des colons, qui au Tonkin, en Annam, au Cambodge, en Cochinchine auront fondé des manufactures pour approvisionner les populations de la péninsule. Ne doit-on pas reconnaître en conscience, qu'engager les industriels métropolitains par l'octroi de droits protecteurs, à fabriquer des qualités qu'ils n'ont pas l'habitude de produire, à s'organiser dans le but de pourvoir des marchés qu'ils ne pourront longtemps conserver, c'est les conduire à la déception, peut-être à la ruine ?

Mais, dira-t-on, alors, si la France doit continuer à chercher ses clients parmi les « civilisés » ; s'il lui faut renoncer à fabriquer les produits à bon marché pour les « noirs » et les « jaunes », ses colonies, contrairement à des promesses solennelles, ne sont donc point des « débouchés » ouverts à son commerce ? Lorsqu'elle a conquis, en Afrique et en Asie, de larges territoires, elle n'a donc pas acquis de nouveaux marchés ?

Il faut, à cette question, répondre très nettement ; il faut dissiper les illusions qu'ont fait naître certaines paroles imprudentes de Jules Ferry, prononcées au cours des discussions sur l'expédition du Tonkin. Non, si l'on excepte l'Algérie et la Tunisie, colonies immédiatement voisines de la métropole et déjà peuplées de 630 000 Européens, — nos possessions d'outre-mer ne sont pas, et ne seront pas d'ici un temps assez long, — un débouché important pour l'industrie française. Cette réponse nous l'avons, d'ailleurs, fait prévoir plus haut en remarquant que le génie propre de notre pays ou sa spécialité est de fabriquer des objets réclamés par les « civilisés », mais que les peuples de l'Afrique et de l'Asie n'apprécient pas ou ne sont pas encore en état de payer. Deux nouveaux chiffres mettront cette vérité en évidence : la France n'écoule dans toutes ses colonies, l'Algérie et la Tunisie comprises, que 11, 2 pour 100 de ses exportations totales, tandis que l'Angleterre écoule dans les siennes 35 pour 100. S'il en est ainsi ce n'est pas seulement, quoi que cette raison soit fort importante, parce que les colonies britanniques sont beaucoup plus considérables que les nôtres et aussi plus âgées, plus riches ; c'est encore parce que la France n'approvisionne guère que ses provinces de l'Afrique du Nord, alors que l'Angleterre fournit, en même temps que les populations européennes de l'Australie, de l'Afrique du Sud et du Canada, les cuivrés et les noirs de l'Inde, de la Birmanie, des établissements des détroits et de ses comptoirs africains.

Doit-on maintenant conclure de ces faits que nous avons eu tort d'acquérir des colonies ? En aucune façon ; et pour demeurer ici sur le seul terrain économique nous présenterons successivement trois observations.

En premier lieu, s'il nous paraît à peu près certain que nos sujets asiatiques et africains continueront à consommer la « camelotte » anglaise et allemande jusqu'au jour où ils fabriqueront eux-mêmes, sous la direction des Européens, les articles grossiers destinés à leur usage, nous pensons en même temps que, peu à peu, à mesure qu'ils s'enrichiront, ils achèteront des marchandises supérieures aux vulgaires articles de troque, — marchandises que notre industrie saura leur fournir. Cet avenir n'est pas immédiat et cependant il est possible déjà de l'entrevoir. On a dit plus haut[1] que les cotonniers anglais, concurrencés par l'industrie indienne pour les articles inférieurs, augmentaient, au contraire, leurs ventes d'articles de moyenne et bonne qualité. Voici un autre fait : les vieux négociants africains observent, depuis une dizaine d'années, un changement sensible dans les éléments du commerce de la Guinée et de la Côte-d'Ivoire. Les noirs de ces régions, que le négoce enrichit, n'achètent plus seulement des cotonnades anglaises et des alcools allemands ; ils ont des exigences nouvelles et réclament des confections, des chaussures, des articles de lingerie, des parapluies, que l'industrie française peut livrer à des conditions aussi bonnes, sinon meilleures, que les industries étrangères. Cette indication ne doit certes pas être négligée.

Notre seconde observation sera que nos provinces

___
1. Page 3o1, note 1.

d'outre-mer doivent être envisagées, à un point de vue général, comme de nouveaux centres d'action offerts à toutes les initiatives métropolitaines. Déjà, dans les chapitres précédents, nous avons montré qu'elles offrent de larges « débouchés » à nos capitalistes et à nos émigrants, soit qu'ils veuillent engager leurs fonds dans les emprunts coloniaux, soit qu'ils préfèrent se tourner vers les cultures, les exploitations forestières ou minières. Nous ajouterons qu'elles sont dès maintenant ouvertes à nos négociants. Pourquoi ne s'y portent-ils pas en plus grand nombre? A l'heure présente, dans plusieurs de nos colonies, les maisons étrangères sont plus riches et plus importantes que les françaises. Cette situation se perpétuera-t-elle? Si les négociants français, soutenus par des capitalistes français, ne peuvent y vendre des marchandises françaises, ils vendront des marchandises étrangères, mais du moins le bénéfice de ces transactions demeurera à nos nationaux. En même temps, d'ailleurs, et par une conséquence naturelle, on verrait se développer et s'accroître la situation matérielle et morale des colons français établis à l'ombre du drapeau. Sait-on qu'aujourd'hui, au Gabon et à Tahiti, les maisons étrangères sont si importantes par rapport aux nôtres que l'on peut se demander parfois dans ces pays si l'on est bien en terre française?

Enfin, nos colonies ne sauraient être envisagées seulement comme des « débouchés directs », comme de nouveaux centres d'activité offerts à nos capitalistes, à nos industriels et à nos négociants. Ce sont aussi, — et cette observation est fort importante, — de nouveaux marchés dont l'apparition et le développement auront pour conséquence d'augmenter le mouvement général des affaires dans le monde, et partant de procurer à l'industrie de notre pays un supplément de « débouchés » non dans ses possessions, mais en Europe, en Amérique, chez ses clients habituels.

Nos colonies sont donc, aussi, des « débouchés indirects ». Adam Smith a démontré dans son ouvrage sur *la Richesse des nations* qu'il n'est pas nécessaire qu'un pays envoie un seul article de sa fabrication sur des marchés nouvellement ouverts pour que son industrie profite cependant de l'ouverture de ces marchés. Si, pour prendre son exemple, la Hongrie et la Pologne n'ont jamais pu envoyer en Amérique un seul article de leurs produits pour y acquérir le sucre, le chocolat ou le tabac, elles ont été acheter ces marchandises nouvelles, qu'elles désiraient consommer, sur un marché européen, et pour cela elles ont dû augmenter leur propre fabrication : ainsi les marchandises américaines ont été de « nouvelles valeurs » qui ont exigé de la Hongrie et de la Pologne « un excédent de produits. »

Les faits confirment l'exactitude de cette théorie : la France, pour alimenter les industries de Lyon et de Marseille, a besoin des soies de Chine, des arachides et des amandes de palme d'Afrique. Ces produits, elle devrait en acquitter le prix avec des cotonnades grossières, mais son industrie ne les fabrique point. Alors, elle se tourne vers l'Angleterre et la prend pour intermédiaire : des navires britanniques portent en Asie et en Afrique, pour acquitter les dettes des Lyonnais et des Marseillais, des ballots de filés ou de tissus fabriqués à Manchester, tandis que nos commerçants expédient de l'autre côté du détroit, en paiement de ces transports et de ces marchandises, les vins, les étoffes de soie, de laine, les articles de Paris qui sont la spécialité de notre pays. Les statistiques sont un témoignage de cette opération. En 1898, les importations de l'Angleterre en France n'ont été que de 505 millions et demi, tandis que les exportations de la France en Angleterre atteignaient 1 milliard 24 millions. Ce serait un écart de 518 millions et demi à notre préjudice, s'il n'avait son explication naturelle, d'une part, dans les retours qui proviennent des placements de capitaux anglais en France, d'une autre, — assurément la plus considérable, — dans les paiements et les transports exécutés pour nous par l'Angleterre chez les jaunes et les noirs[1]. Pourrait-on nier, en présence de pareilles constatations, que nos colonies sont pour les industriels français des « débouchés indi-

---

[1]. Il est inutile d'ajouter qu'un semblable raisonnement pourrait être appliqué à d'autres pays que l'Angleterre dans leurs relations avec la France. C'est ainsi que l'Allemagne fait aussi pour nous des paiements en Asie et en Afrique dont nous la remboursons chez elle : Importations d'Allemagne en France, 334 millions ; exportations de France en Allemagne, 394 millions.

rects » très importants ? A l'heure où, sous le cabinet Jules Ferry, l'expédition du Tonkin était l'objet des critiques les plus vives de l'opposition nous avons entendu M. Clémenceau dire à la tribune : « A quoi bon aller au Tonkin ? nous exportons des pianos ; ce ne sont pas les Annamites qui nous en achèteront ! » Les faits et les chiffres font justice de cette boutade : lorsque les négociants français ne pourront payer directement en marchandises métropolitaines les soies et les riz indo-chinois ils en feront solder le prix par les Anglais en cotonnades, puis ils les rembourseront à Londres avec des pianos !

Ainsi, pour des raisons multiples, il convient que la France renonce sans retard à entourer ses colonies d'une barrière de douane ; tout le lui conseille. La liberté des échanges est la vérité ; c'est assurément l'avenir de tous les peuples. L'Angleterre a depuis longtemps donné l'exemple. Toutes ses possessions jouissent d'une absolue liberté ; elles ne sont obligées d'assurer, et elles n'assurent aucune protection aux marchandises métropolitaines. Les droits de douane qu'elles perçoivent sur les articles importés de toute origine, — anglaise ou étrangère, — ont un caractère purement fiscal. Ce sont des impôts indirects qui assurent au budget une part des ressources dont il a besoin [1]. A la vérité, on fait grand bruit

1. Il convient précisément de noter, à ce sujet, que le régime protectionniste a une conséquence fiscale qui ne cesse pas d'inquiéter les gouverneurs soucieux du bon équilibre de leur budget. La perception de droits exorbitants sur les marchandises

dans certains milieux du projet de M. Chamberlain tendant à confondre la métropole et toutes ses colonies dans une immense union douanière « impériale ». La réalisation d'une pareille idée serait pour le parti protectionniste français un bel argument ; mais le projet de M. Chamberlain n'est pas prêt d'aboutir. Les industriels du Lancashire et les colonies le repoussent également. Le régime de la liberté demeurera sauf.

Est-ce à dire que nous réclamons pour demain la suppression complète des tarifs douaniers coloniaux ? Ce serait exposer les importateurs français à de graves mécomptes, et ils ont droit à un régime de transition. Il ne peut être interdit de faciliter l'établissement de relations commerciales entre la France et ses nouvelles possessions. L'intransigeance absolue des principes paraîtrait justement excessive. Si notre industrie est incapable de fournir certains articles, s'il est dangereux de l'inciter à en fabriquer d'autres qu'elle ne saurait écouler que sous le régime perpétuel de la faveur, il est, en revanche, des produits métropolitains qui sont susceptibles de trouver un marché dans nos

étrangères ayant pour résultat de faire fléchir leur importation au profit des articles français, les taxes douanières cessent d'être un élément de recette. C'est ainsi qu'à Madagascar, les droits de douane qui s'étaient élevés à 2 millions environ en 1897 ont baissé à 900 000 francs en 1898 et n'atteindront pas 300 000 francs en 1899, alors qu'avec les anciens tarifs, et étant donné le développement commercial de la colonie, ces droits ne seraient pas aujourd'hui inférieurs à 3 millions. Enfin, on prévoit qu'en 1900 les dépenses du service des douanes atteindront 848 000 francs et ses recettes seulement un chiffre égal.

colonies, grâce à une protection modérée. Celle-ci ne saurait leur être refusée. Mais il convient que ce soit une règle absolue, — un principe, — chez tous les hommes soucieux de la prospérité de nos provinces d'outre-mer que le développement de leur commerce, l'enrichissement de leurs habitants doit être la principale préoccupation du gouvernement et que, seuls, des droits d'importation modérés et exceptionnels peuvent être tolérés. On a vu que le parti protectionniste obéit à des idées diamétralement opposées; on ne cessera pas de le voir dans les développements qui suivent.

IV. — RÉGIME DE DEMI-FAVEUR ACCORDÉ EN FRANCE AUX PRODUITS COLONIAUX

Le législateur de 1892, qui n'a pas hésité à édicter aux colonies les tarifs les plus élevés contre les marchandises étrangères dans le but de favoriser l'importation des produits métropolitains, ne paraît pas avoir songé qu'un des moyens les plus simples, en même temps que des plus justes, de favoriser le mouvement des affaires entre la France et ses possessions, était d'assurer aux produits de ces dernières l'entrée en franchise dans nos ports. Le commerce est un échange. N'est-ce pas avec leurs importations que les colonies paient tout naturellement leurs achats en France? Si elles importent peu, elles achèteront peu, et c'est en définitive le commerce et l'industrie de la métropole qui seront atteints dans leurs intérêts. Peut-être aussi, aurait-on pu songer, — à un point de vue plus élevé, moins immédiat, — que la mise en culture des territoires nouveaux, leur développement, devaient être la préoccupation première de la métropole et que l'admission de leurs produits en France, aux conditions les plus favorables, hâterait leur mise en valeur. Mais, — on l'a vu plus haut, — nous traitons nos colonies en territoires français quand nous leur envoyons nos produits et presque en territoires étrangers quand nous recevons les leurs. La loi de 1892 décide que toutes les denrées coloniales provenant de nos possessions devront acquitter, — à l'exception des sucres qui bénéficient d'un régime spécial, — la moitié des droits inscrits au tarif métropolitain; encore est-il généralement nécessaire que ces possessions, pour réclamer une pareille faveur, protègent chez elles les marchandises métropolitaines.

La contradiction n'est-elle pas choquante? Le gouvernement invite les Français à se rendre aux colonies; il donne des terres aux émigrants en Afrique, en Indo-Chine, en Calédonie, à Tahiti; il les invite à planter le thé, le cacao, le café, la vanille; il appelle l'attention des créoles des Antilles et de la Réunion sur les dangers de la monoculture; il les presse de créer des caféières; puis, il prétend, dans les ports de la métropole, faire acquitter aux cafés un droit de 78 francs les 100 kilogr., aux thés de 104 francs, aux cacaos de 52 francs, aux vanilles de 208 francs, — droit essentiellement fiscal, d'ailleurs, puisque les protectionnistes n'ont point encore imaginé un jeu de primes dans le but d'acclimater dans notre pays les cultures tropicales ; — droit d'autant plus exorbitant, d'autre part, que toutes les cultures « riches » sont à leurs débuts dans nos possessions, et que, pour prendre un exemple, la France consommant 107 millions de kilogs de café, ses colonies ne lui en fournissent que 1 270 000 kilogs.

C'est en Nouvelle-Calédonie qu'à l'heure actuelle les protestations contre un pareil régime sont les plus vives. L'*Union coloniale*, puis le gouverneur de la colonie, M. Feillet, ont, dans ces dernières années, décidé un millier de braves gens à venir se fixer dans notre petite possession de l'océan Pacifique. Ceux-ci ont défriché, planté ; ce sont des vaillants ; leur réussite assurerait peut-être la colonisation et le peuplement de l'île, — grande comme la Bretagne. Or, voici que ces braves gens sont aujourd'hui inquiets, nerveux même : Est-ce la ruine au lieu du succès qui les attend ? Leurs caféiers sont entrés en rapport ; ils ont envoyé leur récolte en France. Déjà, une mauvaise nouvelle leur était venue : le fléchissement des cours amené par la surproduction du Brésil a été tel que le café calédonien, qui valait, en 1897, sur le marché du Havre 115 francs les 50 kilogs, ne peut s'y vendre actuellement que 87 francs. Mais une seconde déception les atteint en ce moment même : la douane française, — ils ne voulaient pas croire que ce fût possible ! — exige d'eux le paiement d'un droit de 78 francs. Cette autre dépréciation qui frappe leur récolte n'est pas, comme la première, la conséquence inéluctable d'une loi naturelle telle que celle de l'offre et de la demande, mais bien le fait d'un vote du Parlement. C'est une charge « légale », — lourde charge, car un hectare planté en caféiers produisant en moyenne 600 kilogs de café, l'impôt métropolitain représente 468 francs par hectare[1].

Dira-t-on, pour essayer de défendre un régime aussi injuste, que les droits sur les denrées coloniales ont leur justification dans les grosses recettes qu'ils assurent au Trésor? On ne saurait, car ces droits ne rapportent, les sucres mis à part, que 2 720 000 francs[2].

Dira-t-on alors que, si la loi de 1892 taxe les denrées coloniales, elle exempte, en revanche, de tous droits les autres produits coloniaux, en même temps que des lois particulières assurent aux sucres un régime spécial qui les met sur un pied d'égalité avec les sucres métropolitains?

Une telle réponse serait spécieuse. En évaluant, d'après les dernières statistiques de l'administration des Douanes, les importations totales des colonies en France à 159 300 000 fr, on constate, en effet,

1. Les Chambres ont voté tout récemment, à la demande du gouvernement, et pour l'aider dans les négociations commerciales engagées avec le Brésil, une loi qui a pour effet de doubler, pour les nations avec lesquelles une « guerre de tarifs » serait engagée, les droits qui frappent aujourd'hui les denrées coloniales. Le café qui, au tarif de 1892, paye 156 francs les 100 kilogs devrait acquitter 300 francs (loi du 24 février 1900). Cette loi, qui vraisemblablement ne sera jamais appliquée, ne présente pas, d'ailleurs, un réel intérêt pour les producteurs de café des colonies françaises.

2. Le droit sur les cafés coloniaux ne représente dans ce chiffre qu'une recette de 800 000 francs.

que 45 millions environ sont représentés par des arachides, des graines oléagineuses, des caoutchoucs, des gommes, des cotons, des soies, des minerais, des bois, etc... [1] Or, ces marchandises, considérées comme « matières premières nécessaires à l'industrie », sont admises en franchise dans nos ports, quelle que soit leur provenance, coloniale ou étrangère. On ne saurait donc prétendre qu'elles bénéficient d'une exemption spéciale. Les graines oléagineuses, les huiles de palme de nos colonies de l'Afrique occidentale alimentent les huileries, les stéarineries, les savonneries de Marseille; toutefois, les importations de ces possessions étant loin de suffire à l'activité de nos industriels, ceux-ci doivent demander aux comptoirs anglais d'Afrique et aux Indes un supplément considérable de matière première. Pour les caoutchoucs, les gommes, les cotons et autres articles, la production coloniale est plus insuffisante encore, de telle sorte que ce sont les étrangers qui approvisionnent les fabricants français. Enfin, ce sont les soies de Chine, du Japon, de Turquie, d'Italie, qui alimentent les ateliers de la région lyonnaise, et l'Indo-Chine n'est que le dernier de ses fournisseurs.

Si les matières premières importées de nos posses-

---

1. Les 159 300 000 francs d'importations coloniales se décomposent, en chiffres ronds, de la façon suivante : matières premières : 44 900 000 francs; — morues et produits de pêche de Saint-Pierre-Miquelon : 31 000 000 francs; — sucres : 29 900 000 francs; — riz : 29 200 000 francs; — rhums et tafias : 12 000 000 francs; denrées coloniales : 7 450 000 francs; produits divers : 4 900 000 francs.

sions ne peuvent être favorisées, si les « denrées coloniales » de même provenance doivent acquitter un
demi-droit, quels sont donc les produits coloniaux
qui bénéficient réellement de l'exemption ou des faveurs que semble promettre la loi ? Il n'y en a guère
que deux, à l'heure présente : les sucres et les riz[1].
Pour les sucres de canne, le traitement de faveur qui
leur est assuré, non pas depuis quelques années, mais
depuis le commencement du siècle, a sa cause première dans les mesures que le législateur a cru devoir
prendre depuis cent ans pour encourager dans notre
pays la culture de la betterave et l'industrie sucrière.
Il n'a pas voulu que les sucres de canne provenant
de nos possessions fussent moins bien traités que
les sucres de betterave métropolitains. Traiter la
question des sucres coloniaux serait en dehors de
notre sujet. Toutefois, il sera permis de dire que
c'est beaucoup en considération des raffineries des
ports que le législateur a imaginé l'ingénieux système
des « déchets de fabrication » et des « détaxes
de distances » qui oblige, en quelque sorte, les
planteurs à envoyer leur récolte dans la métropole[2]. Quant aux riz, ils viennent d'Indo-Chine et

1. Après les sucres et les riz, il convient cependant de citer :
1° les morues et produits de pêche de Saint-Pierre-Miquelon
qui représentent environ 31 millions. Cette faveur a été édictée
dans l'intérêt des pêcheurs des ports de Bretagne et de Normandie. 2° les rhums et tafias des Antilles et de la Réunion qui
représentent une importation d'environ 12 millions de francs.
2. Les seuls sucres de canne importés en France viennent de
nos colonies.

cette colonie est, en fait, la seule de nos possessions qui bénéficie du prétendu traitement de faveur assuré aux provenances coloniales. Cela tient à ce que ses agriculteurs peuvent exporter en quantité considérable un produit réclamé par l'industrie française, que l'on ne cultive point chez nous et qui cependant est frappé d'une taxe douanière à l'importation. Les riz étrangers payent 3 francs les 100 kilogs; les riz coloniaux sont exempts. Cette disposition a eu pour résultat d'amener notre colonie, qui autrefois vendait toute sa récolte en Asie, à en diriger une partie sur la France [1]. Les riz indo-chinois soldent la plus grosse part des achats de la colonie dans la métropole [2], en même temps qu'ils approvisionnent les distillateurs et les amidonniers d'une « matière première » qui leur est indispensable.

Dès lors, on voit notre conclusion : Le système de la loi de 1892 n'est pas moins funeste à nos possessions en ce qui concerne leurs exportations

Aux statistiques de 1898, on relève ces deux chiffres : sucres des colonies françaises importés : 96 425 000 kilogs, valeur 29 891 000 francs; — sucres de canne étrangers : 2 080 000 kilogs, valeur 831 000 francs.

1. L'Indo-Chine a exporté en 1898 pour 88 113 000 francs de riz. Il en est venu en France pour 29 166 000 francs.

Il convient d'ajouter à ce propos qu'il existe malheureusement en Indo-Chine des « droits de sortie » sur les marchandises exportées, — droits établis surtout dans un intérêt fiscal. Les riz, notamment, sont atteints par ces droits, à l'exception toutefois de ceux à destination de la France qui sont exempts.

2. Les achats de l'Indo-Chine en France se sont élevés en 1898 à 41 626 000 francs et l'on vient de voir que ses ventes de riz, seules, se sont élevées à 29 166 000 francs.

qu'en ce qui touche leurs importations. Il convient donc, ici encore, de l'abandonner. Il ne faut pas seulement que les colons demeurent libres, comme ils le sont aujourd'hui, de vendre à leur gré leurs produits sur tous les marchés du monde ; il faut, encore, qu'un véritable régime de faveur, c'est-à-dire l'exemption totale, soit assurée dans les ports français aux denrées coloniales. Rien ne justifie la perception du demi-droit sur les cafés, les cacaos, les vanilles... Les sénateurs et députés des colonies, leurs Conseils généraux, leurs Chambres de commerce sont unanimes à en réclamer la suppression ; ils font valoir que les commerçants, les armateurs, les industriels métropolitains, tireraient avantage d'une mesure qui aurait pour résultat de développer la production de nos établissements d'outre-mer et le mouvement de leurs échanges. M. Méline lui-même, qui cependant, ainsi qu'on le verra plus loin, projette de réglementer la production industrielle des colonies, a déclaré, il y a quelques mois, dans une réunion économique, qu'il ne s'opposait pas au régime de l'exemption. Le ministre des Finances paraît être le dernier opposant ; il hésite à renoncer à la perception de taxes qui ne représentent cependant pour le Trésor qu'une recette peu importante. Qu'il cesse de résister ! La justice le lui conseille et aussi l'intérêt bien entendu de nos possessions.

Objectera-t-on, que notre système, — liberté presque entière pour les colonies de s'approvisionner où il leur convient ; obligation pour la métropole d'assurer

aux produits du sol de ces mêmes colonies un régime
de faveur, — est en désaccord avec les principes de
doctrine que nous avons rappelés en tête de ce chapitre? que nous manquons à ces principes aussi
bien que le législateur de 1892, quoi que dans un
esprit différent? Nous n'en disconviendrons certes
pas. Mais, nous avons eu déjà l'occasion de dire que
la rapide prospérité de nos provinces d'outre-mer, le
développement de leur commerce, l'enrichissement
de leurs habitants, devaient être la première préoccupation et la règle absolue des hommes soucieux de
l'avenir. Dès lors, il ne faut pas, du moins pour un
temps, se tenir aux seuls principes; il est des transactions nécessaires. De même qu'il ne saurait être
interdit de favoriser, par des droits modérés, l'établissement de relations commerciales entre la France
et ses possessions; de même il convient, en vue de
susciter la production coloniale, d'accorder aux planteurs des exemptions de droits qui constitueront de
véritables primes.

V. — LES PROTECTIONNISTES CONTRE LES INDUSTRIES COLONIALES

Au point où nous sommes arrivés, le lecteur connaît dans son ensemble le régime douanier, éminem-
ment vexatoire, imposé à nos possessions extra-
européennes, mais il reste à lui faire connaître les
dispositions nouvelles que les protectionnistes songent

à édicter contre elles. Pauvres colonies ! Elles viennent à peine à la vie ; les colons et les capitaux leur font défaut et, loin de pouvoir espérer le concours du Parlement elles doivent craindre sa défiance ! C'est, — il faut le dire nettement, — qu'aucun protectionniste ne saurait voir sans effroi une augmentation quelconque de la production sur un point quelconque du globe. Lorsqu'il apprend qu'une terre demeurée jusque-là improductive est mise en culture, qu'une manufacture a été élevée dans une région où il n'y en existait pas encore, le « bon protectionniste » doit redouter un accroissement dans la concurrence universelle, qui déjà menace les agriculteurs et les industriels de son pays. Le « bon protectionniste », — et il lui échappe de le dire en propres termes, — regrette la découverte de l'Amérique, l'ouverture du canal de Suez[1], l'établissement de relations suivies avec l'Inde, la Chine, le Japon[2]. Si ces pays se bornaient à consommer des marchandises européennes et à fournir en échange des matières pre-

---

1. Un des porte-paroles du parti du « marché national », M. Edmond Théry, directeur de l'*Économiste Européen*, écrivait dans ce journal, au mois de février 1899 : « Avant 1873, les Indes anglaises ne produisaient pas de blé..... mais *le percement du canal de Suez* a amené les Indiens à considérer le blé comme un produit d'exportation. Ils se sont mis alors à développer leurs cultures de blé dans de telles proportions qu'en 1885 ils exportaient déjà plus de 10 millions d'hectolitres. »

2. Il y a quelques années, les protectionnistes étaient surtout effrayés par le « Péril américain ». Ce fut leur grand cheval de bataille. Aujourd'hui, ils ont inventé le « Péril Jaune », et nous avons, sur ce sujet, renvoyé le lecteur à une étude spéciale.

mières, ils trouveraient grâce. Mais, oh scandale!
Ils fabriquent; ils menacent de fabriquer plus encore
dans l'avenir! Les hommes qui, vivant dans un
pareil état d'esprit, ont voté, il y a quelques années,
les crédits nécessaires à la conquête de la Tunisie,
du Tonkin, de Madagascar, du Soudan, sont effrayés
de voir aujourd'hui ces pays sortir de leur sommeil
et à la veille de se transformer en producteurs. Ne
vont-ils pas fabriquer bientôt les objets nécessaires à
leur propre consommation que leur fournissent aujourd'hui les industriels français, à l'abri des droits
protecteurs? N'exporteront-ils pas bientôt, — et peut-
être même en France, — des denrées agricoles ou
des produits fabriqués qui pourront faire concurrence
aux nôtres? Voilà le « péril! »

Ce « péril », la France déjà l'a rencontré, lorsque
les premiers colons tunisiens ont envoyé à Marseille
leurs blés, leurs huiles, leurs vins et ont prétendu
que ces produits fussent reçus par la douane comme
produits « français » et non comme produits « étrangers ». Pendant plusieurs années, le parti agricole
a résisté à ces demandes, et l'on a vu alors les produits
tunisiens plus durement taxés par la douane que les
produits italiens. En 1890, cependant, les protectionnistes ont cédé en considération de ce que les blés, les
huiles et les vins de la Régence prendraient sur notre
marché la place des produits similaires de la péninsule italienne et aussi de ce que les exportations françaises en Tunisie atteignaient un chiffre élevé.

Mais voici, qu'aujourd'hui, à une heure où les

partisans du « marché national » constatent encore avec amertume que « les importations tunisiennes font concurrence à l'agriculture métropolitaine[1], » le « péril » paraît à nouveau, — et plus grave. Le Tonkin, où l'on récolte le coton, où des mines de charbon sont en exploitation, se prépare à fabriquer les fils et les tissus nécessaires à ses habitants ; d'ici peu, des hauts fourneaux y seront construits pour approvisionner le pays de fer marchand ; peut-être y cultivera-t-on demain le blé, comme aux Indes, en vue de l'exportation ; dès maintenant, d'ailleurs, les riz de la Cochinchine et du Tonkin font concurrence, en distillerie, aux betteraves françaises. D'autre part, les immenses territoires de Madagascar, du Congo, du Soudan, de la Côte d'Ivoire, ne peuvent-ils pas fournir, d'ici peu d'années, des quantités considérables de céréales, des millions de têtes de bétail ? Nos grands-parents ont vu avec effroi « les blés de la mer Noire » entrer dans nos ports ; pourquoi nous-même n'assisterions-nous pas à une invasion des « blés du Soudan ? » Mais alors, a-t-il été dit à la Chambre, « notre domaine colonial serait une cause de graves déceptions. La colonisation ne serait plus qu'un malentendu et ne tarderait pas à devenir justement très impopulaire[2]. » De nombreux « très bien » ont

---

1. Ed. Théry, *Nécessité d'un régime douanier entre la France et ses colonies.* Brochure du mois de février 1899, à l'*Économiste européen.*

2. Discours de M. d'Estournelles à la Chambre des députés séance du 8 février 1898.

accueilli ces paroles, car c'est une vérité essentielle au camp protectionniste que les colonies doivent s'organiser pour nous envoyer les seules productions dont nous avons besoin ; qu'elles doivent être un auxiliaire et un complément de la production nationale, jamais des concurrents[1] ; que les seules industries coloniales qui peuvent être fondées sont celles qui ne pourront jamais faire concurrence aux industries françaises[2].

Il importe donc, et au plus vite, de prendre des mesures. « Si nous laissons les industries s'installer dans les colonies, a dit M. Méline dans une réunion de la Société d'Économie Politique Nationale, les capitaux iront également s'y installer ; on y amènera des contremaîtres, des équipes d'ouvriers et dans ces conditions, rien ne sera plus facile que d'y faire fonctionner les industries exactement comme elles fonctionnent en France[3]. » Et dans une autre réunion, M. Méline, complétant son idée, a proposé, — sous le prétexte que les impôts peuvent être moins lourds aux colonies qu'en France et la main-d'œuvre meilleur marché, — d'entraver par des mesures spéciales le développement de l'industrie. « Il faudrait, a-t-il dit, imposer sous une forme quelconque aux établissements industriels qui essayeraient de se fonder aux colonies, une taxe suffisante pour rétablir l'égalité

1. D'ESTOURNELLES, *loc. cit.*
2. Paroles de M. Doumer, gouverneur général de l'Indo-Chine, à la conférence *protectionniste* organisée par la Chambre de commerce de Rouen, le 28 décembre 1898.
3. THÉRY, *loc. cit.*

dans la production entre eux et les établissements français de la métropole. » De son côté, M. Théry estime, qu'afin d' « orienter immédiatement le développement de nos colonies » vers la production du coton, du café, de la soie, il convient de les « prévenir loyalement » que leurs céréales, leur bétail et leurs vins « seront frappés à leur entrée en France des mêmes droits que les produits similaires étrangers. »

Voilà donc les nouveaux coups qui menacent nos colonies.

Ils sont aveugles, en vérité, les protectionnistes qui prétendent arrêter par quelques mesures fiscales, ou quelques taxes douanières, le développement naturel et rationnel des pays neufs ; qui, à la dernière heure de notre siècle, se refusent à voir que les temps sont passés où les conditions spéciales de l'industrie à ses débuts assuraient à quelques nations le monopole de la fabrication et paraissaient condamner les autres à n'être perpétuellement que des acheteurs ! Ils sont aveugles aussi, les Français, qui, en vue de servir quelques intérêts particuliers, menacent de faire de notre empire colonial une charge sans profits et sans gloire, quelque grande œuvre avortée qui demeurerait comme un gigantesque témoignage de notre impuissance !

Est-il besoin de dire que nous ne saurions donner notre approbation aux mesures proposées par les protectionnistes ? Outre qu'il serait souverainement injuste de taxer ou de contrarier, en aucune manière, les émigrants qui se rendraient dans nos possessions, il demeure évident, et nous l'avons déjà dit, que rien ne saurait être plus désirable, plus avantageux pour la France elle-même que la mise en valeur de son domaine d'outre-mer.

Si l'on envisage, d'abord, l'avenir de l'agriculture coloniale, on reconnaîtra qu'il est souhaitable que les colons tournent de préférence leur activité vers la production du coton, de la laine, des soies, du café, des graines oléagineuses, l'exploitation des bois et du caoutchouc. Ces « produits exotiques », et quelques autres, représentent pour la France une importation annuelle de 1 milliard 250 millions et, dans ce total, les importations coloniales n'entrent à l'heure actuelle que pour 75 millions[1]. Ainsi le Conseil général du Sénégal donne un exemple qui mérite d'être suivi en promettant une prime aux colons qui feront des plantations d'arbres et de lianes à caoutchouc. Mais comment, d'autre part, refuserait-on de tenir compte des convenances et des possibilités des colons? Ici, ils pourront juger qu'il est plus profitable pour eux de cultiver les céréales ou d'élever le bétail ; ailleurs, le climat ou les qualités du terrain seront contraires aux cultures des produits qui manquent à la métropole. Il convient donc qu'ils demeurent libres dans leurs entreprises, que l'administration accorde à tous les mêmes facilités et que les jardins d'essai poursuivent leurs expériences aussi bien sur les variétés de blé, dont l'acclimatation serait possible dans le pays,

1. Voir la note 1 de la page 45.

que sur les espèces de caféiers susceptibles d'y réussir.

Pour ce qui est de l'importation en France des produits de l'agriculture coloniale, le système de la franchise ne saurait déplaire à ceux qui souhaitent, avant toute chose, la mise en rapport de nos colonies et qui estiment que plus elles vendront dans notre pays, plus elles y achèteront. Si, toutefois, les protectionnistes ont encore la majorité dans les assemblées et prétendent distinguer, suivant l'expression de M. d'Estournelles, entre « les marchandises dont nous sommes déjà surabondamment pourvus » et « celles dont nous avons besoin », ils devront tout d'abord s'entendre entre eux, et peut-être éprouveront-ils quelques difficultés à le faire. Il suffira pour le montrer de rappeler un incident assez récent. Les « protectionnistes agricoles » ne voient pas sans inquiétude l'Indo-Chine augmenter ses envois de riz en France, grâce au régime de l'exemption. Ceux-ci ne représentaient que 9 250 000 kilogs en 1890 et, en 1898, ils se sont élevés à 140 millions. Or, le riz se distille comme la betterave, il alimente les « distilleries industrielles » et fait ainsi une redoutable concurrence aux « distilleries agricoles » et à la « betterave nationale ». Les députés des départements intéressés ont donc réclamé, il y a environ une année, l'établissement d'un droit de 4 francs par 100 kilogs sur les riz et maïs, entrant en distillerie [1]. Mais aussitôt les

---

1. Proposition de loi déposée à la Chambre des députés le 7 février 1899.

« protectionnistes industriels » se sont récriés. Comment empêcher les distilleries de Rouen et des environs de Paris, de se procurer, au meilleur compte possible, les grains qui leur sont indispensables ? Appuyant leurs réclamations, la Chambre de commerce de Saïgon s'est exprimée ainsi de son côté : « L'exportation des riz de l'Indo-Chine vers la France est extrêmement instable ; la moindre variation de prix du côté de la Chine suffit, sinon pour l'arrêter, tout au moins pour la diminuer dans de très grandes proportions. Si un droit quelconque était appliqué sur nos riz, nos exportations deviendraient nulles, ce qui serait un grand dommage et pour nos lignes de navigation, auxquelles le frêt manquerait et pour les industries de la métropole auxquelles nous ne ferions plus d'achats puisque nous n'aurions plus d'éléments d'échanges ». La proposition des représentants de la « betterave nationale » est tombée devant ces justes observations ; mais ce simple incident ne suffit-il pas pour convaincre ceux qui ne sont point aveugles, qu'il existe un lien étroit entre la situation économique de nos colonies et l'intérêt de l'industrie métropolitaine ?

Si maintenant on envisage l'autre côté de la question, c'est-à-dire l'avenir industriel de nos possessions, il n'est pas possible d'admettre un instant qu'on lui oppose des entraves douanières.

Il faut le favoriser, tout au contraire. Qu'observet-on aujourd'hui en Asie ? — pour ne rien dire de l'Afrique noire dont la vie industrielle ne commencera vraisemblablement que dans un demi-siècle[1]. Nous l'avons dit déjà : l'Inde, le Japon, la Chine deviennent de grands pays producteurs. Pourquoi le Tonkin n'aurait-il pas de semblables destinées ? La nature les lui a promises en lui donnant le charbon, le fer, le coton, la soie, et sa population nombreuse, docile, intelligente peut être employée par les colons dans les ateliers comme sur les plantations. Il convient donc que cette province de notre empire colonial devienne au siècle prochain, comme l'Inde, le Japon, la Chine, un pays industriel. D'abord elle fabriquera pour son propre compte, puis elle exportera sur les marchés asiatiques les cotonnades, les soieries, l'acier, les machines, etc. Les capitaux français ont ainsi à choisir entre différents emplois. Mais pour que l'industrie tonkinoise fasse des progrès rapides, il importe que, loin d'être contrariée, elle soit aidée par le gouvernement et l'administration.

Dans cet ordre d'idées, deux sortes de mesures

---

1. Le lieutenant gouverneur du Soudan, dont nous avons cité plus haut le rapport, ne prévoit pas seulement l'installation de l'industrie du coton dans ce pays, mais encore les deux suivantes :

« Fabrication d'alcools industriels pour l'exportation ; alcool de mil notamment, le mil étant par excellence le produit que les noirs s'attachent à cultiver et qui forme la base de leur nourriture. La récolte en est très abondante, il pousse partout.

« Fabrication d'huiles végétales diverses, en particulier d'huile d'arachide et d'huile de coton. L'arachide coûtant moins cher à Kayes qu'à Saint-Louis, on a tout intérêt à la traiter sur place. »

imposent. Il est d'abord nécessaire que les machines
et moteurs, comme d'ailleurs tous autres articles
nécessaires à l'établissement des manuf... ...res, puissent entrer en franchise dans la colonie. O... ...saurait
raisonnablement, sous prétexte de « protéger » l'industrie mécanique française, maintenir les droits exorbitants actuels qui renchérissent les outils indispensables à l'industrie. En Inde, il n'existe pas de
droits de douane sur les machines et moteurs de
toute espèce; en Chine, les droits ne sont que de
5 pour 100; au Japon, où le gouvernement essaye
de protéger des industries mécaniques naissantes, ils
ne dépassent pas 10 pour 100; en Indo-Chine, la
loi de 1892 a promulgué les droits portés au tarif
métropolitain qui atteignent suivant les prix en fabrique, de 13 à 15 pour 100[1].

De semblables taxes ne sont-elles pas de nature à
décourager les capitalistes qui songeraient à créer
une industrie au Tonkin? On peut soutenir qu'à
l'heure présente, ceux-ci ont plus d'avantage à s'établir à Changhaï qu'à Hanoï. Les droits perçus suré-
lèvent le prix d'un matériel d'usine dans de telles proportions, que l'on a vu tour à tour, dans ces dernières
années, le chef du département des Colonies et le
Conseil colonial s'employer à détaxer irrégulièrement

1. Il y a deux ans, une société qui fonde une filature au Tonkin, important à Haïphong un matériel qu'elle avait acheté
903000 francs en Angleterre a dû acquitter 116 200 francs de
droits de douane ce qui représente un renchérissement, — « une
taxe d'installation », pourrait-on dire, — de 12, 86 o/o.

les matériels industriels de fabrication étrangère importés en Indo-Chine [1].

Il ne suffit pas de réclamer la suppression des droits d'entrée sur les machines et autres objets nécessaires à l'établissement des industries : il faut encore demander pour ces dernières des encouragements et des primes. Oui, des primes ! Car, si de semblables mesures se conçoivent rarement dans un vieux pays, comme le nôtre, où elles ne sauraient soutenir le plus souvent que des industries incapables de jamais vivre de leurs propres forces et dont le temps est passé, il peut être nécessaire et légitime, dans un pays où se construisent les premières manufactures, — en Asie, en Océanie, comme en Europe et en Amérique, — de protéger, pendant quelques années, les industries naissantes. Cette protection leur assurera le concours des capitaux dont elles ont besoin et leur donnera le temps de prendre les forces qui leur permettront de soutenir par la suite la concurrence internationale. Lors donc qu'il sera utile de « protéger », d' « encourager » ou de

1. Aux mois de septembre et de novembre 1890, le sous-secrétaire d'État aux Colonies a donné l'autorisation à deux colons français établis en Indo-Chine de faire entrer dans ce pays un matériel d'exploitation de mine et un matériel de filature de provenance étrangère, sans acquitter les droits de douane qui devaient être perçus en exécution de la loi du 26 février 1897.

Plus tard, le Conseil colonial de la Cochinchine a voté dans sa séance du 20 janvier 1897, en faveur d'un industriel de la colonie, une subvention égale au montant des droits de douane qu'il devait acquitter pour l'introduction d'un matériel de rizerie. — A la vérité, ce vote a été annulé par un arrêté du gouverneur général du 7 septembre de la même année.

« primer » d'une façon quelconque au Tonkin, par exemple, l'industrie naissante des cotonnades, des soieries, des fers ou de l'acier, il conviendra de s'y décider sans hésitation. Un des anciens gouverneurs de l'Indo-Chine l'avait très bien compris. M. de Lanessan raconte [1] que, dans le but « d'encourager la filature mécanique et le perfectionnement des cocons au Tonkin », il institua une prime analogue à celle qui existe en France. C'était donner l'essor à une industrie nouvelle au grand profit de la colonie. Mais M. de Lanessan avait compté sans les sériciculteurs de la métropole, qui virent dans sa décision une menace pour les magnaneries françaises et arrachèrent au ministre des Colonies l'ordre de revenir sur les mesures prises. « Aussitôt après mon départ, écrit l'ancien gouverneur, les industriels français ont fait supprimer cette prime ; aucune magnanerie modèle n'a été construite ; les filatures perfectionnées qui avaient été créées à Hanoï sont abandonnées et la question se trouve exactement dans le même état qu'au jour de notre arrivée dans le pays [2] ».

1. *Principes de colonisation*. Alcan, éditeur.
2. Il y a lieu de faire ici une remarque intéressante qui montrera la diversité des aspects de la question douanière, sa complexité :
Les protectionnistes français favorisent l'établissement de l'industrie cotonnière en Indo-Chine sans le savoir.
Voici comment :
Ils ont établi dans ce pays sur les marchandises étrangères les droits très élevés que l'on sait dans l'intention de protéger l'industrie nationale, mais, — conséquence qu'ils n'ont pas prévue, — ces mêmes droits protègent les filatures de Hanoï et de Haïphong contre les introductions de filés anglais et indiens.

Les colonies australiennes sont plus libres que les nôtres et, il est permis d'ajouter que si elles ne l'étaient point, le gouvernement central comprendrait certainement leurs véritables intérêts. Elles peuvent assurer à leurs industries naissantes, soit par des droits de douane, soit par des primes ou encouragements, la protection qui leur est indispensable; — elles n'y manquent pas[1].

Quant au traitement qui devra être réservé dans la métropole aux produits de l'industrie coloniale, il n'y a pas lieu de s'en préoccuper dès aujourd'hui. Le temps est encore éloigné où le Tonkin, pour citer

Ce résultat n'est pas pour nous déplaire. Il est même à notre sens très heureux, car les industriels français qui s'installent au Tonkin se trouvent, au premier jour, en état d'infériorité vis-à-vis des cotonniers indiens leurs concurrents, par le fait qu'ils ont dû acquitter des droits fort lourds sur les machines de fabrication anglaise nécessaires à leur outillage. — On n'ignore point, en effet, que la France ne fabrique presque pas les machines à filer et tisser le coton et que les cotonniers métropolitains doivent, eux-mêmes, aller chercher leur matériel de l'autre côté de la Manche.

1. Nous avons déjà dit que certaines colonies australiennes avaient établi des droits protecteurs de leurs industries. Voici, pour préciser, un exemple : La colonie de Victoria ne se contente pas, en vue de favoriser ses fabriques de sucre, de percevoir des droits élevés sur les sucres importés. Elle fait plus et encourage directement l'industrie sucrière. Une loi de 1896 dispose que toute Société fondant une sucrerie dans un district dont les terres sont propres à la culture de la betterave et passant avec les fermiers des contrats en vue de développer cette culture, est en droit de réclamer au Trésor colonial des avances propres à faciliter son établissement. Ces avances peuvent atteindre 2 livres sterling par chaque livre dépensée par la Société; elles portent intérêt à 4 pour 100 et sont remboursables en 46 versements semestriels; elles sont garanties par une première hypothèque consentie sur les biens de la Société.

celle de nos possessions qui entrera la première dans la période industrielle, sera en situation d'exporter en Europe[1]. Lorsque cette heure sera venue, il se pourra, d'ailleurs, que nous ayons intérêt à recevoir les produits tonkinois plutôt que les marchandises similaires de l'Inde, du Japon ou de la Chine ; d'autre part, notre industrie fabriquera certainement des produits que notre colonie sera disposée à recevoir en échange. Il faut, en effet, se persuader, contrairement à l'opinion des protectionnistes qui voient dans le « Péril Jaune » la ruine de l'Europe industrielle, que les nouveaux producteurs ne cesseront pas d'être des consommateurs. « Si dans un siècle, avons-nous écrit ailleurs, nos arrière-petits-enfants voient, en Asie, des millions d'ouvriers jaunes fabriquer, en concurrence avec les manufactures européennes ou américaines, un grand nombre d'articles pour les expédier dans toutes les parties du monde, ils verront aussi, en Europe, en Amérique, des millions d'ouvriers blancs fabriquer d'autres qualités ou d'autres produits pour les expédier de même dans l'univers entier. Ainsi, les nouveaux concurrents seront de nouveaux acheteurs et, autant pour satisfaire le goût des Asiatiques que pour solder leurs envois, la Vieille

1. On comprend, sans qu'il soit nécessaire d'insister davantage, que nous distinguions parmi les importations de nos colonies en France entre les denrées coloniales (v. p. 318) les produits agricoles (v. p. 326) et les produits manufacturés. Il est permis d'envisager un traitement différent pour ces diverses catégories de marchandises.

Europe et la « Vieille Amérique » construiront des manufactures nouvelles[1]. »

Nous croyons donc très fermement, pour terminer sur ce sujet, que le régime industriel de nos colonies doit être celui de la liberté. Nous voulons qu'elles soient libres de créer des manufactures, libres de protéger leurs industries naissantes. Les projets menaçants des porte-paroles du parti du « marché national » doivent être à tout jamais condamnés. Le système de la liberté industrielle est le seul qui puisse assurer la mise en valeur rapide de notre domaine colonial, le seul qui donne aux capitalistes les garanties sans lesquelles ils préféreraient « l'étranger » aux « colonies ».

Nous nous reprocherions d'insister, et cependant nous observerons encore, à ce propos, que les Français établissant aujourd'hui des industries chez les nations étrangères, — l'Italie, l'Espagne, la Russie, par exemple, — jouissent dans ces pays de la protection qui est assurée à la production nationale. Peut-on raisonnablement concevoir que, d'autres Français, établissant des industries dans nos propres colonies, soient moins favorablement traités?

VI. — DE L'UTILITÉ D'UN MUSÉE COLONIAL

C'est, il nous semble, à la suite des considérations relatives aux relations commerciales entre la métropole

1. *Le Péril Jaune.*

et ses colonies, qu'il convient tout naturellement de rappeler les services que peuvent rendre à ces relations mêmes les musées coloniaux.

Voici longtemps que des pays voisins du nôtre ont réalisé des fondations de ce genre. Le « Musée colonial » de Haarlem et « l'Institut impérial » de Londres sont bien connus ; ils ont servi de modèles aux musées commerciaux de Bruxelles et de Berlin, créés dans ces dernières années. Le but réalisé en Hollande et en Angleterre est l'installation dans un palais spécial, soigneusement aménagé, de collections très complètes des produits naturels et fabriqués, originaires de chaque colonie. Les minéraux, les bois, les matières textiles, les denrées coloniales, les matières alimentaires, les produits végétaux et animaux, ainsi que ceux de l'industrie indigène, sont exposés dans des salles spacieuses ; des cartes, des photographies, des dessins, des moulages, des spécimens, des échantillons de tout genre mettent, si l'on peut ainsi parler, les choses dans les yeux, tandis que des étiquettes, des brochures, des notices, donnent aux négociants, aux industriels, aux hommes d'affaires des renseignements précis. Enfin, dans d'autres salles, qui présentent en quelque sorte la contre-partie des précédentes, sont réunis les objets fabriqués de toute nature réclamés à l'Europe par les populations coloniales ; des fiches font connaître les conditions d'emballage et de transport, les prix de vente, le nom des commissionnaires, etc... L'Institut impérial n'est pas seulement un musée colonial, il est encore un

« club », un lieu de rendez-vous pour les « colonistes ». On conçoit sans peine les services que peuvent rendre des institutions semblables à celles de Haarlem et de Londres aux commerçants et aux industriels, aux importateurs de matières premières et aux exportateurs de produits fabriqués. Ils constituent, en même temps, pour les simples visiteurs d'excellentes leçons de choses.

La France est, en ce qui concerne les musées coloniaux, très en retard sur ses voisins. L' « Exposition permanente des Colonies » date de 1855, et cependant, en dehors de quelques spécialistes, qui l'a visitée ? Qui même connaît son existence ? Le Musée colonial de Haarlem, fondé neuf ans plus tard, est au contraire le modèle que l'on vient de dire.

Un arrêté ministériel du mois de mars 1899 a réorganisé l'Exposition permanente des Colonies pour l'encadrer dans un service, dit « Office colonial », — les mots anglais étant à la mode chez nous.., beaucoup plus que les exemples. L'Office colonial est chargé « de centraliser et de mettre à la disposition du public les renseignements de toute nature concernant l'agriculture, le commerce et l'industrie des colonies. » Exposition et Office sont installés dans les galeries du Palais-Royal. Cette réorganisation et cette installation méritent d'être louées ; on peut dire que déjà notre musée colonial est moins ignoré ; qu'il a reçu la visite d'un certain nombre de négociants et d'industriels. Cependant, il convient de faire mieux.

Dans notre pensée, le « Musée colonial » ne saurait

être trop bien installé et trop richement doté. Il ne doit pas seulement, en effet, favoriser l'établissement des rapports entre les commissionnaires ou les industriels métropolitains et nos colonies, il doit aussi constituer un attrait, en même temps qu'un centre d'instruction, pour le grand public très ignorant des choses qui touchent nos possessions d'outre-mer. Depuis une vingtaine d'années, on parle beaucoup « d'expansion coloniale » et cependant les idées, les connaissances sont demeurées vagues, imprécises. Combien de gens sont mieux instruits de l'histoire des expéditions africaines ou asiatiques et de leur contre-coup sur la politique intérieure que de la richesse et de l'avenir des provinces conquises? Aussi, bien des Français, appartenant à toutes les classes de la population, seraient-ils étonnés, surpris, en apprenant *de visu*, par une promenade au Musée colonial, ce que produisent nos colonies, ce qu'elles consomment, ce que l'on peut y entreprendre avec de l'intelligence, de l'énergie et quelque capital. Ils se convaincraient que leur pays ne finit pas au Havre, à Bordeaux, à Marseille, ni même à Alger ou à Tunis; qu'il y a, de par le monde, de larges terres où, sous la protection de notre drapeau, il est possible de s'établir, de travailler, de s'enrichir, avec lesquelles des relations commerciales profitables peuvent être entretenues.

Le Musée colonial pourrait donc devenir un merveilleux instrument de propagande et de réclame. On a dit, dans une autre partie de ce travail, l'intérêt que présenterait pour le public un vaste Jardin d'essai dont les grandes serres contiendraient quelques exemples de la végétation des pays tropicaux. Si, sur un autre point de Paris, était installé le Musée que nous souhaitons, on voit combien ces deux institutions, — en même temps qu'elles rendraient chaque jour les services immédiats en vue desquels elles auraient été créées, — contribueraient à l'éducation coloniale de nos compatriotes : elle leur ferait connaître « la France d'outre-mer ».

CONCLUSIONS

Pendant longtemps nous n'avons pas eu la perception des destinées coloniales de notre pays. — Nécessité d'adopter enfin une politique coloniale suivie. — Gravité de la question. — Insuffisance de la natalité française. — Médiocrité de notre activité commerciale. — Situation fâcheuse de notre marine marchande. — L'exploitation de ses colonies peut donner à la France une vigueur et une richesse nouvelle. — Avenir colonial : peuplement, commerce, navigation.

Il est temps de conclure, —, et nous le pouvons faire brièvement, car nous avons indiqué, à chaque ligne de cette étude, la situation présente de nos affaires coloniales, les fautes commises, la voie qu'il importe de suivre désormais.

Il n'est pas douteux que, depuis le commencement de ce siècle, ni l'opinion, ni les Chambres, ni le gouvernement, ni l'administration, — qu'il faut bien nommer aussi puisqu'elle avait charge directe de nos possessions d'outre-mer, — n'ont eu la perception vraie des destinées coloniales de notre pays. Bien plus : il est permis de dire qu'après vingt années de conquêtes, d'explorations et de prises de possession, nous n'accordons pas encore au mot, si employé, de « politique coloniale » le sens très large qu'il comporte : « La France doit avoir une politique coloniale, » Ces mots ne veulent pas dire seulement que notre pays doit prendre sa part du globe, s'établir en Afrique et en Asie, constituer une armée coloniale, fortifier Bizerte, Dakar, Saïgon, ou relier nos possessions à la métropole par des câbles sous-marins; ils signifient encore que nous devons nous appliquer à mettre en valeur, sans retard, les pays qui nous sont dévolus.

Or, il ne semble pas qu'à l'heure actuelle le gouvernement, les Chambres et l'opinion, soient venus à une perception suffisamment nette du but à poursuivre et des moyens à employer pour l'atteindre. Certes, deux ministres ont pris la décision d'accorder, — et sous quelles réserves, avec quelles restrictions, nous l'avons dit! — des concessions à des compagnies privilégiées de commerce et d'exploitation; les Chambres viennent d'engager la réforme du budget colonial de l'État et des budgets locaux; l'exécution du chemin de fer de Madagascar est décidée et l'on annonce la construction prochaine de plusieurs autres lignes en Afrique; l'Indo-Chine a été autorisée à emprunter les sommes nécessaires à ses travaux publics; quelques gouverneurs intelligents et hardis s'efforcent d'attirer dans les pays qu'ils administrent les colons et les capitaux... Mais, ces premières initiatives ou ces premières mesures sont-elles suffisantes pour donner la certitude que les affaires coloniales vont être désormais suivies sans défaillance, envisagées dans un « esprit nouveau »? Peut-on, d'autre part, espérer que nos possessions seront prochainement dégagées des tarifs qui les étreignent, quand on voit une majorité protectionniste dominer dans les assemblées et quand on sait que les défenseurs du « marché national » rêvent d'édicter de nouvelles lois pour contrarier, dès leur naissance, les industries coloniales? Enfin, — et ceci est fort important, — l'opinion publique est-elle suffisamment éclairée? est-elle convaincue? En Angleterre toutes les classes de la population sont acquises à la politique d'expansion; il en est de même en Allemagne. Dans ce pays, une grande Société, la *Kolonialgesellschaft*, dont l'influence sur le gouvernement est très réelle, provoque et protège depuis vingt ans toutes les entreprises coloniales, groupe tous les efforts et toutes les initiatives; son organe, la *Kolonialzeitung* est tirée hebdomadairement à 40 000 exemplaires. Dans notre pays, malgré les réels progrès de l'idée coloniale, on ne saurait, hélas! faire de semblables constatations.

Aussi les économistes, les publicistes, les sociétés coloniales sont-ils loin d'avoir fini leur œuvre de propagande. Il importe qu'ils continuent d'instruire l'opinion et ses représentants, qu'ils provoquent partout un grand mouvement.

Il faut dire que la « politique coloniale » est une entreprise de longue haleine; qu'elle exige une volonté persistante, inlassable, la continuité des efforts; qu'elle doit assurer au pays honneur et profit. *Il convient surtout de proclamer l'absolue nécessité de cette politique pour la France.* Nous sommes persuadé, en effet, que l'avenir de notre pays est, pour une très large part, subordonné au développement de ses colonies. Déjà, Prévost Paradol était dominé par cette pensée, lorsqu'il écrivait en 1868 le dernier chapitre de son beau livre sur *La France nouvelle*. Mais combien elle s'impose davantage à l'esprit dans l'heure présente, après la guerre franco-allemande, après les observations que nous pouvons faire chaque jour en constatant les progrès de nos rivaux !

La réalité nous presse, nous étreint : la population de l'Angleterre, de l'Allemagne, de la Russie, des États-Unis ne cesse d'augmenter dans des proportions considérables tandis que la nôtre ne s'accroît qu'avec une extrême lenteur[1] ; l'activité commerciale

[1]. *Tableau de l'augmentation de la population dans ces pays dans ces vingt dernières années*, d'après le « Bulletin de l'Alliance nationale pour l'accroissement de la population française » du 15 janvier 1900 :

		POPULATION MOYENNE.	EXCÉDENT ANNUEL MOYEN DES NAISSANCES SUR LES DÉCÈS.	EXCÉDENT ANNUEL DES NAISSANCES SUR LES DÉCÈS POUR 1 000 HABIT.
GRANDE-BRETAGNE.	1871-80	33 059 000	431 430	13,2
	1881-90	36 178 300	442 112	12,23
	1891-97	38 788 000	432 295	11,14
	1897	39 825 357	452 793	11,37
ALLEMAGNE (territoire actuel).	1871-80	42 872 800	511 034	11,92
	1881-90	47 107 600	551 307	11,71
	1891-97	51 482 000	700 131	13,6
	1897	53 514 000	784 634	14,7
RUSSIE (sans compter la Pologne, la Finlande, le Caucase, la Russie d'Asie),	1871-80	71 022 000	969 585	13,7
	1881-90	81 725 000	1 204 806	14,8
	1891-97	89 000 000	994 570	11,2
	1897	94 188 750		
FRANCE (sans l'Alsace-Lorraine).	1871-80	36 795 000	64 063	1,75
	1881-90	38 120 000	66 982	1,75
	1891-97	38 214 000	28 618	0,74
	1898	38 477 000	33 860	0,88

et industrielle de l'Angleterre, de l'Allemagne, des
États-Unis est beaucoup plus grande que celle de la
France [1]; — la situation de notre marine marchande
est lamentable, son effectif ne cesse de diminuer, et
tandis que toutes les flottes à vapeur du monde pro-
gressent, la nôtre demeure à peu près stationnaire [2];
— enfin, même à l'heure des « longs espoirs et des
vastes pensers », les Français peuvent difficilement
entrevoir pour leur pays un accroissement sensible
de territoire en Europe.

Dès lors, il devient évident pour les hommes réflé-

ÉTATS-UNIS. — L'insuffisance des statistiques américaines sur
certains points n'a pas permis à l' « Alliance » de comprendre
les États-Unis dans son tableau. Mais les chiffres qui suivent
témoignent de l'augmentation constante de la population dans
ce pays :

Population (non compris les territoires indiens) :

En 1870 : 38 546 000
— 1880 : 49 547 000
— 1890 : 62 622 000

1. Tableau de l'augmentation du mouvement commercial
de ces pays depuis 28 ans (commerce spécial, non compris
les métaux précieux ; — chiffres en francs) :

	ANGLETERRE	ALLEMAGNE	ÉTATS-UNIS	FRANCE
1875	14 935 000 000	7 515 000 000	5 461 000 000	7 409 000 000
1885	16 542 000 000	7 255 000 000	6 521 000 000	7 400 000 000
1895	16 064 000 000	9 298 000 000	7 647 000 000	7 093 000 000
1898	17 593 000 000	11 046 000 000	9 132 000 000	7 983 000 000

2. La France n'occupe aujourd'hui, parmi les grandes flottes
à vapeur du monde, que le quatrième rang après avoir longtemps
tenu le deuxième (Angleterre, 6 739 000 tonneaux ; Allemagne,
1 017 000 ; États-Unis, 546 000 ; France, 501 000). — Elle tient
le septième rang parmi les flottes à voiles.

D'autre part, sur 3 503 navires ayant transité dans le canal
de Suez en 1897, soit 9 238 000 tonneaux, on comptait 2 295
navires anglais (6 297 000 ton.), 356 allemands (969 000 ton.),
221 français (571 000 ton.), 193 hollandais (381 000 ton.).

chis, préoccupés de l'avenir, que la France ne doit plus considérer, ainsi qu'elle paraît l'avoir fait jusqu'ici, son empire colonial comme un objet de luxe ou d'ornement, mais qu'elle doit, au contraire, l'apprécier comme un des facteurs essentiels de sa prospérité future, comme un domaine de rapport dont il faut tirer au plus tôt avantages et bénéfices.

Sans insister ici sur le rôle considérable de la « loi morale » dans l'essor d'une nation et pour continuer à nous tenir sur le seul terrain économique, ne sait-on pas qu'un peuple qui cesse de progresser, décline? que, seules, vivent et durent les nations riches et commerçantes, parce que la richesse et le commerce permettent à un pays d'entretenir des armées et des flottes, le font puissant et respecté?

C'est donc pour la France une nécessité impérieuse de chercher dans son Empire d'outre-mer de nouvelles forces, de nouveaux éléments de vie.

Il ne s'agit plus, nous l'avons dit dès les premières lignes de cette étude, de peupler le monde, de propager partout notre langue et notre sang; dans cette œuvre nous avons échoué. Mais une autre s'offre. Sans faire au sujet de l'Algérie les beaux rêves de Prévost Paradol, — rêves auxquels ces trente dernières années paraissent avoir donné déjà un cruel démenti[1],

---

1. Prévost Paradol a fait le rêve que « quatre-vingt à cent millions de Français, fortement établis sur les deux rives de la Méditerranée, au cœur de l'ancien continent » pourraient maintenir à travers les temps, « le nom, la langue et la légitime considération de la France. »

— on peut envisager que, si seulement 7 à 8 000 de nos compatriotes passaient chaque année dans l'Afrique du Nord, il serait possible de recenser en Algérie-Tunisie dans une cinquantaine d'années, en tenant compte des éléments actuellement établis et de l'excédent des naissances sur les décès, une population d'environ 860 000 Français qui atteindrait un peu plus d'un million et demi à la fin du xxe siècle. On verrait alors dans ces pays, des villes, des villages, des fermes, des parcs à troupeaux, des exploitations forestières et minières, peut-être aussi des manufactures, c'est-à-dire cent témoignages d'une vie active, profonde, n'ayant rien d'artificiel ou de factice. La France africaine serait réellement fondée !

Dans le même temps, l'Indo-Chine, Madagascar, le Congo, l'Afrique occidentale pourraient devenir riches et prospères. Ces pays demeureraient des « comptoirs », plutôt que des « colonies », mais des colons y seraient installés en nombre suffisant, — planteurs, commerçants, banquiers, ingénieurs, contremaîtres, ouvriers de spécialités; ils auraient apporté des capitaux et mis le pays en culture, créé des exploitations et des industries, habitué les populations indigènes au travail, assuré leur bien-être; un

En 1868, la France comptait 38 200 000 habitants et l'on avait recensé 122 000 Français en Algérie ; aujourd'hui la France, diminuée à la vérité, de l'Alsace et d'une partie de la Lorraine, ne compte encore que 38 500 000 habitants et la population française de l'Algérie, y compris les naturalisés, n'est pas supérieure à 308 000 âmes.

actif mouvement d'échanges serait établi entre ces comptoirs et la métropole, ainsi qu'entre eux et l'étranger, de telle sorte qu'ils représenteraient pour les industriels métropolitains de très larges débouchés, directs ou indirects.

Telles sont les destinées qu'il est permis d'entrevoir pour notre pays à la fin du xxᵉ siècle, si du moins il aborde résolument l'œuvre coloniale, s'il la poursuit avec continuité.

Les Chambres et le Gouvernement, dont la mission est de prévoir, doivent mettre la politique coloniale au premier rang de leurs préoccupations. Il faut, par une propagande habile, diriger nos émigrants vers les provinces nouvelles; il faut, en modifiant nos conceptions scolaires et sociales, développer les initiatives individuelles; il faut solliciter les capitaux par des privilèges et des avantages, exécuter des travaux publics, fonder des établissements de crédit, doter, enfin, nos colonies d'un bon régime douanier.

Telle est l'œuvre à poursuivre. Devant sa grandeur, combien il apparaît que tous les partis doivent imposer à leurs passions une discipline morale sans laquelle il n'est point d'action suivie, concordante, efficace. Un historien anglais a donné à ses compatriotes un conseil que nous devons tous méditer : « Vous avez des yeux. Ouvrez-les. Regardez un peu plus loin que votre arrondissement, votre club, votre coterie, votre village. » Le Président de la Chambre, M. Deschanel, a exprimé une idée assez voisine et plus haute lorsqu'il a dit à ses collègues : « Élevons

nos esprits et nos âmes au-dessus de l'étroit horizon
de nos circonscriptions respectives pour ne plus voir
que la France. Vous ne représentez pas seulement
les intérêts et les idées du pays à une certaine heure ;
vous êtes solidaires d'un illustre passé ; vous êtes les
dépositaires de quinze siècles de labeur et de gloire
et vous en devrez compte à ceux qui viendront après
vous. » Il est, en effet, — et chacun le sent en lui-
même au plus fort de la lutte, — une chose supérieure à nos querelles, à nos divisions, à l'agitation
des partis, c'est la vie, la continuité, la perpétuité,
— autant du moins qu'elle est de ce monde où tout
meurt, les nations comme les individus, — de notre
pays, de la Vieille France.

L'heure est venue pour le pays de mettre en valeur
le domaine colonial qu'il possède. *Il le peut. Le
voudra-t-il ?*

Tout lui commande de le vouloir. Ce n'est pas en
vain qu'il aura dépensé pour conquérir d'immenses
territoires, les millions de la métropole, l'héroïsme
et le sang de ses explorateurs, de ses soldats. Ce n'est
pas tout d'avoir bien « taillé » ; il faut « coudre »
La France ne faillira pas à ce devoir.

TABLE DES MATIÈRES

CHAPITRE PRÉLIMINAIRE

DE LA MISE EN VALEUR DE NOS COLONIES
LEUR SITUATION PRÉSENTE

Les destinées coloniales de la France et de l'Angleterre. —
L'Empire français et l'Empire anglais. 1

Deux éléments sont indispensables à la fondation des colonies :
les colons et les capitaux. 6

Les colons français. — Le peuplement de l'Algérie et de la
Tunisie. — Nos émigrants en Amérique et particulièrement
en Argentine. 6

Les capitaux français. — Richesse de notre pays. — Ses gros
placements à l'étranger. — Ses faibles placements dans les
colonies. 12

Plan général de cet ouvrage. 18

Le rôle du gouvernement et de l'administration dans l'œuvre à
poursuivre de la mise en valeur de notre domaine colonial.
— L'initiative individuelle. 18

CHAPITRE PREMIER

LES COLONS
ET LES CONDITIONS DE LEUR ÉTABLISSEMENT

I. — Des conditions de peuplement particulières aux colonies
françaises. — Comparaison entre l'Algérie et l'Australie. —
La colonisation dans l'Afrique du Nord et en Calédonie. —
L'Indo-Chine, colonie d'exploitation. — Madagascar. — Les
territoires africains, colonies de commerce. — Il n'y a pas
place pour les émigrants pauvres dans nos colonies. — Critique de la « colonisation officielle » en Algérie. — Ce qu'il
faut faire pour attirer les colons. — Exemple de l'Angleterre.

— Propagande coloniale. — Les affiches, les brochures, les
conférences. — Les concessions en Algérie et Tunisie. — Un
programme de colonisation. 23
II. — « L'âge de l'agriculture » aux colonies. — Combien nos
possessions produisent peu encore. — Utilité des jardins
d'essai. — Les jardins de Kew et de Buitenzorg. — Œuvre
à poursuivre : jardins d'essai, fermes modèles, écoles d'agriculture. — Education agricole des colons et des indigènes. —
Le jardin de Vincennes. — Les cours dans les écoles d'agriculture. — Nécessité pour la France coloniale de modifier ses
conceptions scolaires et sociales. 43
   Les industries indigènes. 55
III. — Importance de la question de la main-d'œuvre aux colonies. — L'administration doit fournir des travailleurs aux
colons. — Des qualités que doit posséder la main-d'œuvre.
Travailleurs engagés sur place et travailleurs engagés au dehors. — Crise que traversent nos anciennes colonies. . 56

CHAPITRE II

LES TRAVAUX PUBLICS ET LES BUDGETS COLONIAUX

Les divers emplois des capitaux aux colonies. 61
I. — Utilité des travaux publics aux colonies. — La « préparation » des pays neufs. — Insuffisance de l'outillage actuel
de l'Algérie et de toutes nos autres possessions. — Les colonies anglaises. — Elles sont en avance sur les nôtres. . 63
II. — Un bon régime budgétaire peut seul assurer l'exécution
des travaux publics. — Le système budgétaire des colonies
anglaises. — Les emprunts coloniaux sur le marché de Londres. — Quelques exemples. — Importance de la dette coloniale anglaise. 69
III. — Confusion entre le budget de l'Algérie et celui de la métropole. — Les budgets locaux de l'Algérie. — Gaspillages. 76
Confusion entre les budgets des différentes colonies de celui de
la métropole. — Le sénatus-consulte de 1866 et le décret de
1870. — Nos erreurs. — Charges qu'elles font peser sur le
contribuable français. — Les travaux publics de la Réunion
et du Sénégal payés par la France. — Exagération des dépenses militaires et civiles inscrites annuellement au budget
des colonies. 80
Mauvaise gestion des budgets locaux. — Nos colonies ne sont pas
en situation d'emprunter. — Elles ont toutes négligé l'œuvre
des travaux publics. — Résultats comparés des systèmes budgétaires coloniaux de l'Angleterre et de la France. . . 91

IV. — Il faut nous corriger. — Les projets de budget algérien
autonome. — Budget « spécial » et budget « intégral ». —
Il faut aussi poursuivre la réforme des budgets départementaux et des conventions algériennes. 100

Le budget de la Tunisie. 106

La réforme du budget des colonies. — Abandon du système
du sénatus-consulte de 1866. — Adoption du système anglais.
— La loi du 13 avril 1900. — Les colonies devront se suffire
à elles-mêmes. — Limitation des pouvoirs des Conseils généraux. — Il est encore une erreur à corriger. 107

La réalisation de la réforme budgétaire complète permettra seule
d'exécuter les travaux publics nécessaires. 113

V. — Cette œuvre est considérable. — L'argent ne manquera
pas. — Comment faire exécuter les travaux publics ? — Deux
systèmes. — Les compagnies concessionnaires en Tunisie. —
Tentative faite à Madagascar. — Nécessité de promettre une
garantie d'intérêt. — Le système de l'appel direct au public
par la voie de l'emprunt. — Ses avantages. — Il convient
d'apprendre aux colonies à faire appel au crédit. . . . 115

A qui doivent être confiés les travaux ? — La régie, l'entreprise,
la concession. — L'État construit chèrement. — Ses erreurs.

Critique du projet préparé par le gouvernement pour Madagascar. — Conditions particulières d'exécution des chemins
de fer aux colonies. — Il faut aller au plus pressé. — « Solutions de fortune ». 124

VI. — Exemples de l'influence des travaux publics sur le développement commercial des colonies. — Le coût exagéré des
transports dans les pays dépourvus de chemins de fer. — Des
premiers travaux à exécuter en Algérie et dans nos autres
possessions. 131

Le Transsaharien. — Les chemins de fer transcontinentaux
étrangers. — Objections présentées contre l'exécution d'une
ligne reliant l'Algérie au Tchad. — Réponse à ces objections.
— Nécessité de relier entre eux les trois tronçons de notre
domaine africain. — Le Biskra-Ouargla. 137

CHAPITRE III

LES COMPAGNIES PRIVILÉGIÉES DE COMMERCE
ET D'EXPLOITATION

I. — Retour de plusieurs nations coloniales au système des
grandes compagnies. — Des avantages que présentent ces
compagnies pour la mise en valeur des pays neufs. — Théorie
du monopole. — Sa justification. 145

II. — Les grandes compagnies anglaises. — La *Nigeria* et la *Rhodesia*. — Faits et résultats constatés. — Services économiques et politiques rendus. 151

L'État Libre du Congo et les compagnies privilégiées belges. — Avantages qui sont assurés à ces compagnies. — Leurs charges. — Importance de leurs affaires. — Le commerce du Congo belge. 159

III. — La France pendant dix ans n'a pas suivi l'exemple des nations voisines. — Vaines discussions sur les compagnies privilégiées. — Justes observations de M. Lavertujon. — Histoire des concessions Verdier, Daumas et Barboutié. — Nomination d'une « commission des concessions » en 1898. — Son œuvre. — 40 compagnies privilégiées dans le Congo français. 164

IV. — Discussion du cahier des charges type de 1899 imposé à ces compagnies. — Droit d'exploitation pendant 30 ans ; pas de monopole. — Graves obligations imposées aux concessionnaires quant à la navigation. — Le gouvernement aurait dû constituer une compagnie de navigation. — Obligations financières trop onéreuses. — Contrôle administratif. — Obligations qui affectent l'exploitation commerciale. — Craintes que font naître ces différentes dispositions. — Opposition entre le fonctionnaire-contrôleur et le négociant-contrôlé. — Une concession en terre africaine n'est point un cadeau. — Nombreuses difficultés que doivent rencontrer les compagnies sur les terres nouvelles. — Des conditions propres au commerce africain. — Risques auxquels sont exposés les capitalistes. — La réussite des sociétés belges au Congo. — Conditions spéciales dans lesquelles elles se sont trouvées. — Les sociétés françaises rencontreront des conditions moins favorables. — But de nos critiques. — Réserve avec laquelle l'administration devra appliquer le cahier des charges. . . 171

Il convient que la commission des concessions étudie de nouveaux cahiers des charges pour nos autres possessions africaines. — Situation particulière qu'elle rencontrera au Soudan. — Résultats obtenus dans ces régions par l'initiative privée. — Comment il est possible de concilier les droits de celle-ci avec l'octroi de certains privilèges à des sociétés nouvelles. . 198

CHAPITRE IV

LE CRÉDIT ET LES BANQUES

I. — De la nécessité des établissements de crédit aux colonies. — Les « petits » comme les « gros » colons ont besoin de crédit. — Le crédit à l'agriculture. — Crédit « de campagne » et crédit « à long terme ». — Le crédit ne se commande pas — Confiance que doit inspirer l'emprunteur.. . . 204

II. — La Banque de l'Algérie. — Comment elle a fait en 1880 et dans les années suivantes le prêt à l'agriculture. — Ses imprudences et ses fautes. — La crise de la Banque et la crise agricole dans la colonie. — Depuis huit ans la Banque est rentrée dans l'observation de ses statuts. — Situation présente. — Responsabilité des directeurs de la Banque et des ministres des finances. — Le prochain renouvellement du privilège de la Banque. — Principales dispositions du projet gouvernemental récemment déposé. 211

Le Crédit foncier et agricole d'Algérie. — Conditions spéciales de son institution. — Il prête à des taux trop élevés. — Le chiffre de ses prêts est médiocre. — Il convient de réformer cette institution dans l'intérêt des agriculteurs algériens.. 219

La Compagnie algérienne. 223

Importance des prêts hypothécaires consentis à l'agriculture dans la colonie par les rentiers de France et d'Algérie. 224

Avenir du crédit agricole dans la colonie. — Institutions nouvelles que l'on peut concevoir. 225

III. — Situation difficile des colonies sucrières à l'époque où ont été instituées les Banques coloniales. — Services qu'ont rendus ces établissements. — Intensité de la crise sucrière aux Antilles et à la Réunion. Elle n'excuse pas les fautes commises par les Banques. — Prêts anti-statutaires sur récoltes. — Autres opérations blâmables. — On s'efforce aujourd'hui de réparer le mal. — Situation présente. — Analyse du nouveau projet portant renouvellement du privilège des Banques. 227

Le Crédit foncier colonial. — Services qu'il a rendus. — Sa déconfiture. — Ses causes. — Mesures qu'il convient de prendre pour assurer à nouveau le crédit immobilier aux planteurs. — Institutions locales à l'exemple de l'Angleterre. — La responsabilité des ministres dans le contrôle des établissements de crédit.. 240

IV. — La Banque de l'Indo-Chine. — Son rôle ; sa situation. — Services qu'elle est appelée à rendre. — Du renouvellement de son privilège. 251

V. — Le crédit à la terre n'est pas encore organisé en Tunisie. — Timidité du gouvernement en cette circonstance. — Mesures à prendre dans l'intérêt de la colonisation : une loi sur les hypothèques privilégiées ; désignation d'un établissement chargé de consentir les prêts. 256

VI. — Il convient de fonder une grande Banque « d'outre-mer ». — Aucune banque n'existe pour fournir à notre empire colonial les capitaux dont il a besoin. — Mouvement qui se produit en faveur de nos colonies. — Il y a lieu d'en profiter. — Timidité des ministres. — Rôle que pourrait jouer la Banque d'outre-mer. — Appel aux grands établissements financiers et à l'administration coloniale.   259

CHAPITRE V

LE RÉGIME DOUANIER DES COLONIES

Le régime douanier de nos colonies entrave leur développement. — L'état d'esprit protectionniste. — Les contradictions du régime douanier colonial.   268
I. — Union douanière entre la France et l'Algérie. — Régime de demi-faveur accordé en France aux produits tunisiens. — Régime de faveur accordé aux produits français dans la Régence.   272
II. — Liberté douanière accordée aux colonies par le sénatus-consulte de 1866. — Œuvre de réaction accomplie par la loi de 1892. — Le tarif métropolitain protège les importations françaises dans nos colonies contre la concurrence étrangère. — Rares exceptions apportées à cette règle. — Sa gravité. — Les résultats : augmentation des ventes, mais renchérissement de la vie aux colonies et mécontentement général. — Difficultés avec l'Angleterre. — Le tarif de Madagascar. — Notre politique douanière est en opposition avec les idées libérales partout admises en Europe.   276
III. — Nous ne pouvons prétendre devenir les fournisseurs exclusifs de nos colonies. — Infériorité de nos industriels sur les marchés d'Afrique et d'Asie. — Ses causes. — Supériorité de l'industrie anglaise. — Elle approvisionne le monde de fils et de tissus de coton de qualité grossière. — La clientèle de la France est constituée par les peuples « civilisés » plus que par les noirs et les jaunes. — Raisons pour lesquelles il continuera probablement d'en être ainsi. — Les colonniers français ont à craindre, outre la concurrence anglaise, celle des pays asiatiques. — Développement industriel de l'Extrême-Orient. — Avenir de l'Indo-Chine. — Les tarifs protecteurs accordés aux colonniers français sont un leurre. . .   292
La France peut cependant espérer développer ses ventes dans ses possessions. — Les colonies toutefois sont moins un débouché « direct » qu'un débouché « indirect » pour nos

industriels. — Elles sont de nouveaux marchés ouverts à l'activité commerciale des nations. — La théorie d'Adam-Smith.
— Sa justification par les chiffres du commerce entre la
France et l'Angleterre. 3o3
Il faut renoncer au système protecteur. — Avantages de la
liberté. 3o9
IV. — Nous n'accordons pas aux produits coloniaux les avantages du « pacte colonial ». — Injustice du traitement qui
leur est réservé. — Les cafés de Calédonie. — Les seuls produits admis en franchise sont les matières premières et les riz.
— Condamnation du système de la loi de 18o2. — Pourquoi
il faut lui substituer celui de l'exemption. 311
V. — Les protectionnistes veulent entraver le développement
industriel de nos colonies. — Opinions exprimées par MM.
Méline et d'Estournelles. — Observations présentées en faveur
de la liberté agricole et industrielle de nos colonies. — Avenir
industriel de nos colonies. — Primes et encouragements
qu'il convient d'accorder à l'industrie coloniale. — Exemples
donnés par les colonies anglaises. — Le « péril jaune » n'est
pas à craindre. 319
VI. — Les musées coloniaux d'Angleterre et de Hollande. —
Service qu'ils rendent aux commerçants et aux industriels en
relations avec les colonies. — Insuffisance de notre « Office
colonial ». — Un Musée Colonial serait un précieux instrument de propagande coloniale. 335

CONCLUSIONS

Pendant longtemps nous n'avons pas eu la perception des destinées coloniales de notre pays. — Nécessité d'adopter enfin
une politique coloniale suivie. — Gravité de la question. —
Insuffisance de la natalité française. — Médiocrité de notre
activité commerciale. — Situation fâcheuse de notre marine
marchande. — L'exploitation de ses colonies peut donner à
la France une vigueur et une richesse nouvelle. — Avenir
colonial : peuplement, commerce, navigation. 33o

CHARTRES. — IMPRIMERIE DURAND, RUE FULBERT.

Librairie HACHETTE et Cⁱᵉ, boulevard Saint-Germain, 79, à Paris.

BIBLIOTHÈQUE VARIÉE, FORMAT IN-16
A 3 FR. 50 LE VOLUME

POLITIQUE ET ÉCONOMIE POLITIQUE

ABOUT : *L'A B C du travailleur*; 5ᵉ édition. 1 vol.

ANONYME : *L'expansion de la France et la diplomatie. Hier — Aujourd'hui.* 1 v.

BONET-MAURY : *Le Congrès des religions à Chicago en 1893.* 1 vol.

BRUNET (L.), député de la Réunion : *La France à Madagascar*; 2ᵉ édition. 1 vol.

BURDEAU (A.) : *L'Algérie en 1891*; rapport et discours à la Chambre des députés. 1 vol.

CABART-DANNEVILLE, sénateur : *La défense de nos côtes.* 1 vol.

CARO, de l'Académie française : *Les jours d'épreuve* (1870-1871). 1 vol.

CHERBULIEZ, de l'Académie française : *L'Espagne politique* (1868-1873). 1 vol.
— *Profils étrangers*; 2ᵉ édition. 1 vol.
— *Hommes et choses d'Allemagne.* 1 vol.
— *Hommes et choses du temps présent.* 1 vol.

CHEVRILLON : *Sydney Smith et la renaissance des idées libérales en Angleterre au XIXᵉ siècle.* 1 vol.

COLSON (C.) : *Les chemins de fer et le budget.* 1 vol.

DU CAMP (M.), de l'Académie française : *Paris, ses organes, ses fonctions, sa vie*; 8ᵉ édition. 6 vol.
— *La charité privée à Paris*; 1ᵉ édit. 1 v.
— *La Croix rouge de France, société de secours aux blessés militaires de terre et de mer.* 1 vol.

FERNEUIL : *Les principes de 1789 et la science sociale.* 1 vol.

FOUILLÉE, membre de l'Institut : *L'idée moderne du droit en Allemagne, en Angleterre et en France*; 4ᵉ édition. 1 vol.
— *La science sociale contemporaine*; 3ᵉ édition. 1 vol.
— *La propriété sociale et la démocratie.* 1 vol.

HELMWEH (Jean) : *La question d'Alsace.* 1 vol.

HERVÉ (L.) : *La crise irlandaise depuis la fin du XVIIIᵉ siècle jusqu'à nos jours.* 1 vol.

JUSSERAND (J.) : *Les Anglais au moyen âge.* 2 vol.
— *La vie nomade et les routes d'Angleterre au XIVᵉ siècle.* 1 vol.
  Ouvrage couronné par l'Académie française.
— *L'épopée mystique de William Langland.* 1 vol.

LAFFITTE (P.) : *Le suffrage universel et le régime parlementaire*; 2ᵉ édition. 1 vol.

LAVELEYE (E. de) : *Études et essais.* 1 vol.
— *La Prusse et l'Autriche depuis Sadowa.* 2 vol.

LÉGER (Louis) : *Russes et Slaves, études politiques et littéraires.* 3 vol.
  1ʳᵉ série : Les Slaves et la civilisation. — Formation de la nationalité russe. — Les débuts de la littérature russe. — La femme et la société russe au XVIᵉ siècle, etc. 1 vol.
  2ᵉ série : Le développement intellectuel de la Russie. — La comédie russe au XVIIIᵉ siècle : Von Vizine. — Les premières années de Catherine II. — En Bohême, notes de voyage. 1 vol.
  3ᵉ série : Un Précurseur : Radistchew. — Les Russes en France. — Le Césarevitch en Orient. — L'enseignement du Russe. — Adam Mickievicz. — Mickievicz et Pouchkine. — La littérature Tchèque. 1 vol.
— *Le monde slave*; 2ᵉ édition. 1 vol.

LEROY-BEAULIEU : *La Révolution et le libéralisme.* 1 vol.

LÉVY (Raphaël-Georges) : *Mélanges financiers. La spéculation et la banque. — L'avenir des métaux précieux. — Le change. — Le billet de banque.* 1 vol.

METCHNIKOFF : *La civilisation et les grands fleuves historiques.* 1 vol.

MILLET (R.) : *La France provinciale. Vie sociale. — Mœurs administratives.* 1 v.
— *Souvenirs des Balkans.* 1 vol.
  Ouvrage couronné par l'Académie française.

PICOT (G.), de l'Institut : *La réforme judiciaire en France.* 1 vol.
— *Histoire des États Généraux.* 2ᵉ éd. 5 vol.
  Ouvrage couronné par l'Académie française.

ROCHARD (Dʳ) : *Questions d'hygiène sociale.* 1 vol.

SIMON (Jules), de l'Académie française : *La liberté politique*; 5ᵉ édition. 1 vol.
— *La liberté civile*; 5ᵉ édition. 1 vol.
— *La liberté de conscience*; 6ᵉ édition. 1 v.
— *Le devoir*; 16ᵉ édition. 1 vol.
  Ouvrage couronné par l'Académie française.
— *L'ouvrière*; 9ᵉ édition. 1 vol.

SPULLER (E.) : *Au Ministère de l'Instruction publique. Discours, allocutions, circulaires.* 1ʳᵉ série (1887). 1 vol.
— *Au Ministère de l'Instruction publique.* 2ᵉ série (1893-1894). 1 vol.

VARIGNY (De) : *Les grandes fortunes aux*

Contraste insuffisant

NF Z 43-120-14

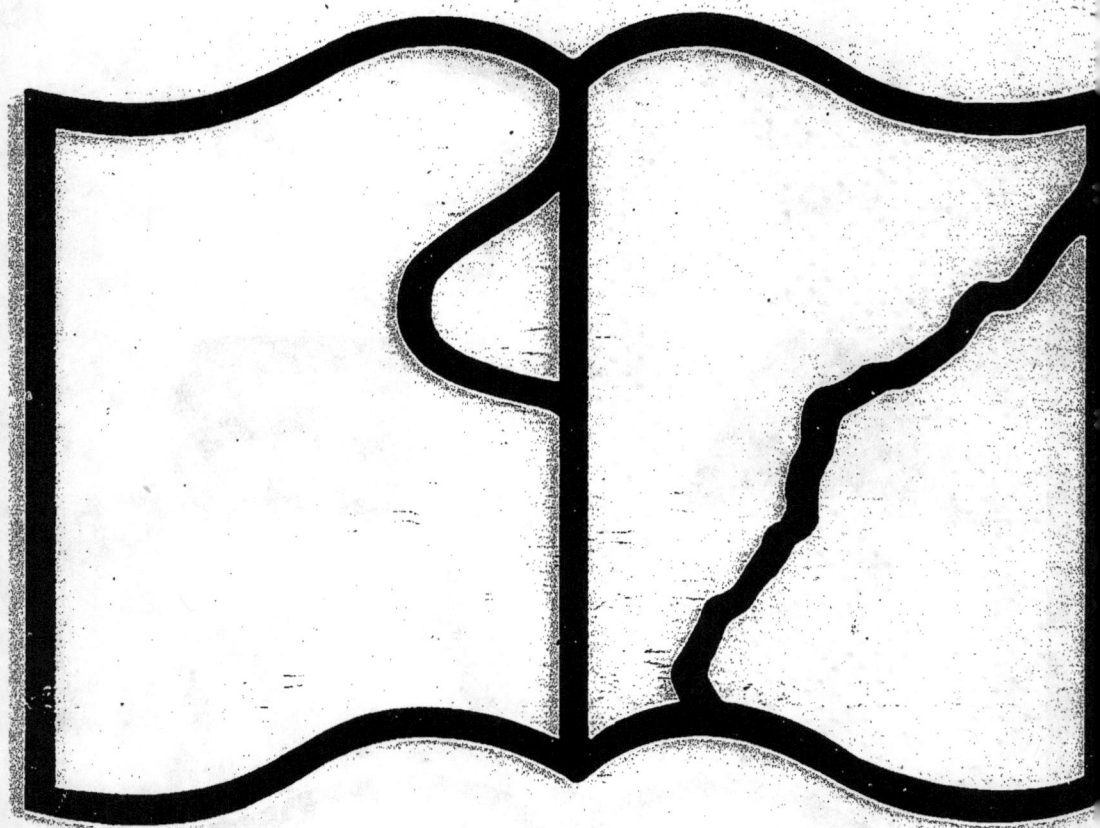

Texte détérioré — reliure défectueuse

NF Z 43-120-11